本书获国家社科基金项目
"创新驱动视角下农业经济发展方式转变能力成长的关键问题研究"
（14BJL076）资助

农业经济发展方式转变能力成长研究
基于创新驱动视角

刘丽伟 著

北京大学出版社
PEKING UNIVERSITY PRESS

图书在版编目(CIP)数据

农业经济发展方式转变能力成长研究:基于创新驱动视角/刘丽伟著. —北京:北京大学出版社,2024.3
ISBN 978-7-301-34930-4

Ⅰ. ①农… Ⅱ. ①刘… Ⅲ. ①农业经济发展—研究—中国 Ⅳ. ①F323

中国国家版本馆 CIP 数据核字(2024)第 061001 号

书　　名	农业经济发展方式转变能力成长研究——基于创新驱动视角 NONGYE JINGJI FAZHAN FANGSHI ZHUANBIAN NENGLI CHENGZHANG YANJIU ——JIYU CHUANGXIN QUDONG SHIJIAO
著作责任者	刘丽伟　著
责任编辑	张宇溪
标准书号	ISBN 978-7-301-34930-4
出版发行	北京大学出版社
地　　址	北京市海淀区成府路 205 号　100871
网　　址	http://www.pup.cn　新浪微博:@北京大学出版社
电子邮箱	zpup@pup.cn
电　　话	邮购部 010-62752015　发行部 010-62750672 编辑部 021-62071998
印　刷　者	三河市博文印刷有限公司
经　销　者	新华书店
	730 毫米×980 毫米　16 开本　17.75 印张　264 千字 2024 年 3 月第 1 版　2024 年 3 月第 1 次印刷
定　　价	78.00 元

未经许可,不得以任何方式复制或抄袭本书之部分或全部内容。
版权所有,侵权必究
举报电话:010-62752024　电子邮箱:fd@pup.cn
图书如有印装质量问题,请与出版部联系,电话:010-62756370

内 容 摘 要

本书选择"能力成长"这一新视角来研究学界多年关注的农业经济发展方式转变问题，具有双重研究意义。就实践意义而言，决定农业经济发展方式转变的关键变量是"能力成长"，但目前我国农业经济发展方式转变存在明显的"能力缺口"。在创新驱动成为经济发展主引擎、农业竞争更趋激烈的国际背景下，在国内解决"三农"问题及倡导以创新驱动经济发展方式转变的目标前提下，以创新促进农业经济发展方式转变能力成长成为迫切的现实需求，本书旨在为此方面实践提供决策参考。就理论意义而言，本书可为我国制定相关农业产业政策提供数理分析及理论参考。

本书共六章内容。

第一章为导论。本章介绍本书研究背景、文献综述、研究内容与方法、技术路线、创新之处及研究意义。

第二章是创新驱动视角下农业经济发展方式转变能力成长之新说。本章在综述国内外研究状况的基础上，追溯创新驱动视角下"能力成长"的源起、演绎与发展；结合创新驱动背景，借鉴内生增长理论、现代组织理论、新制度经济学理论及国家竞争优势理论，对"农业经济发展方式转变能力成长"的内涵、机制进行科学界定和分析，深入分析创新驱动背景下三大"能力成长"，即技术能力成长、组织能力成长、制度能力成长之间的耦合嬗变关系，为"能力成长"促进农业经济发展方式转变研究提供科学依据。

第三章是发达国家农业经济发展方式转变能力成长模式演进、机理分析及发展启示。本章结合创新驱动背景下世界农业发展状况，从技术、组织、制度层面透析发达国家农业经济发展方式转变能力成长之趋势。从美国"智慧农业"、丹麦"产业链农业"、日本"第六产业"模式，分析发达国家农业经济发展方式转变能力成长的模式演进，论证"能力成长"对于农业经济发展方式深层次转变的重要作用，深入剖析发达国家农业经济发展方式转变能力成长的内在机理并提出发展启示。

第四章是我国农业经济发展方式转变能力成长与能力缺口研究。本章分别从技术能力成长、组织能力成长、制度能力成长三个层面，总结改革开放40多年来我国农业经济发展方式转变能力成长的显著成就；同时，对我国农业经济发展方式转变的技术能力缺口、组织能力缺口及制度能力缺口进行剖析，突出阐释实现我国农业经济发展方式转变能力成长的必要性及紧迫性。我们从区域差异化的角度，选取四个典型案例，即上海建设"都市型智慧农业"、广东建设"南部创意农业产业集群"、湖南建设"中部创意农业示范区"、山东建设"东部组织化、规模化、市场化农业示范区"，论证三大能力成长对于我国农业经济发展方式转变的重要作用，并提出上海、广东、湖南、山东四省市农业经济发展的启示。

第五章是三大能力成长耦合促进农业经济发展方式转变的实证分析。农业经济发展方式转变的关键变量是"能力成长"。本章着重分析技术能力、组织能力和制度能力这三大能力之间的耦合嬗变关系，并从技术能力、组织能力、制度能力三个维度构建农业经济发展方式转变能力评价指标体系，运用熵值法、耦合度模型、耦合协调度模型对我国2000—2017年全国层面、2012—2017年各省层面的农业经济发展方式转变能力进行评价。在此基础上，分别使用全国2000—2017年农业经济数据及31个省、自治区、直辖市2012—2017年的农业经济数据,回归分析农业经济发展方式转变能力对农林牧渔总产值的影响,并给出实证分析结论。

第六章是创新驱动视角下我国农业经济发展方式转变能力成长的路径选择。我国应全面实施自主创新战略,并把自主创新作为战略性原则运用于以下诸方面:一是技术方面,全方位提高农业科技自主创新能力,促进技术能力成长。即强化原始创新、集成创新和引进消化吸收再创新三种能力,加快向科技型、效益型发展方式转变。二是组织方面,培育和支持各类新型农业经营主体发展,促进组织能力成长。即大力提高农业企业自主创新能力,使其改善组织结构,向成长型、竞争性企业发展,向创新型产业集群方向发展;鼓励新型农业经营主体向规模化、市场化发展方式转变。三是制度与政策方面,建立有利于农业绿色发展、兼顾公平与效率的制度政策体系,促进制度能力成长。即围绕自主创新为核心的发展战略,完善自主创新激励机制,制定相关支撑制度与政策,向环境友好型、公平效率型发展方式转变;同时,还要积极完善农村义务教育、职业教育、技能培训制度及配套投入机制,努力实现政府管理职能的相应创新与转变。

关键词: 农业经济发展方式转变;创新驱动;能力成长

Abstract

This paper chooses the new perspective of "ability growth" to study the transformation of agricultural economic development model which has been concerned by the academic circle for many years. This topic has double research significance. As far as practical significance is concerned, the key variable that determines the transformation of agricultural economic development mode is "ability growth", but there is an obvious "ability gap" in the transformation of agricultural economic development mode in China at present. Under the world background that innovation has become the main engine of economic development and agricultural competition is becoming fiercer, and under the premise of solving the problems of agriculture, rural areas and farmers and advocating innovation to drive the transformation of economic development mode, it is an urgent practical need to promote the transformation of agricultural economic development mode by innovation. This study aims to provide decision-making reference for this practice. In terms of theoretical significance, this study can provide mathematical analysis and theoretical reference for China to formulate relevant agricultural industrial policies.

This study consists of 6 chapters.

The first chapter is the introduction. The chapter includes research background, literature review, research contents and methods, technical route, innovation and research significance.

Abstract

The second chapter is a new theory about the transformation ability growth of agricultural economic development mode from the perspective of innovation driving. On the basis of summarizing the research situation at home and abroad, this paper traces the origin, deduction and development of "ability growth" from the perspective of innovation drive. Combining with the background of innovation driving, drawing lessons from endogenous growth theory, modern organization theory, new institutional economics theory and national competitive advantage theory, this paper scientifically defines and analyzes the connotation and mechanism of "transformation ability growth of agricultural economic development mode". An in-depth analysis is made of the coupling transmutation relationship between the growth of three abilities in the innovation-driven context, namely, the growth of technical ability, organizational ability and institutional ability, so as to provide further scientific basis for the research of "ability growth" promoting the transformation of agricultural economic development mode.

The third chapter is the evolution, mechanism analysis and development enlightenment of the transformation ability growth of agricultural economic development model in developed countries. Based on the latest situation of agricultural development in the world driven by innovation, this study analyzes the trend of agricultural economic development mode transformation ability growth in developed countries from the technical, organizational and institutional aspects. This paper selects America's "smart agriculture", Denmark's "industrial chain agriculture" and Japan's "sixth industry" models, analyzes the evolution of agricultural economic development mode transformation ability growth in developed countries, demonstrates the important role of "ability growth" in the deep-level transformation of agricultural economic development mode, deeply analyzes the internal mechanism of agricultural economic development mode transformation ability growth in developed countries, and puts forward development enlightenment.

The fourth chapter is the research on the ability growth and ability gap of the transformation of agricultural economic development mode in China. This study summarizes the remarkable achievements of the transformation ability of China's agricultural economic development mode over the past 40 years of reform and opening up from three aspects: technical ability growth, organizational ability growth, and institutional ability growth. At the same time, the paper analyzes the gap of technical ability, organizational ability and institutional ability in the transformation of China's agricultural economic development mode, and highlights the necessity and urgency of realizing the transformation ability growth of China's agricultural economic development mode. From the perspective of regional differentiation, this paper selects four typical cases, namely, Shanghai's "Urban Smart Agriculture", Guangdong's "Creative Agriculture Cluster in the South", Hunan's "Creative Agriculture Demonstration Zone in the Central Region" and Shandong's "Organized, large-scale and Market-oriented Agriculture Demonstration Zone in the east". This paper demonstrates the important role of the three "ability growth" in the transformation of China's agricultural economic development mode, and puts forward the enlightenment of the agricultural development of Shanghai, Guangdong, Hunan and Shandong.

The fifth chapter is an empirical analysis of the coupling of the three kinds of ability growth which promote the transformation of agricultural economic development mode in China. The key variable in the transformation of agricultural economic development mode is "ability growth". This study focuses on the analysis of the coupling transmutation relationship among technical ability, organizational ability and institutional ability. The evaluation index system of transformation ability of agricultural economic development mode is constructed from technical ability, organizational ability and institutional ability respectively. The entropy method, coupling degree model and coupling coordination degree model are used to evaluate the transformation ability of agricultural economic development mode at the national level from 2000 to 2017 and at the provincial level from 2012 to 2017. On this basis, using the national agricultural economic data from 2000 to 2017 and the agricultural economic data from 2012 to 2017 of 31 provinces, autonomous regions and municipalities directly under the Central Government, this paper makes a regression analysis of the impact of the transformation ability of agricultural economic development mode on the total output value of agriculture, forestry, animal husbandry and fishery, and gives empirical analysis conclusions.

The sixth chapter is the path choice of the transformation ability growth of China's agricultural economic development mode from the perspective of innovation driving. Implement the strategy of independent innovation in an all-round way, and apply independent innovation as a strategic principle in the following aspects: Firstly, in terms of technology, improve the independent innovation ability of agricultural science and technology in an all-round way, and promote the growth of technological ability. Strengthen the three abilities of original innovation, integrated innovation and introduction, digestion, absorption and re-innovation, and speed up the transformation to a scientific and technological and benefit-oriented development mode. Secondly, in terms of organizations, cultivate and support the development of various new agricultural business entities, and promote the growth of organizational ability. Vigorously improve the independent innovation ability of agricultural enterprises, improve the organizational structure, and develop into growing and competitive enterprises and innovative industrial clusters; Encourage new agricultural business entities to adopt large-scale and market-oriented development modes. Lastly, in terms of system and policy, it is necessary to establish an institutional policy system that is conducive to the green development of agriculture, takes into account fairness and efficiency, and promotes the growth of institutional ability. Focusing on the development strategy with independent innovation as the core, we should improve the incentive mechanism for independent innovation, formulate relevant supporting systems and policies, change to an environment-friendly and fair and efficient development mode. In addition, we should actively improve the rural compulsory education, vocational education, skills training system and supporting investment mechanism, and strive to realize the corresponding innovation and transformation of government management functions.

Key words: transformation of agricultural economic development mode, innovation-driven, ability growth

目 录

第一章 导论 ………………………………………………… (1)
 第一节 研究背景 ………………………………………… (1)
 第二节 文献综述 ………………………………………… (27)
 第三节 研究内容、意义、方法、技术路线及创新之处 ……… (31)

第二章 创新驱动视角下农业经济发展方式转变能力成长之新说 ………………………………………………… (35)
 第一节 创新驱动视角下能力成长之解析 ……………… (35)
 第二节 创新驱动成为新时代农业经济发展方式转变的重要引擎 ………………………………………… (44)
 第三节 创新驱动视角下三大能力成长耦合促进农业经济发展方式转变 ………………………………… (61)

第三章 发达国家农业经济发展方式转变能力成长模式演进、机理分析及发展启示 …………………… (88)
 第一节 发达国家农业经济发展方式转变能力成长的态势 ………………………………………………… (88)
 第二节 发达国家农业经济发展方式转变能力成长模式演进 ………………………………………………… (98)
 第三节 发达国家农业经济发展方式转变能力成长机理分析及启示 ………………………………… (111)

**第四章　我国农业经济发展方式转变能力成长与能力
　　　　缺口研究** ……………………………………………… （118）
　第一节　我国农业经济发展方式转变能力成长状况
　　　　　分析 ……………………………………………… （118）
　第二节　我国农业经济发展方式转变能力缺口状况
　　　　　分析 ……………………………………………… （142）
　第三节　三大能力成长耦合促进农业经济发展方式转变
　　　　　的案例分析 ……………………………………… （157）

**第五章　三大能力成长耦合促进农业经济发展方式转变
　　　　的实证分析** …………………………………………… （178）
　第一节　研究设计与描述性分析 ……………………………… （178）
　第二节　三大能力成长耦合促进农业经济发展方式转变
　　　　　的实证分析 ……………………………………… （191）

**第六章　创新驱动视角下中国农业经济发展方式转变能力
　　　　成长路径选择** ………………………………………… （234）
　第一节　促进能力成长的三项原则 …………………………… （234）
　第二节　促进能力成长的路径选择 …………………………… （240）
　第三节　三大能力成长耦合促进农业经济发展方式转变
　　　　　的政策转型与对策建议 ……………………………… （244）

参考文献 …………………………………………………………… （257）

后记 ………………………………………………………………… （272）

第一章 导 论

第一节 研究背景

一、我国农业可持续发展问题凸显,发展方式转变能力成长成为现实需求

（一）"中国粮"面临发展困境,粮食安全问题凸显

2016年10月发布的《粮食行业"十三五"发展规划纲要》强调,要积极提高粮食产业发展质量及效益,全面增强国家粮食安全保障能力。这意味着不断提升"中国粮"的竞争力将成为中国农业发展的新常态。现阶段,中国粮食安全问题已不再是表层的粮食供给量问题,而是深层的关乎农业产业安全、农民就业与生计安全乃至社会稳定的综合性大问题。截至2019年,我国粮食生产实现"16连丰",粮食产量连续7年稳定在6亿吨以上。2019年,我国粮食总产量66384万吨,三大主粮(大米、小麦、玉米)的自给率超过95%,主粮库存全球第一。但粮食领域的高成本、高价格、供求不匹配等发展瓶颈依然存在。[①]

1. 粮食生产成本高,农业可持续发展能力下降

我国农业已进入全面高成本期。有研究表明,2014年的人工成本及土地成本各占粮食总成本的41.81%、19.09%,分别比2004年实际增长

---

① 农业领域的其他短板,如对外依存度高、创新能力不足、生产效率低下、生产服务滞后、体制机制束缚强等,在本章第三节述述。

了 87.35％、123.50％,成为粮食生产成本上升的主要因素。2005 年,我国小麦、稻米、玉米的价格分别高于国际市场价格 30.43％、8.09％、50.61％;2015 年,上述价格分别高于国际市场价格 91.10％、77.78％、98.18％。① 我国逐步失去了农产品价格的比较优势。

我国农业进入高成本期,农业可持续发展能力下降。原因主要包括两方面:

一是生产经营规模小,技术水平低,劳动生产率低,投入成本高。美欧等发达国家农产品竞争力强,不仅源自其较高的技术水平、劳动生产率以及劳动者素质,更因为这些国家的农业规模化程度高、生产成本低。美国每个农业劳动力平均耕作农地为 67 公顷,加拿大为 109 公顷,法国为 30 公顷,而我国为 0.3 公顷。由于我国农地经营规模小,难以采用现代化的农业科技及自动化、智能化的生产设施,劳动生产率低,加之土地租金和人工费用等持续刚性增长,致使农业生产成本不断上升。以小麦、水稻、玉米为例,1995—2011 年这三大主粮的平均亩产量增长了 29.1％,但其投入成本却增长了 110.2％(许经勇,2016)。这就形成了国家托市收购的粮价基础。

二是环境成本日益凸显。我国在连年获得粮食丰收的同时,也付出了巨大的环境代价。主要体现在耕地数量和质量下降、水土流失和土地荒漠化加剧、农业面源污染加重、地下水超采等。根据《中国荒漠化和沙化状况公报》和《第一次全国水利普查水土保持情况公报》,截至 2014 年,全国水土流失面积和荒漠化、沙化土地分别为 294.91 万、261.16 万、172.12 万平方千米,各占国土面积的 31.12％、27.02％和 17.93％,中度和重度退化草原面积占草原总面积 1/3 以上。2005—2014 年间,我国化肥施用强度从 306.53 公斤/公顷增至 362.41 公斤/公顷,这是国际公认的化肥使用安全上限值的 1.61 倍。在全国耕地资源中,优质耕地面积仅占 2.9％,农药污染耕地面积已达 1.4 亿亩(刘丽伟,2017)。《农村绿皮书

---

① 丁长发.产业发展和精准扶贫[EB/OL].[2018-07-09]. https://www.doc88.com/p-3065043882482.html.

（2015—2016）》指出，我国水环境污染严重，清洁水源短缺。根据《2016年中国水资源公报》，2016年全国人均综合用水量438立方米，低于国际公认的人均500立方米的"极度缺水"标准，农业用水短缺问题引发担忧。上述因素直接影响粮食等农产品的质量安全性，粮食产能透支严重。

2. 粮食高价趋势日益明显，农产品国际竞争力下降

国内粮价自2012年底以来持续高于国际市场价格，中国现已成为全球第一大农产品进口国。2001—2014年，我国农产品贸易额占全球农产品贸易额比重由6.7%升至13.9%。2014年以来，我国已经成为全球第一农产品进口大国。《2014—2018年农产品批发行业市场竞争格局分析与投资风险预测报告》[①]显示，中国进口农产品完税后的价格比国内农产品低30%—40%。[②] 国内农产品生产成本的"地板"价格上升之势与国际农产品市场的"天花板"价格下降趋势形成鲜明对比。2014年，我国小麦、棉花、稻谷、大豆、玉米的吨生产成本，与美国相比，分别高出14.8%、35.6%、39%、103.3%、112%。2015年1—9月，国内小麦、玉米、大米的平均批发价格分别比进口到岸完税后的成本价高36.6%、50.6%、41.6%。[③] 此外，国内猪肉、食糖等价格也长期高于进口价格。国内大宗农产品价格与国际农产品价格全面倒挂，使得近年来我国农产品进口量一直居高不下，同时粮食自给率总体呈下降趋势（见图1-1、图1-2）。

"两升"和"两跌"导致中国的高粮价，进而引发中国农产品国际竞争力下降。其中，"两升"包括：第一，生产成本上升，即前文提及的土地租金、投入品、人力成本以及技术服务成本等不断上升；第二，人民币兑换美元在过去10年里升值约25%，这意味着以美元结算的国际市场粮食以低价进入中国市场。"两跌"包括：第一，全球金融危机后的通货紧缩带动国际

---

① 详见 https://www.taodocs.com/p-107465663.html。
② 孙艳华，李阿利. 坚持政策科技驱动 持续有效降低农业成本[EB/OL]. [2020-11-10]. http://www.cbrand.com.cn/content-21-8848-1.html。
③ 陈锡文. 中国粮食政策调整方向[EB/OL]. [2015-12-09]. http://www.cirs.tsinghua.edu.cn/zjsdnew/20151209/1292.html。

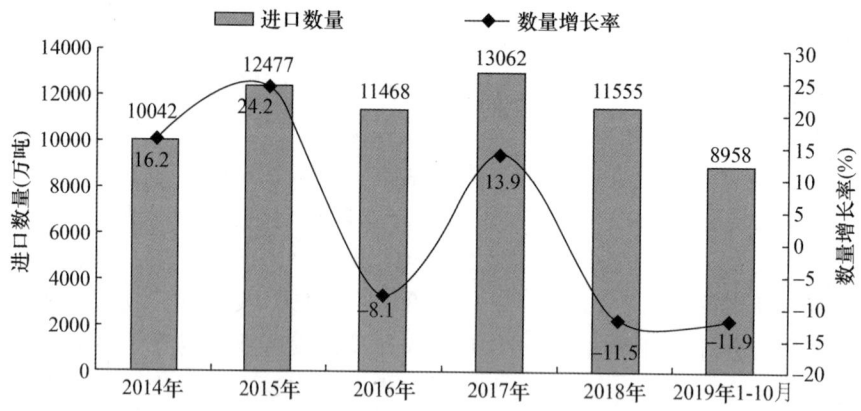

图 1-1　2014—2019 年中国粮食进口量及增长情况

资料来源：根据各年度《中国统计年鉴》《中国农村统计年鉴》以及国家统计局发布的数据计算。

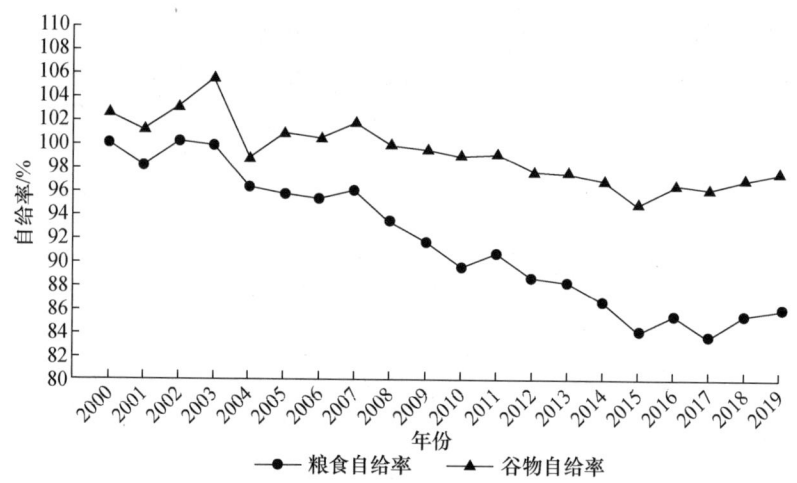

图 1-2　按表观消费量计算的粮食自己率和谷物自给率

资料来源：根据各年度《中国统计年鉴》《中国农村统计年鉴》以及国家统计局发布的数据计算。

市场,以美元计价的大米、小麦、玉米等大宗农产品价格持续下跌,至2015年底分别下跌32.3%、32.2%和44.8%;第二,全球海运价格跌至2008年的1/3左右(刘丽伟,2017)。此态势若持续,中国粮价在5—7年后将全面高于征收65%关税后的进口粮食完税成本价,届时中国对进口粮食的关税配额管理制度将失去意义。

3. 粮食供求错配,结构性矛盾凸显

粮食供求错配,其突出表现是"三量齐增",即粮食生产量、进口量和库存量同时上升。2011—2015年,我国粮食产量提升,但进口量增速更快,对外依存度从11%升至20%;2016年,我国粮食对外依存度高达18%;与此同时,粮食库存量屡创新高。以玉米为例,玉米库存量过大主要在于玉米收购价带有"托市"性质,扭曲了市场功能。2007—2014年,我国连续4次提高玉米收储价格,涨幅累计达到49%,刺激玉米连续十余年增产,导致玉米生产出现阶段性、结构性过剩,国家库存不断增加。2015年,玉米产量为2.25亿吨,进口量为473万吨,均创历史新高,而国内消费量为1.94亿吨;2015年末,玉米库存量超过2.5亿吨。与此同时,玉米收储价格高于市场均衡价格和国际市场价格的另一个直接后果是财政负担大大加重。2012—2014年,国家收购玉米资金从610亿元增至1866亿元,占三大谷物收购总金额的52.3%。[①] 为此,2016年国家取消玉米粮食收储政策,实行市场收购和玉米种植补贴,运用市场方式调控玉米生产。

结构性矛盾凸显,其表现是大豆等多个品种出现较大的供需缺口。与玉米的情形相反,我国食用植物油、棉花、食糖的自给率已分别降到40%、70%和85%左右。特别是大豆产需缺口不断扩大,自给率已降到15%以下,对外依存度最高(见表1-1)。2015年,我国进口大豆8169万吨;2016年,我国进口大豆8391万吨。2020年,全年月累计进口大豆

---

① 玉米收储改革为价格支持政策"减压"[EB/OL].[2016-04-01]. https://www.sohu.com/a/67126032_119556.

10032.7万吨,同比增长 11.7%。① 由于优质农产品短缺,2002 年至今,我国粮食进口量增长了 800%。② 进口粮食入市,国产粮食入库,说明我国粮食优质化滞后、供需结构错位、粮食生产结构失衡。③

表 1-1　中国主要粮食即食物品种对外依存度变化　（单位:%）

	2000 年	2010 年	2015 年	2019 年
大豆	39.85	78.37	87.37	83.09
玉米	−10.95	0.75	1.75	1.79
小麦	0.87	1.04	2.19	2.34
稻米	−2.11	−0.18	2.02	−0.17
蔬菜	−0.47	−0.84	−0.98	−1.17
水果	0.16	−0.45	0.74	1.92
牛奶	6.53	11.43	20.01	30.77
食糖	9.18	12.10	32.30	22.87
牛肉	—	0.02	6.98	19.93
羊肉	—	1.06	4.75	7.40
猪肉	0.21	0.18	1.24	4.42
禽肉	3.84	1.81	0.78	2.51
水产品	0.29	0.21	−0.40	2.25
禽蛋	—	−0.36	−0.31	—

资料来源:中国社会科学院农村发展研究所、中国社会科学出版社 2020 年 8 月 17 日在北京联合发布的《中国农村发展报告 2020》。

（二）绿色农业处于初级阶段,食品质量问题突出

现阶段,我国正处于工业文明向生态文明过渡的时期。保护生态环境就是保护生产力,改善生态环境就是发展生产力(中共中央文献研究

---

① 农业农村部:2020 年 7 月中国农产品供需形势分析[EB/OL].[2020-07-13].http://www.ciodpa.org.cn/index.php?m=content&c=index&a=show&catid=40&id=2885.
② 孙艳华,李阿利.坚持政策科技驱动 持续有效降低农业成本[EB/OL].[2020-11-10].http://www.cbrand.com.cn/content-21-8848-1.html.
③ 2020 年国内大豆进口量破亿吨,国产大豆价格仍旧保持上涨之势[EB/OL].[2021-01-15].https://www.163.com/dy/article/G0D17UMC05509YTZ.html.

室,2017)。农业经济发展务必坚持绿色发展理念。近几年的中央一号文件不断强调改善农业与农村生态环境,把增加绿色优质农产品供给放在突出位置以实现农业可持续发展。

1. 我国绿色农业处于初级阶段,难以满足农产品消费结构升级的需求

绿色是农业永续发展的必要条件。绿色农产品是指在无污染生态环境下种植、加工及储运,其有毒有害物质含量符合国家健康安全食品标准,并经专门机构认定允许使用绿色食品标志的农产品。现阶段,我国农业绿色化水平低。主要体现在以下方面:

一是我国绿色农业发展处于初级阶段。1989年,我国原农业部首次提出绿色农产品及其发展战略,并于1990年正式实施。在过去30年的发展过程中,我国农产品的生产和消费逐渐融入了崇尚自然、保护环境、促进农业可持续发展的绿色理念。但与发达国家的绿色农业相比,我国绿色农业的落差较大。现阶段,我国农业经营主体以小农户为主,专业化、集约化程度不高,科技含量低。2016年,我国有机蔬菜种植面积为90余万亩,占蔬菜总种植面积0.3%左右,大大低于国际1.7%—13%的水平;有机蔬菜产量205万吨,占全国蔬菜总产量的0.27%,供不应求(刘丽伟,2017)。2018年,我国农业生产方式持续向绿色化转型,农业产地环境治理颇显成效。全国绿色食品产地环境监测面积升至1.57亿亩,同比增长3.29%;农产品抽检总体合格率达到97.5%,同比上升0.3%;全国农业绿色发展指数为76.12,比2012年提高了3.63%;全国秸秆综合利用率为85.45%,比2017年提高了1.77%。根据《中国农业绿色发展报告2019》,2019年我国农业资源节约与保育工作日益加强。一至三等优质耕地面积的占比,较2014年提升了3.94%;全国耕地质量平均等级达到4.76,比2014年提升了0.35个等级。总体而言,绿色农业近年来在我国虽有较大发展,但仍处于初级阶段。

二是农产品供求结构不匹配,难以满足农产品消费结构向绿色升级的需求。前文提到,现阶段我国粮食"三量齐增",其原因除前面说明的国

内外粮食价格倒挂等因素外,还有一个重要原因就是当前中国农产品所产非所需。一方面,我国城镇化水平不断提高,2015年末城镇化率达到56.1%,相当一部分农村居民转为城镇居民,对农产品的消费水平和消费结构不断提高和升级;另一方面,伴随我国从温饱型社会向小康型社会过渡进程的加快,中产阶层数量增加,生存型消费转变为发展型消费,使农产品需求结构进一步发生变化,高品质农产品供不应求,中低档农产品供大于求。农业供给侧结构性改革的目标就是增加绿色农产品供给,着力解决农业供给的结构性问题和质量问题,而非数量问题。

2. 我国食品质量问题突出,发展绿色农业迫在眉睫

我国食品安全问题频发,其中生产环节引发事件的占比较高。多年来,我国农业以家庭经营为主的小规模生产方式抑制了绿色农业的发展。小农户经营通常使得一些农户从自身效益最大化角度出发,放弃技术投入,选择劳动投入,依靠高毒、高残留的低价农药和化肥提高产量,加之工业化、城镇化引发的农业生态环境问题,致使我国食品安全领域警钟不断。《2005—2014年间主流网络舆情报道的中国发生的食品安全事件分析报告》显示,2005—2014年是食品安全事件高发期,全国范围有227386起,平均每天发生62.3起。其中,2011年达到峰值,2012年起开始下降,2014年又出现反弹。该报告指出,食品供应链的各主要环节均不同程度地发生了安全事件,但食品生产与加工环节发生事件的占比高达60.16%。肉与肉制品、蔬菜与蔬菜制品、水果与水果制品均在发生事件量最多的五大类食品之列。

发展绿色农业迫在眉睫。当前,我国农产品质量问题呈现出若干新特征:一是危害农产品质量安全的因素持续增加,并且贯穿于农业产业链的各个环节。依赖农药、化肥、生物激素增加产量的做法在全国范围内不同程度存在。全国31个省级植物保护站的数据显示,2016年我国农药需求总量达到96.17万吨,居世界第一位(刘丽伟,2017)。多种重金属、亚硝酸盐、放射性物质、有机物等毒害因素存在于农产品生长、存储、运输、销售和消费各环节,时刻威胁着农产品质量安全。2019年上半年,市场监管总局进行食品抽检,主要不合格项有农兽药残留、重金属、生物毒素、食

品添加剂、有机污染物、微生物超标、其他指标等7类问题。其中,农兽药残留超标占比最高,为51.28%(见图1-3)。二是农产品质量安全问题的不确定性增强,慢性危害凸显。伴随新型农业生产资料及生产技术的出现,农产品安全问题发生的概率进一步提高。但目前我国针对产地环境污染、生物毒素污染、放射性污染的监测体系尚不健全,其危害的不确定性将长期存在,农业经济发展方式亟待从规模速度型向质量效率型转变。

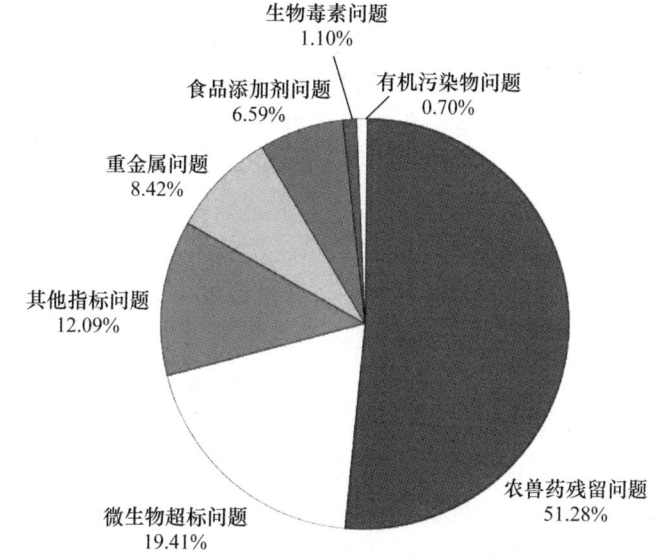

图 1-3　2019年上半年食品不合格项统计

资料来源:根据2019年1—6月市场监管总局发布的食品不合格情况通告信息绘制。

(三)"新三农"问题加剧,农业可持续发展面临巨大挑战

在各国现代化发展过程中,如何消解工业化和城镇化对农业、农村和农民的负面影响并妥善处理城乡关系和工农关系,一直是一个普遍存在的世界性难题。中国正在寻求此问题破解之道。1996年,著名经济学家温铁军(1996)将"农业、农村和农民"问题概括为"三农"问题。2000年3月,民间"三农"问题研究者李昌平上书时任总理朱镕基,反映当时他任职

党委书记的湖北省监利县棋盘乡的"三农"问题,即"农民真苦,农村真穷,农业真危险",引起中央关注。2003年,《政府工作报告》首次将"三农"问题列入其中,强调农业、农村、农民问题,关系我国改革开放和现代化建设全局,坚持把解决"三农"问题放在突出位置,巩固和加强农业基础地位。近年来,伴随我国工业化和城镇化进程的加快,"农村空心化""农业边缘化"和"农民老龄化"日益突出,对农业可持续发展构成严峻挑战,成为亟待解决的"新三农"问题。

1. "农村空心化"问题

"农村空心化"是对城镇化过程中因农村人口迁往城镇、空间分布发生变迁而衍生出的住宅"空心化"、乡村村落"空心化"等一系列相关现象的统称。

伴随农村人口非农转移及非农就业的不断增加,农村住宅和宅基地大量闲置,不少村庄成为"空心村"。1978—2017年底,我国城市化率从18%升至58.52%。2000年,我国农村自然村数量约360万个。2010年和2015年的《中国城乡建设统计年鉴》的统计数据显示,2010年我国农村自然村数降至2729820个,2015年进一步减至2644620个。2010—2015年间,平均每年约有1.7万个自然村消失。其中,200人以下的自然村数从2010年的1311448个降至2015年的1212396个,每年大约减少2万个(中华人民共和国住房和城乡建设部,2016)。

城镇近郊的"村改居"工程以及远离城镇的自然村的人口大量外流是导致自然村数量减少的主要原因。《中国统计年鉴-2015》的数据显示,农村人口数量在1995年达到峰值,即85947万人;此后,农村人口数量逐年下降。2011年后,城镇人口开始多于乡村人口;2017年,乡村人口57661万,比城镇人口少23686万(李孝忠,2018)。2020年,我国常住人口城镇化率达到63.89%,农村人口降至50978.7万人。[①]"农村空心化"现象更加突出。

[①] 魏后凯:促进农民共同富裕的战略选择[EB/OL].[2022-05-26]. https://www.cssn.cn/glx/glx_gggl/202208/t20220822_5479227.shtml.

2."农业边缘化"问题

相对于第二、三产业在工业化和城镇化进程中的快速发展,我国农业作为第一产业发展较慢且在国民经济中的占比不断下降,农业产业增加值的增速也呈下降趋势。1978年,农业占GDP比重为27.7%,2009年降至9.8%,平均每年下降0.5个百分点。近年来,农业增加值年均增长速度为4%左右,大大落后于第二、三产业的增长速度。2016年,第一产业增加值为63670.7亿元,增速为3.3%;2017年1—6月,第一产业增加值为21987亿元,增速为3.5%(见图1-4)。

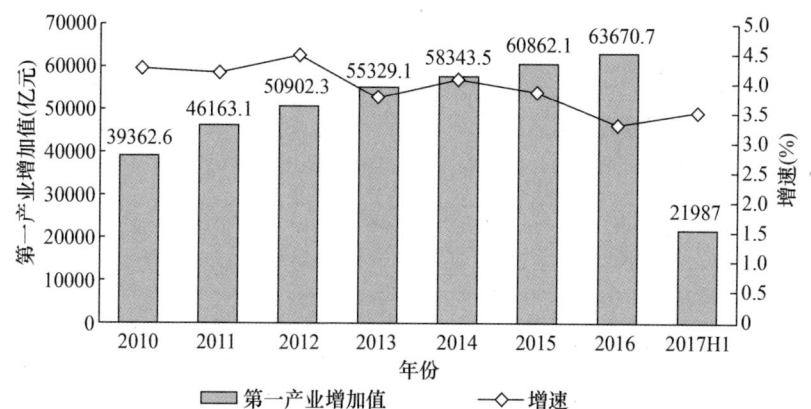

图1-4 2010—2017中国第一产业增加值及增速

资料来源:智研咨询.《2017年中国GDP、人均GDP及工业增加值统计分析》[EB/OL].[2017-08-14]. https://m.sohu.com/a/164508585_775892/?pvid=000115_3w_a.

依据美、日等发达国家的经验,工业化过程中农业增加值比重下降难以避免。伴随工业化进程的加快,我国农业增加值占GDP比重进一步下降。2010年,农业增加值占GDP比重为9.3%,2013年降至8.9%,2018年进一步降至7.2%[①]。农业对GDP增长的贡献率也在相应降低。2016年以来,农业对GDP增长的贡献率已低于40%(见图1-5)。

---

① 海通策略.这次盈利回升与13年有何不同?[EB/OL].[2019-11-21]. https://finance.sina.com.cn/stock/stocktalk/2019-11-21-doc-iihnzahi2488043.shtml.

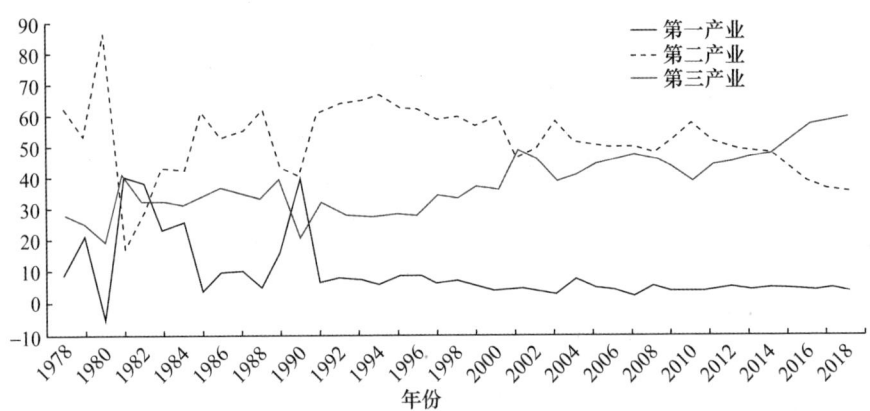

图 1-5 三大产业对 GDP 增长的贡献率

注：第一产业是指农、林、牧、渔业（不含农、林、牧、渔服务业）。第二产业是指采矿业（不含开采辅助活动）、制造业（不含金属制品、机械和设备修理业）、电力、热力、燃气及水生产和供应业、建筑业。第三产业是指除第一、二产业以外的其他行业。

资料来源：格隆汇·向远之.互联网行业的周期就要来了吗？[EB/OL].[2019-04-21].https://www.sohu.com/a/309443025_162818.

由于农业生产收入相对较低，农民兼业化现象日益增多，致使"农业边缘化"问题愈加严重。《中国统计年鉴-2016》数据显示，我国农业就业人口数从 2000 年的 36043 万人减少到 2015 年的 21919 万人，年均减少约 940 万人。在农业就业人口大幅减少的同时，农民工数量较快增长。根据《2016 年农民工监测调查报告》，2016 年，农民工数量达到 28171 万人，比上年增加 424 万人，增长 1.5%。根据《2018 年农民工监测调查报告》，2018 年，农民工总量为 28836 万人，比上年增加 184 万人，增长 0.6%，但总量增速比上年回落 1.1 个百分点（见图 1-6）。据相关统计数据，2019 年，农民工增至 29077 万人，比上年增加 241 万人，增长 0.8%。农民兼业现象普遍，加之前文论述的农业生产成本高企、政策性高价"收储""三量齐增"等短板因素，"农业边缘化"现象进一步加重。

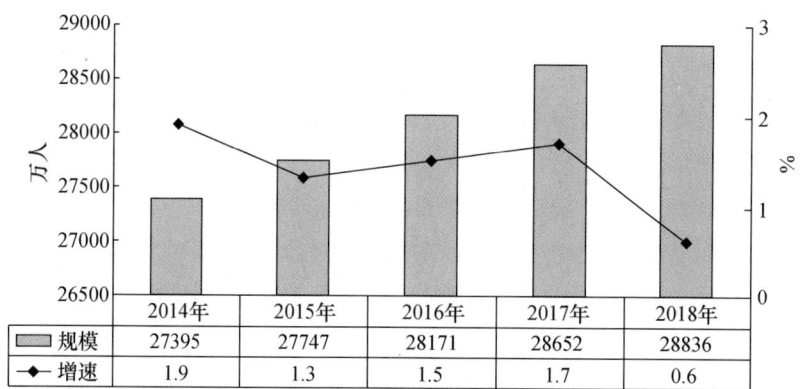

图1-6 农民工总量及增速

资料来源:国家统计局,《2018年农民工监测调查报告》。

3."农民老龄化"问题

"农民老龄化"现象日趋严峻。根据《2016中国人口和就业统计年鉴》的相关数据推算,2015年,我国城市、城镇以及农村地区65岁以上老年人口的占比分别为8.91%、8.88%、11.52%。这些占比均超过联合国提出的一个国家或地区人口老龄化的衡量标准,即65岁以上人口占总人口比重超过7%(项继权、周长友,2017)。其中,农村地区的老年人口占比最高。2019年,农村适龄劳动力人口为3.13亿人,占农村常住人口的56.8%。而农村65岁以上人口超过1亿,在农村常住人口中占比超过18%,远高于12.6%的全国平均水平。"农民老龄化"主要基于以下两方面原因:一是工业化、城镇化进程加快背景下持续多年的农村青壮年人口的大量流出;二是以代际分工为基础的"半工半农"家庭生计模式的形成。

"农民老龄化"消极影响深远。这种日趋严峻的老龄化现象衍生出了"老人农业",即一些农村地区的农业劳动力以老年人为主;与此同时,也对农村传统的"养儿防老"的家庭养老模式提出挑战。统计数据显示,2016年我国农村地区人口总抚养比高达45.38%。这意味着在农村地区平均每3个成年人需要赡养1位老人(项继权、周长友,2017)。当前,农村地区社会化养老服务体系薄弱,无法满足农村养老服务社会化的需要,加之基层地方政府财政困难,难以大规模投资于公共服务型养老事业,农村社会保障负担沉重正成为制约我国农村经济发展的严重阻碍。此外,受城乡二元体制的阻碍,不少农民工最终难以被城市接纳为市民,年迈体弱后返乡,将进一步加重农村社会保障问题。

4. "新三农"问题给农业可持续发展带来严峻挑战

"新三农"问题直接导致农村发展不充分,加剧了城乡发展不平衡。党的十八大以来,我国城乡差距有所缩小,但农业可持续发展仍然面临严峻挑战:

一是从生产、收入和消费看,全员劳动生产率及消费的差距居高不下,农民与城市居民收入差距的绝对额依然较大。2016年,非农产业全员劳动生产率人均达到12.13万元,农业全员劳动生产率人均仅为2.96万元,前者是后者的4.09倍。2007年,我国城乡居民人均可支配收入比达到3.33∶1,这是改革开放以来的最高位;虽然近年来农村居民收支增速快于城镇居民,但2016年城镇居民消费支出仍是农村居民的2.28倍(叶兴庆,2018)。2017年,农村居民人均可支配收入增至13432元,但城乡居民人均可支配收入之比仍高达2.71∶1,且不含教育、医疗、文化、环境等指标,城乡收入与基本公共服务的差距巨大(李孝忠,2018)。受制于农村金融普惠程度低、支持政策覆盖面窄等多重障碍性因素,农民寻求投资门路难度大、财产性收入比例低,脱贫攻坚难度巨大。相关国家统计局数据显示,2012年,全国农村贫困人口数量为9899万人;截至2017年底,全国农村贫困人口(2016年贫困线为人均纯收入3000元)还有3046多万,绝大多数集中在中西部落后地区;2019年末,全国农村贫困人口降至551万人,比上年末减少1109万人,下降66.8%;根据国务院新闻办公室发布的数据,2020年底,中国现行标准下的9899万农村贫困人口全部实现了脱贫。《农村绿皮书:中国农村经济形势分析与预测(2020—2021)》中的数据显示,2020年农民人均可支配收入17131元,增长速度快于城镇居民,城乡居民收入相对差距进一步缩小;与此同时,全国首次出现城乡居民收入绝对差距的缩小。2020年,城乡居民人均可支配收入绝对差距为

26703元，比上年减少365元，其主要原因在于农民的工资性收入、转移净收入及经营净收入的不断增加。虽然出现了"双缩小"，但大幅缩减城乡居民收入之差距仍需巨大努力。

二是从基础设施和公共服务看，乡村普遍处于滞后状态。根据第三次全国农业普查数据，截至2016年底，28.8%农户住在竹草土坯或砖木结构房屋中，52.3%的农户用不上净化自来水，近50%农户未能使用天然气、煤气、液化石油气，38.1%的村庄无路灯，82.6%的农村生活污水未得到集中处理或部分集中处理，67.7%的村庄没有托儿所、幼儿园，45.1%的村没有执业医师，43.6%的乡镇没有本级政府创办的敬老院。此外，农村互联网普及率为34.0%，低于城镇35.4个百分点，有电子商务配送站的村仅占25.1%（张照新，2018）。根据中国互联网络信息中心发布的数据，截至2020年3月，我国网民总数为9.04亿，其中农村网民2.55亿，占网民整体的28.2%，农村互联网普及率升至46.2%，城乡地区互联网普及率差异缩小5.9个百分点。

三是从农村社会看，乡村治理较为落后。农村信用体系建设缺位，一些失信、失德、失范行为仍然存在，且缺乏有效的教育惩戒机制；受制于"熟人"、血缘等多种关系，一些地区的农村社会缺乏公平正义氛围，村民自治制度亟待健全；少数地区还存在治安问题；农村新风尚、新文化尚未广泛确立，农村居民文明程度有待提高（第四章第二节有进一步论述）。

二、科技革命与技术进步叠加，发展方式转变能力成长获重大机遇

（一）第三次科技革命推动农业劳动生产率大幅提升

第三次科技革命是继蒸汽技术革命、电力技术革命之后人类文明发展史上又一次重大技术飞跃。第三次科技革命始于20世纪四五十年代，以原子能技术、电子计算机技术、空间技术和生物工程技术的发明与应用为主要标志，是一场涉及新能源技术、信息技术、新材料技术、海洋技术以及遗传工程技术等多个领域的信息控制技术革命。

第三次科技革命大大提高了农业劳动生产率。第三次科技革命注重运用提高劳动者素质和技能、加快生产技术进步、改进劳动手段等方式来提高劳动生产率,转变了以往长期依靠提高劳动强度来提高劳动生产率的做法。其中,电子计算机及信息技术的快速发展为农业劳动生产率的提高做出了突出贡献。电子计算机的广泛应用,直接促进了农业生产自动化、管理信息化、研发手段及素质培训的现代化,进而大大提高了农业劳动生产率。"互联网+"、大数据、人工智能与农业的深度融合,既优化了资源配置,又提升了农业劳动者素质;既促进了农业生产"量"的增长,又加快了农业生产"质"的提升,直接促进了农业生产力的大发展。发达国家数字农业、设施农业、物联网农业、智慧农业等新业态的发展以及其巨大成效是这方面的鲜明例证。在第三次科技革命的过程中,社会经济结构也发生了重大变化。第一、二产业在国民经济中比重下降,而第三产业的比重明显上升。作为基础产业,农业在国民经济中的占比虽然下降,但其受重视程度在各国尤其是发达国家并未降低。各国愈加重视农业科技研发,不断寻求提升农业劳动生产率的技术路径。

(二)新的农业科技革命为农业经济发展方式转变能力成长准备了条件

1. 农业科技革命强化了能力成长的技术支撑

第三次科技革命的成果赋予常规农业新的技术手段,把当代农业推上一个新台阶,并引发了新的农业科技革命。新的农业科技革命以生物技术、信息科学技术及材料科学技术为基础,强化了农业经济发展方式转变能力成长的技术支撑。

一是生物技术支撑。作为生物遗传物质的脱氧核糖核酸(DNA)双螺旋结构的发现和DNA重组的成功,标志着对生命科学的研究进入了分子水平,揭开了生物技术时代的大幕。生物技术主要从7个方面推动新的农业科技革命,包括:(1)双子叶模式植物拟南芥和单子叶模式植物水稻基因图谱的完成可以为培育农作物新品种提供指导;(2)转基因技术、组织培养技术、动物胚胎移植与克隆技术能够促进农作物与畜禽品质的改良;(3)生物肥料、生物农药及新型饲料添加剂的应用有助于减少化学农药、化肥施用;(4)植物抗旱、抗盐基因的发现与应用能够改变干旱地区的生态环境,使不毛之地、盐碱地变为良田;(5)极端环境微生物基因工程可以应用于废气、废水、废渣处理;(6)可降解生物塑料产品的产业化推广有助于解决工业排放、"白色"垃圾等环保难题;(7)包括生物乙醇、生物柴油、生物发电、生物氢能等在内的生物能源技术的成熟和规模化应用推动了低碳农业的发展,即以"绿金"代替"黑金"。

二是信息科学技术支撑。信息化是世界经济和社会发展的大趋势,信息化水平已成为衡量一个国家和地区现代化水平的重要标志。计算机技术与农业的结合形成了农业信息学,其应用已渗透到种质资源、动植物育种、作物栽培、畜禽饲养、土壤肥料、植物保护、农田灌溉、农业机械、农业气象、农产品储藏加工、农业经济等领域。特别是地理信息系统、全球定位系统、遥感技术和计算机自动控制系统核心技术的应用,直接催生出"精准农业",极大地提高了农业生产过程的可控程度。伴随世界各国政府对物联网行业的高度重视以及政策倾斜,物联网逐步发展并渗透进每一个行业领域,物联网农业应运而生。农业物联网通过各种传感器采集信息,帮助农民及时发现并准确解决问题,将农业逐渐地从以人力为中心、依靠孤立机械的生产模式转向以信息和软件为中心的生产模式,通过使用自动化、智能化生产设备实现远程控制,大幅提高农业生产效率。

三是材料科学技术支撑。材料的更新是科技发展的基础,是人类发展的里程碑,如历史上的石器时代、青铜器时代、铁器时代都是以材料作为时代的主要标志。从农业社会到工业社会的转变是以水泥和钢铁等金属等材料为基础的,而从工业社会到信息社会的转变是以半导体硅材料为基础的。现在,合成有机高分子材料及半导体材料、信息记录材料、传感器用的敏感材料、光导纤维等信息材料的发展都将成为新的农业科技革命的基础。

在上述技术支撑基础上,新的农业科技革命形成以新一代信息技术为核心,以生物技术、新材料、新能源等新兴技术群体性突破及其协同应用为主体的创新体系,为世界范围的现代农业提供了数字化、网络化、智能化发展的广阔空间,成为农业经济发展方式转变能力成长的重要条件。

2. 农业"三色革命"扩大了能力成长的发展空间

农业"三色革命"是指绿色革命、白色革命和蓝色革命。面对 21 世纪以来依然严峻的全球生态危机以及粮食危机,世界各国积极开展"三色革命",并不断扩大农业经济发展方式转变能力成长的发展空间。

绿色革命旨在促进农业生态环境及资源环境的保护。广义的绿色革命泛指在环境科学和生态学基本理论的指导下,人类适应环境,与环境共生共进、协同发展所创造的一切文化和活动。农业领域的绿色革命强调运用先进技术,在增加产量的同时,减少并努力消除农业污染,追求农业可持续发展。①

白色革命旨在促进畜牧业的高质量发展。利用地球丰富的植物资源,选择先进技术,发展畜牧业,将粗蛋白转化为以肉类、奶品为主的高级蛋白质,既扩大了食物来源,又提高了人民生活水平。因蛋白质呈白色,故称之为"白色革命"。

蓝色革命旨在促进水体农业的大发展。占地球总面积 71% 的海洋,拥有品种众多、数量巨大的生物资源。海洋可提供的食物,其种类及数量远远超出陆地全部可耕地提供的食物,但目前人类对海洋的开发利用比较有限。因海洋呈蓝色,所以把运用现代农业科技、征服海洋、建立以海洋为主的水体农业称为"蓝色革命"。

综上可见,农业"三色革命"强调科学地保护和利用自然资源,积极利用地球上生物资源的多样性,并结合现代农业技术发展多种新兴农业业态,努力提高农业发展的经济效益及社会效益。

三、世界农业非均衡发展态势严峻,发展方式转变能力成长成为必由之路

(一)农业产业链竞争时代来临,南北农业发展日益失衡②

伴随着经济全球化和区域经济一体化的深入发展,农业领域的国际

---

① 狭义的绿色革命是指发生在印度境内的"绿色革命"。1967—1968 年,印度开始了靠先进技术提高粮食产量的"绿色革命"的第一次试验,结果粮食总产量有了大幅度提高,使印度农业发生了巨变。

② 本节内容摘自:刘丽伟. 农业产业链竞争时代来临[N]. 人民日报,2011-06-27.

竞争近年来已上升到以产业链为载体所形成的国家经济和区域经济层面。2010年12月的全球食品价格指数达到1990年以来的最高位。这种不见硝烟的广义"粮食战争",推动世界农业进入产业链竞争时代。

农业发展的本质是产业链,产业链经营是农业发展的历史趋势,同时也是农业低利润、高风险的特性使然。农业企业与产业链结合所产生的集合竞争力,具有乘数效应,有利于这些企业在市场竞争中集体胜出,实现产业链整体价值。产业链上下游各环节的分工合作,均担负着价值创造的功能。农业产业链经营的最大特点是利益趋向最大化,所采用的迂回式生产方式直接促进了农产品附加值的增加和农业递增报酬的实现。现代农业产业链不再局限于第一产业,而是包括第二、第三产业等与农业关联产业在内的大农业体系结构。

农业产业链最早产生于19世纪50年代的美国,此后传入欧洲、美洲、大洋洲的发达国家。目前,美、荷、加、澳等国的农业产业链经营已经达到相当高的水平。美国的杜邦公司、瑞士的先正达公司、荷兰的花卉公司等跨国经营的农业龙头企业,其产业链由产品链、物流链扩展到价值链、信息链,在世界范围内具有竞争力。其中,荷兰的花卉产业链不仅科技含量世界领先,而且融入制度、组织、文化等非技术因素,规模经济效益显著。数据显示,荷兰多年来一直是世界上最大花卉出口国。2010年,荷兰花卉出口占世界市场70%以上;2020年,荷兰花卉出口占世界市场的43%。荷兰的花卉产业也因此被专门研究国家竞争力的哈佛商学院教授迈克尔·波特(Michael E. Porter)赞誉为"全世界最创新的产业群聚"。

南北发展失衡是现阶段全球农业产业链发展的明显特征。美国的阿彻丹尼尔斯米德兰公司(Archer Daniels Midland,ADM)、邦吉(Bunge)、嘉吉(Cargil)和法国的路易·达孚(Louis Dreyfus)这"四大跨国粮商"垄断了世界粮食交易量的80%。这些跨国公司通过投资控股和参股等方式进入发展中国家小麦、稻谷、植物油等粮油产业链的各个环节,从而实现了垄断经营。近年来,中国、阿根廷、巴西、南非等发展中国家在农业产业链经营方面虽取得了显著进步,但总体水平仍远远低于发达国家。产业链已成为发达国家在农业及其相关领域对发展中国家进行财富掠夺的有力武器。发展中国家遭受"粮食战争"等多方面掠夺的直接后果是经济发展受挫,甚至出现政权更迭。

综上,全球范围的农业竞争上升到产业链层次有其规律性和历史必然性。然而,较为自由和开放的农业产业链跨国经营,在被赋予"粮食战争"等特殊用意后,致使发展中国家常常遭受较大的经济打击和损失。从经济利益,特别是从粮食安全等角度审视全球农业产业链的发展问题,广大发展中国家急需夯实本国农业基础、提高粮食自给能力,确保国民生计安全、国家经济安全乃至政治稳定(刘丽伟,2011)。

(二)低碳农业等农业新业态发展迅速,南北农业协调迫在眉睫[①]

世界农业不断涌现新业态,包括低碳农业、创意农业、数字农业、智慧农业等。这些新业态均是现代科技,尤其是现代农业科技的产物。发达国家农业新业态的发展水平处于世界前列(第三章第二节有详述),南北国家的农业差距悬殊。

以低碳农业为例。低碳农业是全球性生态危机,特别是全球气候变暖催生的生态革命产物。21世纪以来,世界农业进入由"高碳"向"低碳"的发展转型期。联合国政府间气候变化专业委员会第四次评估报告(2007)指出,农业是温室气体的第二大来源,农业源温室气体排放占全球人为排放的13.5%;联合国和世界银行发表的一份由全球400多位科学家撰写的报告《国际农业知识与科技促进发展评估(2008)》中指出:"世界需要一个从严重依赖农药和化肥等化学品、对环境破坏很大的农业模式转化为对环境友好、能保护生物多样性和农民生计的生态农业模式。"在世界各国反思并规避高碳农业弊端的同时,世界农业步入有机、生态、环保的低碳农业新时代。

发达国家的低碳农业水平居世界前列。日本是世界低碳农业发展的标杆,先进的低碳技术使日本农业成功实现了从依靠化石能源向依靠太

[①] 本节内容摘自:刘丽伟.发展低碳农业需要南北协调[N].人民日报,2012-10-16。

阳能等新资源的转变,使农业生态环境在低耗、低排、低污和碳汇的基础上日益改善;同时,农业的气候调节、生态涵养、安全保障、文化传承和休闲体验等多功能特性在低碳农业发展过程中得到了充分体现。

发展中国家的低碳农业现处于初级发展阶段。被誉为"南美粮仓"的阿根廷广泛实施免耕加秸秆还田的低碳农业技术;巴西政府通过制订并实施"低碳排放农业计划",鼓励农业生产者采用农作物轮作、农林牧一体化生产措施,并普遍推广生物固氮技术,积极整治退化草场等;我国生态农业面积居世界第二位,近年来不断推广农业固碳技术,重建农业湿地系统,减少高碳能源及化肥应用,大力发展农业循环经济。虽然农业方面的进步显著,但发展中国家的粮食安全常常遭受气候变化引发的生态系统退化以及自然灾害频发的巨大威胁。世界银行在其发布的《2010年世界发展报告:发展与气候变化》中称发展中国家将承受气候变化潜在影响的75%—80%,其主要原因在于发展中国家对农业具有强依赖性(王莉萍,2009)。

发展中国家的农业劣势决定其在"低碳国际"的弱势地位。发达国家因具有先进的技术手段和较为丰富的农业碳汇政策管理经验,在气候变化国际谈判及国际碳市场中具有较大的主动权和决策权。而包括我国在内的许多发展中国家到目前为止还没有获得被国际认可的碳排放系数。在哥本哈根气候变化大会以及随后的历次气候会议中,发达国家代表团与以我国为代表的发展中国家代表团在与碳减排相关的国家权益方面比较对立(刘丽伟,2012)。

未来"碳博弈"还会继续,发展中国家需要大力发展低碳农业以提升在"碳国际"的话语权。

(三)世界粮食安全问题严峻,贸易摩擦日趋常态化

1. 世界粮食安全问题依然严峻,发展中国家首当其冲[①]

饥饿和粮食安全问题长期存在,发展中国家粮食不足发生率居高不下。2000年以来,世界饥饿人口数量大多时间呈下降趋势,但近年有反弹

---

① 本节部分内容摘自:刘丽伟."免于饥饿之路"还很长[N].人民日报,2013-12-31.

迹象。其中,2003—2014 年,世界饥饿人口从 9.47 亿人下降至 7.75 亿人;2015—2016 年,世界饥饿人口再度增加,2016 年达 8.15 亿人,与 2009 年遭受世界粮食危机时的饥饿人口数量持平(黄飞等,2018)。《2018 年世界粮食安全和营养状况》报告显示,2017 年全球遭受长期粮食短缺影响的人口约有 8.21 亿人,即世界上平均每 9 人中就有 1 人处于饥饿境况(李茂奇,2018)。全球饥饿指数进一步凸显出世界粮食不安全。国际食物政策研究所(International Food Policy Research Institute,IFPRI)将全球饥饿指数程度划分为"低""适当""严重""警戒"和"极度警戒"5 个等级。IFPRI 数据显示,2017 年 119 个国家中有 52 个国家的饥饿等级被评为"严重""警戒"或"极度警戒"。其中,饥饿等级达到"极度警戒"和"警戒"的国家包括中非共和国、乍得、塞拉利昂、也门等 8 个发展中国家。目前,全球有 37 个国家需要外部粮食援助,其中 29 个在非洲,7 个在亚洲(东帝汶、阿富汗、巴基斯坦、印度和朝鲜等均在其列),1 个在拉丁美洲(黄飞等,2018)。联合国发布的《2019 年全球粮食危机报告》显示,2018 年全球仍有 1.13 亿人处于重度饥饿状态,较 2017 年的 1.24 亿人有所下降。2020 年 7 月,联合国粮食及农业组织(下文简称联合国粮农组织)联合世界粮食计划署、联合国儿童基金会、世界卫生组织共同发布了《2020 年世界粮食安全和营养状况报告》。报告指出,近 6.9 亿人处于饥饿状态,占世界总人口的 8.9%。新冠疫情导致 2020 年新增 8300 万饥饿人口。

粮食安全成为人类的痼疾,除浪费严重原因外,还源于以下因素:

首先,从供需层面看,全球粮食供不应求的情形日益严重。一方面,气候变异、自然灾害以及经济衰退是造成农业歉收、饥饿人数上升的主要原因。2015—2016 年的厄尔尼诺现象导致非洲和中美洲的一些国家和地区出现严重干旱。索马里、莫桑比克、南苏丹、南非等国家经历了有史以来最为干旱的季节。这些国家比较贫穷,产业经济以传统粗放农业为主,缺乏抵抗气候变化对农业生产影响的能力。只要遇到气候冲击,农业生产及百姓生活就会遭受影响。加之这些国家食物进口有限,常常出现食物减少、价格上涨的现象(李茂奇,2018)。另一方面,世界人口持续增加带来的需求缺口加大。据联合国人口基金会统计,全球人口现已突破 70

亿人，2050年将达到90亿人，其中大部分新增人口出生在发展中国家。为满足新增人口需求，粮食产量需在现有基础上提高70%至100%。与此同时，全球可耕地面积却以每年700万公顷的速度在减少。鉴于土地价格正处于上升通道，农业土地流转费用和用地成本持续攀升，加之全球从事农业生产的人口不断减少，人工成本持续增加，这些都给世界粮食安全，特别是发展中国家的粮食安全带来巨大冲击。

其次，从价格因素看，发达国家及其垄断集团掌握了粮食定价权，各种投机行为导致粮价上涨。全球四大跨国粮商基本控制了世界粮食产业链条，垄断了全球80%的粮食贸易，广大发展中国家只能被动接受粮食价格。与此同时，抢购、囤积、投机和市场透明度差等行为，也加剧了粮食的不安全局面。投机基金进入农产品期货市场，对粮价上涨推波助澜。目前，国际粮食市场上有高盛、摩根士丹利、巴克莱三大炒家。英国反贫穷组织"世界发展运动"在研究了高盛2013年初公布的财务报告后揭示，2012年高盛把客户资金投资于玉米、小麦、糖等一系列"软大宗商品"，从中获利高达4亿美元。投机资本在农产品市场上大进大出，加剧了农产品价格的波动，严重破坏了粮食市场的正常供需关系，使得发展中国家通过粮食进口保障粮食安全的成本极其高昂，世界粮食安全的风险性也由此陡然加大。20世纪70年代初、90年代初以及2008年的3次世界范围的粮食危机，均在粮食供给比较平稳的状况下发生，其中投机炒作是2008年粮食危机期间农产品价格大幅上涨的主要原因（钟甫宁，2009）。

最后，从消费途径看，发达国家不断发展生物能源，加大了世界粮食安全的不确定性。从世界各国粮食消费的横向比较来看，发达国家用于生物燃料的粮食消耗有增无减，在一定程度上造成"与粮争地""与人争粮"的局面。据当时的报道，美国用于生物燃料开发的玉米到2022年预计将达到1.8亿吨，这相当于5.8亿人一年的口粮。由于发达国家没有限制生物燃料的意愿，WTO多哈回合有关生物燃料问题的谈判迟迟未能取得进展。由此看来，要改变生物燃料"与人争粮"的局面，让发展中国家的百姓"免于饥饿"之路的确很长（刘丽伟，2013）。

2. 贸易摩擦常态化,中国农业急需增能力、补短板

一是贸易摩擦常态化对我国粮食进口数量产生影响。如前文所述,我国是世界上最大的产粮国,同时也是世界上最大的粮食进口国。粮食总产量及细分品类如小麦、谷子、稻谷、甘薯等的产量均居世界前列,但粮食进口总量近年来依然居高不下。相关数据显示,2017 年,我国进口粮食13062 万吨,同比增长 13.9%;在全球粮食供应趋紧、贸易摩擦增多的情况下,2018 年和 2019 年,我国进口粮食分别降至 11555 万吨和 11144 万吨(见表 1-2)。2020 年我国粮食进口量为 14262 万吨,同比增长 28.0%。

表 1-2 2014—2020 年中国粮食进口数量及增长情况

年份	粮食进口数量(万吨)	同比增长(%)
2014	10042	16.2
2015	12477	24.2
2016	11468	−8.1
2017	13062	13.9
2018	11555	−11.5
2019	11144	−3.6
2020	14262	28

资料来源:国家统计局、中国海关总署。

二是贸易摩擦常态化对我国农产品进口来源地产生影响。《国家粮食安全中长期规划纲要(2008—2020 年)》强调,我国粮食自给率要稳定在 95% 以上。其中,稻谷、小麦要保持自给,玉米保持基本自给,畜禽产品、水产品等重要品种也要保持基本自给。实践证明,我国实现了谷物自给率保持在 95% 以上的目标,这主要归因于我国粮食生产实现了"十五连丰"。我国粮食自给率是采用谷物(包括谷物、小麦、玉米)自给率替代的,如果把大豆计算在内,粮食自给率则突破了红线,因为大豆等农作物的进口依赖度较高。我国粮食进口品种及数量比较集中,大豆、大米、小麦和玉米这四种粮食的进口量占比超过粮食类产品进口总量的 90%。其中,大豆对外依存度超过 80%。为保障大豆供应安全,我国不断开拓大豆进口来源地。中美贸易摩擦发生以来,中国自美国进口的大豆减少,从巴西

等国进口的大豆增加。中国海关数据显示,2019年1至11月,中国累计进口大豆7904万吨,同比小幅下降4%,其中自巴西进口占比提高(见表1-3)。根据国家统计局相关资料,2020年1—11月,中国累计进口大豆9280万吨,同比增加17.5%,2020年全年大豆进口量突破了1亿吨。

表1-3 2014—2020中国大豆进口来源国及进口依存度

年份	进口依存度	主要进口来源国
2014	89.85%	巴西(44.82%)美国(42.6%)阿根廷(8.41%)
2015	87.61%	巴西(49.09%)美国(34.76%)阿根廷(11.55%)
2016	90.95%	巴西(45.70%)美国(40.446%)阿根廷(9.63%)
2017	88.52%	巴西(53.31%)美国(34.39%)阿根廷(6.89%)
2018	80.92%	巴西(75.07%)美国(18.90%)阿根廷(1.66%)
2019	82.93%	巴西(65.11%)美国(19.21%)阿根廷(9.92%)
2020	83.70%	巴西(64.07%)美国(25.80%)阿根廷(7.43%)

资料来源:国家统计局、中国海关总署。

三是贸易摩擦常态化加之新冠病毒感染疫情(简称新冠疫情),使得我国粮食安全风险性明显增强。从国际看,2020年的新冠疫情对世界农产品出口产生重大影响。许多国家禁止粮食出口,以保障本国粮食安全以及食品供应充足。哈萨克斯坦作为世界上最大的小麦粉出口国之一,禁止小麦粉、糖、土豆、胡萝卜等产品的出口;塞尔维亚停止了葵花籽油等其他物资的运输;越南暂时停止了新的大米出口合同。与此同时,国家统计局、中国海关数据显示,农产品价格上涨也产生了连锁反应:俄罗斯的小麦价格已经升至每吨13300卢布,阿根廷提议将豆粕、豆油、生大豆的出口税税率从30%提高到33%。这些因素对我国的粮食进口都构成不同程度的影响。从国内看,粮食生产及收购情况不容乐观。虽然我国的稻谷和小麦两大口粮能够实现完全自给,谷物自给率也在95%以上,并且已经建立了针对突发事件、自然灾害的应急保障机制和较为完备的粮食储备调控体系,但是我国粮食安全的形势不容乐观。近年来,我国粮食播种面积有所减少,因单产实现了恢复性增长,粮食总产量总体上实现了小幅增长。国家统计局数据显示,2018年全国粮食总产量65789万吨,比

2017 年减少 371 万吨,下降 0.6%;2019 年粮食总产量 66384 万吨,比上年增长 0.9%,连续 5 年保持在 65000 万吨以上;2020 年全国粮食总产量为 66950 万吨,比上年增长 0.9%。

　　四是"中国粮"的软、硬短板并存,制约粮食产能增长。除农田水利、农村电商等基础设施的"硬"短板制约粮食生产外,技术、人才、服务等"软"短板的制约效应近年来更为明显。一方面,科技创新滞后,农业技术水平偏低;粮农知识与技能欠缺,农业劳动生产率偏低;另一方面,农业社会化服务体系不完善,生产要素供给与服务不到位,信息不对称的瓶颈约束增强(详见第四章第二节"能力缺口"研究)。现阶段,我国通信"村村通"工程进展较快。2016 年,全国有 5 万多个行政村未通宽带,2/3 农民未使用互联网,原农业部 12316"三农"综合信息服务平台覆盖的农户不到 50%,"益农信息社"覆盖全国行政村的比例仅为 1.35%。2017—2019 年,"村村通"工作取得重大进展。工信部数据显示,截至 2019 年 10 月,我国行政村通 4G 和通光纤比例均超过 98%,提前实现了 2020 年的目标,基本实现了农村城市"同网同速"。截至 2020 年 12 月,我国农村网民达 3.09 亿,占全体网民的 31.3%,城乡间的数字鸿沟不断缩小,互联网普及率差异缩小为 23.9%;但在生产性信息消费领域,农业信息产品的技术性能及稳定性偏低,硬件故障率较高,运营成本也高,难以满足粮食生产需求(刘丽伟,2017)。

　　五是贸易摩擦的常态化及粮食贸易的准垄断性倒逼中国农业增能力、补短板。一方面,粮食贸易在全球粮食供应总量中所占比例较小,且具有准垄断性特征,难以根本性解决世界粮食安全问题。2007—2008 年,全球谷物贸易量为 2.73 亿吨;2016—2017 年,全球谷物贸易量增至 4.04 亿吨。从全球谷物贸易量占总产量的比重来看,2011—2016 年占比为 13.7%—15.7%,即粮食贸易仅对世界谷物总产量的 15% 左右起作用(倪洪兴,2014)。联合国粮农组织的数据显示,2019—2020 年度全球谷物贸易量为 4.202 亿吨,比 2018—2019 年度高出 940 万吨;2020—2021 年度全球主要谷类产品的贸易量均上升,世界谷物贸易总量将达 4.33 亿吨,比 2019—2020 年度增长 940 万吨;但大米、玉米、小麦等主要粮食的前五大出口国的集中度依然超过60%,一些大宗农产品的集中度甚至在80%以上,如前文提到的四大粮商曾操控全球80%粮食贸易量。世界粮食主要出口国以及国际粮商凭借粮食贸易的这种高集中度和准垄断性特征,有很强的粮食贸易控制力,导致世界粮食不安全问题的解决动力明显不足。另一方面,在当今贸易摩擦常态化的背景下,现有世界粮食贸易体系无法解决世界粮食供给的区域不均衡问题,也难以应对各国粮食不安全问题。2018年以来,贸易摩擦的常态化使得粮食安全的警钟长鸣,中国农业增能力、补短板迫在眉睫。

第二节 文献综述

一、国外农业经济发展方式理论研究综述

关于转变农业经济发展方式,国外文献主要从政治经济学、发展经济学、制度经济学等角度进行研究。马克思在地租理论中明确指出,由于农产品生产难以满足日益增长的社会需要,因此要求农业由粗放型经营方式转变为集约型经营方式,并在《资本论》中强调,科技进步是经济增长的关键因素。约翰·梅勒(John·W. Mellor)在20世纪60年代指出,传统农业转变为现代农业,技术进步是关键。加尔布雷思(John Kenneth Galbraith)认为,现代社会已经成为"组织的时代",社会的主宰已经依次完成了由支配土地到支配资本再到支配人力资源的变化。西奥多·舒尔茨(T. W. Schultz)在改造传统农业理论中提出,要引进新的生产要素,因为教育投资对加快传统农业向现代农业转变具有重要作用;舒尔茨强调,人力资本是农业经济增长的重要源泉,人力资本的核心价值是其潜在的、内生的创造力。速水佑次郎(Yujiro Hayami)与弗农·拉坦(Vernon W. Ruttan)在资源禀赋诱导的农业技术变迁理论中提出,无论在何种经济中,农业发展都要依靠资源禀赋、文化禀赋、技术、组织以及制度等要素的相互作用。施蒂格勒(George J. Stigler)、贝克尔(Gary Becker)、布坎南

(James M. Buchanan,Jr.)、科斯(Ronald H. Coase)和诺思(Douglass C. North,又译作诺斯)等新制度经济学家先后获诺贝尔经济学奖,他们的研究共同印证了制度是土地、资本和劳动等生产要素得以发挥功能的决定性因素之一。以科斯为代表的新制度学派认为:制度对资源配置效率具有重要影响,解决市场失灵关键在于制度安排。历史上经济增长的源泉不是传统上认为的技术进步、资本积累等因素,而是来自有效率的制度安排,技术进步和资本积累只是经济增长的表现。

上述理论的发展脉络表明,在由农业文明向工业文明的发展过程中,技术、资本等要素至关重要,科技是第一生产力;而在由工业文明向知识文明发展的阶段里,制度、组织等生产要素的作用总体大幅提升,同时借助科技生产力在农业等各产业领域得以更充分地发挥。创新驱动技术、组织、制度等方面能力成长成为大趋势。

二、国内农业经济发展方式理论研究综述

在国内,党的十七大提出加快经济发展方式转变;党的十八大和党的十九大分别提出和强调实施创新驱动战略,明确了经济发展方式转变的方向,这是我国经济思想上的大提升。农业经济发展方式转变是经济发展方式转变的重中之重。黄季焜(2004)较早指出,未来中国人口增长、城镇化发展、市场化水平提高,都将对农业经济发展方式提出更新、更高要求。新形势下,我国必须按照"优质、高产、高效、生态、安全"的要求转变农业经济发展方式。目前,相关研究成果主要集中在以下四个视角:

一是技术进步与创新视角。洪银兴(2008)指出,长期以来我国农业技术发展可概括为"农业剩余"范式,旨在增产并提高农业劳动生产率。现今农业技术现代化已转变为"农产品品质"范式,旨在发展绿色生态农业。杨传喜等(2011)运用协整分析及格兰杰因果关系检验的方法,发现农业科技资源与农业经济发展二者之间存在协整关系。信乃诠(2011)和郭珍、曾福生(2011)认为,科技进步有利于加快农业生产经营方式、产业结构、投资方式和组织形式的转变。马超侠(2019)分析了数字农业及智慧农业发展的内在机理,指出把"互联网+"等高新技术嵌入农业产业链的各环节是实现农业现代化的关键。

二是资源禀赋视角。薛任君等(2009)揭示了传统农业模式的弊端,提出农业资源开发与生态环境保护同步发展等构想。潘盛洲(2010)提出农业发展要由资源高消耗向资源节约和有效利用转变。尹昌斌、周颖(2008)和周淑景(2009)分别提出发展循环农业、近自然农业。郭素芳、刘琳琳(2017)指出,有效配置农业生产要素与资源、提高农业全要素生产率是促进我国农业经济由要素驱动向效率驱动、创新驱动转变的决定性因素。刘星辰、杨振山(2012)和任永泰等(2018)认为,在日益强调农业绿色发展的背景下,低碳农业势在必行。牛志伟、邹昭晞(2019)针对农业生态补偿的两类补偿标准,即"对农业生态系统的补偿"及"对农业生态价值的补偿"的研究相互独立甚至是割裂的现状,构建了一个"生态系统与生态价值一致性补偿标准模型",并验证了其对于修正两类补偿标准研究的片面性,以及为政府部门提供决策依据所具有的理论与实践价值。

三是文化禀赋与创意视角。厉无畏、王慧敏(2009)提出运用创意产业思维的方式改造传统农业发展模式,以文化创意与科技创新相结合的思路推进创意农业发展,挖掘并释放农村文化生产力。章继刚(2009)主张将文化创意与农产品相结合,以科技创新为手段,发展创意农业。胡小武(2009)与王爱玲等(2010)提出通过知识创新以及科技创意、文化创意、生态创意和服务创意促进创意农业发展。李玉榕等(2016)基于钻石模型对影响北京创意农业竞争力的若干指标进行研究,发现科技创新及其技术成果应用数量对创意农业竞争力的贡献率最大。张姮、凌霓(2021)立足于"互联网+"的时代背景,强调通过农村电商开拓创意农业的品牌空间,并将创意农业品牌的创新价值更好地演绎推广。

四是结构组织和制度安排视角。农民组织化程度低,农村专业合作社亟待完善(杨承训,2010),农业生产性服务业发展滞后(姜长云,2010),农村经济体制不完善是制约农业经济发展方式转变的深层次原因(韩俊,2008)。家庭联产承包责任制的实施使得农户成为我国农业生产的基本构成单元,且迸发出比其他形式更高的制度效率。但随着社会主义市场经济的不断完善与深入,该制度效率日益递减并严重制约新时期农业现代化的发展。为突破困境,有研究提出从完善农村土地承包制度、创新政策支持体系等方面,助推新型农业经营主体的模式创新(闵继胜、孔祥智,2017),并积极构建现代农业生产经营体系,发展多种形式的适度规模经营,以实现优化农业产业结构、促进农村社会福利最大化的目标。可以看出,有关创新驱动的组织研究及制度研究明显不足。

三、文献述评

综上可见,国内研究兴起于近年,晚于国际,且未形成系统理论。国内研究主要包括农业经济发展方式转变的内涵、条件、制约因素及转变路径等。注重技术进步与创新的功能研究,缺乏对其源泉、性质、转化及提升过程的研究,即缺乏"技术能力"研究;注重物质资本、劳动力、全要素生产率等农业经济发展方式转变的"直接决定因素"研究,缺少对组织与制度等"非直接因素"的深层次研究,即缺乏"组织能力"及"制度能力"研究。而"技术能力""组织能力"及"制度能力"是农业经济发展方式转变能力的最主要方面。为此,本研究主要基于这三方面能力的发展状况,分析这三方面农业经济发展方式转变能力之间的耦合嬗变关系。具体而言,本研究的贡献和创新之处主要体现在以下三个方面:一是从技术能力、组织能力、支撑制度能力的角度构建农业经济发展方式转变能力评价指标体系,运用熵值法、耦合度模型、耦合协调度模型对2000—2017年全国及2012—2017年各省农业经济发展方式转变能力进行评价;二是使用2000—2017年全国及2012—2017年各省农业经济数据,分析农业经济发展方式转变能力对农林牧渔总产值的影响;三是提出以创新促进三方面"能力成长"的策略选择。

第三节 研究内容、意义、方法、技术路线及创新之处

一、研究内容及意义

(一)研究内容

(1)创新驱动视角下农业经济发展方式转变能力成长之新说。在综述国内外研究状况的基础上,追溯创新驱动视角下能力成长的源起、演绎与发展;结合创新驱动背景,借鉴内生增长理论、现代组织理论、新制度经济学理论及国家竞争优势理论,对农业经济发展方式转变能力成长的内涵、机制进行界定和分析;深入剖析创新驱动背景下三大能力成长,即技术能力成长、组织能力成长、制度能力成长之间的耦合嬗变关系,为能力成长促进农业发展方式转变提供科学依据。

(2)发达国家农业经济发展方式转变能力成长的模式演进、机理分析及发展启示。本研究结合当今世界农业发展状况及创新驱动的发展背景,从技术、组织、制度三个层面透析发达国家农业经济发展方式转变能力成长之新态势;选取美国"智慧农业"、丹麦"产业链农业"、日本"第六产业"模式,剖析发达国家农业经济发展方式转变能力成长的模式演进,论证能力成长对于农业经济发展方式深层次转变的重要作用,深层次剖析发达国家农业经济发展方式转变能力成长的内在机理并提出发展启示。

(3)现阶段我国农业经济发展方式转变能力成长及能力缺口研究。本研究分别从技术能力成长、组织能力成长、制度能力成长三个层面,总结改革开放40多年来我国农业经济发展方式转变能力成长的显著成就;同时,对我国农业经济发展方式转变的技术能力缺口、组织能力缺口及制度能力缺口进行剖析,突出阐释实现我国农业经济发展方式转变能力成长的必要性与紧迫性。从区域差异化的角度,选取四个典型案例,即上海建设"都市型智慧农业"、广东建设"南部创意农业产业集群"、湖南建设

"中部创意农业示范区"、山东建设"东部组织化、规模化、市场化农业示范区",论证三大能力成长对于我国农业经济发展方式转变的重要作用,并提出上海、广东、湖南、山东四省市农业经济发展方式转变的启示。

(4)三大能力成长耦合促进我国农业经济发展方式转变的实证分析。农业经济发展方式转变的关键变量是能力成长。本研究分别从技术能力、组织能力、制度能力的角度构建农业经济发展方式转变能力评价指标体系,运用熵值法、耦合度模型、耦合协调度模型对2000—2017年的全国层面、2012—2017年的各省农业经济发展方式转变能力进行评价。在此基础上,分别使用全国2000—2017年的农业经济数据以及31个省、自治区、直辖市2012—2017年的农业经济数据,回归分析农业经济发展方式转变能力对农林牧渔总产值的影响。

(5)创新驱动视角下我国农业经济发展方式转变能力成长的策略选择。全面实施自主创新战略是农业经济发展方式实现深层次转变的必由之路。一是在技术方面,努力提高农业科技自主创新能力(包括原始创新、集成创新、引进消化吸收再创新三种能力),促进农业生产向科技型、效益型发展方式转变;二是在组织方面,培育和支持各类新型农业经营主体。努力提高农业企业自主创新能力,改善组织结构,向成长型、竞争性企业发展,向创新型产业集群方向发展,向规模化、市场化发展方式转变;三是在制度与政策方面,完善自主创新激励机制,即制定相关支撑制度与政策(包括国家资助制度、风险投资制度、专利制度、竞争性农业企业制度、产学研合作机制、自主创新主体协同机制等),实现政府管理职能的相应创新与转变。此外,还要提高农村义务教育、职业教育、技能培训水平,培育有益于自主创新的良好环境,向环境友好型、公平效率型发展方式转变。

(二)研究意义

实践意义:决定农业经济发展方式转变的关键变量是"能力成长",但目前我国农业经济发展方式转变存在明显的"能力缺口"。在创新驱动成为经济发展主引擎、农业竞争更趋激烈的世界背景下,在国内解决"三农"问题及倡导以创新驱动经济发展方式转变的目标前提下,以创新促进农业经济发展方式转变能力成长成为迫切的现实需求,本研究可为此实践提供指导性建议及决策参考。

理论意义:本研究可为我国制定相关产业政策提供数理分析和理论参考。

二、研究方法、技术路线及创新之处

(一)研究方法及技术路线

1. 研究方法

(1)运用归纳分析法,收集历史信息,明确政策路径和理论方向。

(2)采用座谈和调研的方法,了解上海、广东、湖南、山东等地农业企业管理者、规模农户、政府相关管理者、专家学者等人群的价值取向及政策思路。

(3)文献研究与实证研究相结合,定性分析与定量分析相结合。具体而言,运用内生增长理论、现代组织理论、新制度经济学理论及国家竞争优势理论,研究分析三大能力成长之间的耦合嬗变关系;运用熵值法、耦合度模型、耦合协调度模型对2000—2017年的全国层面、2012—2017年的各省农业经济发展方式转变能力进行评价;回归分析农业经济发展方式转变能力对我国农林牧渔总产值的影响。

(4)运用案例研究方法,精选国内外的典型案例展开多层面研究。具体包括:美国的"智慧农业"、丹麦的"产业链农业"、日本的"第六产业"模式、上海的"都市型智慧农业"、广东的"南部创意农业产业集群"、湖南的"中部创意农业示范区"、山东的"东部组织化、规模化、市场化农业示范区"。这些案例覆盖了现阶段国内外农业发展的最新业态及其成果,能够比较充分地论证三大能力成长对于农业经济发展方式转变的重要作用。

2. 技术路线(见图1-7)

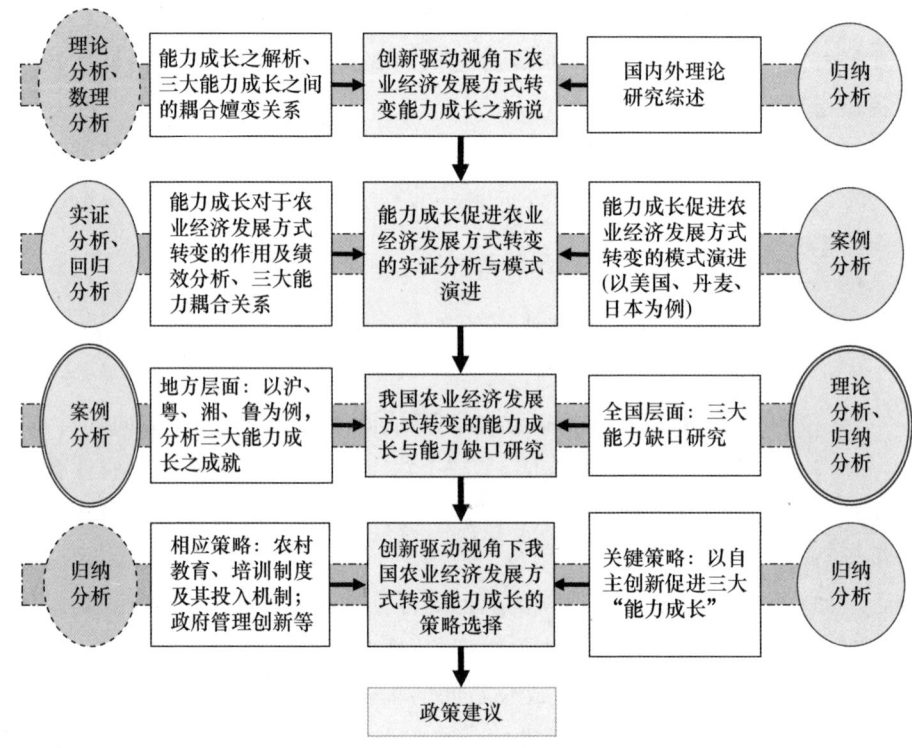

图1-7 本研究的技术路线图

(二)创新之处

(1)研究视角新。创新驱动视角下的"能力成长"是一个新的研究视角,对于拓宽农业经济发展方式转变的理论研究范畴及其实现路径、充实并完善"加快农业经济发展方式转变"的理论命题具有重要意义。

(2)研究内容新。本研究有五个研究新亮点,即创新驱动视角下农业经济发展方式转变能力成长之新说及三大能力成长之间耦合嬗变关系研究,发达国家农业经济发展方式转变能力成长模式演进,三大能力成长耦合促进我国农业经济发展方式转变的实证分析,我国农业经济发展方式转变能力成长与能力缺口研究以及创新驱动视角下我国农业经济发展方式转变能力成长的路径选择。

第二章 创新驱动视角下农业经济发展方式转变能力成长之新说

第一节 创新驱动视角下能力成长之解析

一、能力概念的提出

自亚当·斯密以来的200多年里,经济学家们一直在探讨什么是经济增长的驱动因素。最终形成一个比较一致的观点:一个国家在一段相当长时间里的经济增长主要取决于三个要素:一是生产性资源伴随时间的推移而形成的长期积累;二是在技术知识既定的情况下,一国对资源存量的使用效率;三是技术进步。

伴随经济的发展,关于经济增长决定因素的认识不断深入。20世纪50年代发展起来的新古典增长理论认为,技术进步是经济增长的决定性因素,并依据柯布—道格拉斯生产函数建立增长模型,把物质资本投入量和劳动投入量作为自变量,把技术等作为外生变量来解释经济增长,其结论是当要素收益递减时长期经济增长便停止。可是,80年代发展起来的内生增长理论认为,长期增长率是由内生因素创造的,因为在劳动投入中包含因正规教育、在职培训等所形成的人力资本,在物质资本积累过程中包含因研究、开发、创新等活动而形成的技术进步,从而把技术进步等要素内生化。内生增长理论强调技术进步是促进要素收益递增的因素,内生的技术进步是经济持续增长的决定因素,即经济能够不依赖外力推动实现持续增长。这两种理论均注重研究土地、资本、劳动力和全要素生产率等决定经济增长的直接要素,并且认为投资和知识之间存在线性关系。

前者认为资本积累到一定程度自动产生技术进步,后者认为持续性的研发投资自动带来新知识的涌现(路风,余永定,2012)。但这两种理论都忽视了技术因素的复杂多样性以及组织和制度因素影响所产生的能力差异性。

关于经济增长决定因素的认识日益清晰。学界思考较多的一个问题是,为什么在世界经济发展过程中少数国家能够成功实现追赶,而多数落后国家做不到? Nelson(1997)认为,要解释不同国家的不同经济发展绩效,就必须关注经济增长"直接决定因素"背后的间接性因素,这是决定经济发展绩效的关键所在。新制度经济学拓展了研究层面,认为在经济增长或发展函数中,劳动力、资本和技术等外生变量,以及组织、制度等内生变量共同决定了经济增长或发展(曾福生,2013)。产业组织理论、分工协作理论及交易费用理论则强调了组织的结构、形式、性质等对提高生产力水平所具有的效能。

"社会能力"这一变量的引入与发展进一步提升了对经济增长决定因素的认知。Abramovitz(1986)指出,"落后国家可以利用先进国家的技术而获得更高增长率"是有前提条件的,即只有当一个国家在技术上落后而在社会方面具有先进性(socially advanced)时,它才拥有较强的经济高速增长潜力。为此,Abramovitz(1986)引入社会能力(social capability)这一变量,指出技术落后国的社会能力如果能够支撑其有效利用技术先进国已经运用的技术,那么技术落后国社会能力的内生扩大可以帮助其克服追赶过程中的诸多限制,实现较技术先进国更快的增长与发展。Abramovitz(1994)虽然没有给出社会能力的定义,但列出了一些构成要素,如技术能力(technical competence)、大型企业的组织与管理经验以及有利于竞争开放、新企业建立和新产品购销的政治、经济制度等,后来他又添加了稳定有效的政府等因素。Dorian等(2017)指出,除了自然禀赋、劳动力和资本等因素决定一个国家或地区的经济增长与发展绩效外,社会能力同样具有重要影响作用,而以知识累积为基础的技术进步、企业的发展战略和组织结构及其制度演进等要素均是这种能力的重要来源。由此可见,技术要素、组织要素及制度要素是社会能力的核心要素。

第二章　创新驱动视角下农业经济发展方式转变能力成长之新说

路风、余永定(2012)指出，Abramovitz 对于社会能力的强调，其实质是强调技术、组织、制度等方面的能力对于经济增长与发展具有重要意义，并将这些能力概括为"经济发展能力"。

二、能力成长的内涵

如前所述，经济发展能力是一国经济增长的重要源泉。在此基础上，我们结合不同时期的世界经济发展史，对经济发展能力成长（下文简称"能力成长"）展开进一步研究。

世界经济发展史证明，能力成长是经济增长与发展的重要动力。挪威经济学家埃里克·S. 赖纳特(Erik S. Reinert)总结世界经济 500 年的发展经验并指出，实现成功追赶的落后国家，如美国和德国实现对英国的经济赶超，其奥秘在于这些国家的技术能力、组织能力以及制度供给能力均取得了实质性的升级与进步，从而带动其经济活动从"报酬递减"转变为"报酬递增"。"报酬递增"与"报酬递减"的区别在于前者强调通过技术进步与创新提高劳动生产率，其产品和服务的单位成本伴随产量的增加而降低；后者则忽视了技术、组织、制度等方面的创新发展所带来的生产率提高，过多地依赖自然生产要素，其单位新增劳动和资本的收益在所投入的劳动和资本达到一定点后转为递减(Reinert,2007)。德、美两国通过模仿学习先进国家的生产技术和组织结构，吸收其技术和管理组织经验来提高自身的经济发展能力，成功超越了英国这一老牌发达国家。

工业革命以来的世界经济发展状况进一步证明了能力成长的引擎作用。Hikino 和 Amsden(1994)分析了英国工业革命以来世界各国经济增长的动力因素。该分析把世界主要国家或地区分为六组。第一组以美国和德国为代表，均为第二次工业革命中的创新国家，通过在工业中运用新的科学技术（即技术创新）和组织创新而超越了英国。第二组国家以瑞典等斯堪的纳维亚国家为代表，其在不同的历史条件下追赶上来。第三组以阿根廷为代表，是在 19 世纪衰退的国家。后三组是 20 世纪的追赶国家或地区。20 世纪，西方国家凭借技术优势，不断拉大与欠发达国家之间的收入差距，并通过跨国公司实现技术垄断及市场垄断。在此条件下，只有那些在技术、组织、制度上进行了高强度学习的经济体,即以日本、韩国和中国台湾地区为代表的第五组国家或地区才能够发展起来;而第六组国家,如阿根廷和菲律宾,尽管面临工业化机会,却因多方面创新能力不足而衰落;以巴基斯坦和孟加拉国为代表的第四组国家则保持着落后状态(路风、余永定,2012)(见图2-1)。

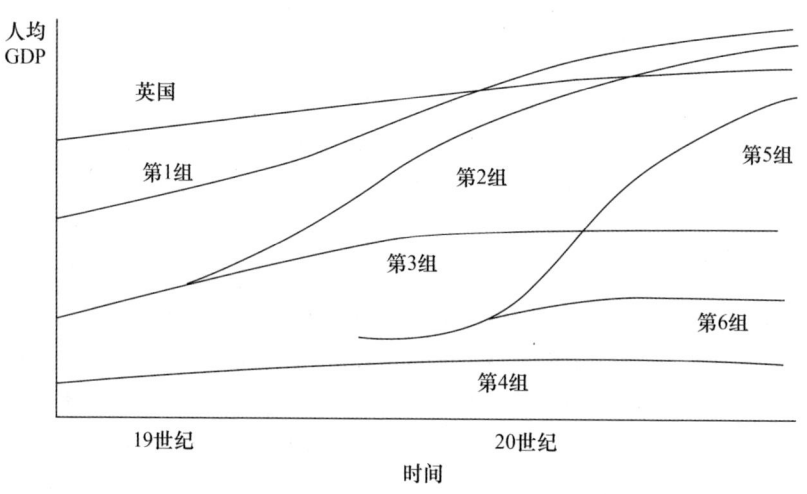

图 2-1　经济增长的历史轨迹
资料来源:Hikino and Amsden(1994)。

20世纪70年代以来,世界主要国家的技术创新状况有力印证了"能力成长"是各国保持竞争优势的关键。刘凤朝、马荣康(2013)选取1971—2010年在美国专利商标局(USPTO)获得发明专利授权最多的10个国家或地区作为样本,从技术发展路径的视角研究了国家创新能力的成长模式。该分析把这10个国家和地区分为四个梯队。第一梯队是美国,第二梯队是日本,第三梯队包括德国、法国、英国、加拿大,第四梯队包括中国台湾地区、韩国、瑞士、意大利。图2-2、图2-3、图2-4、图2-5分别描绘了新兴技术、领先技术、成熟技术、萌芽/衰退技术四个领域不同国家或地区的二维矩阵。其中,横坐标为各国或地区相应领域的国家专利份额与所有领域平均份额的差值,该值越大说明相应领域的国内地位越高;纵坐标为

第二章 创新驱动视角下农业经济发展方式转变能力成长之新说

各国或各地区相应领域国际专利份额与其中位数的差值,该值越大说明相应领域的国际地位越高。研究发现,为适应世界技术机会格局的变化,这些国家或地区采取不同的战略部署,使得各国家或地区创新能力成长呈现出不同的实现路径。

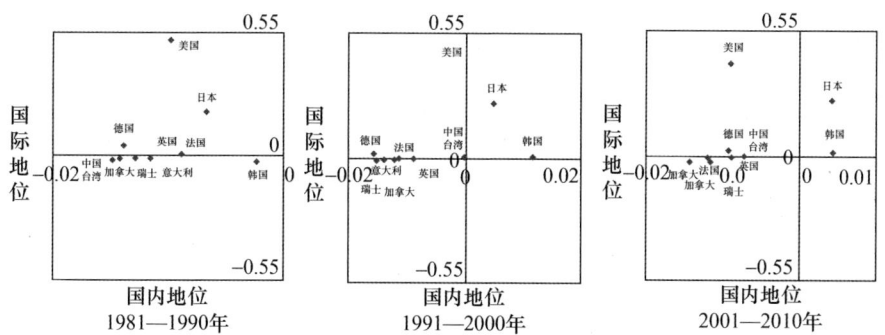

图 2-2　新兴技术领域各国或地区发展战略
资料来源:刘凤朝、马荣康(2013)。

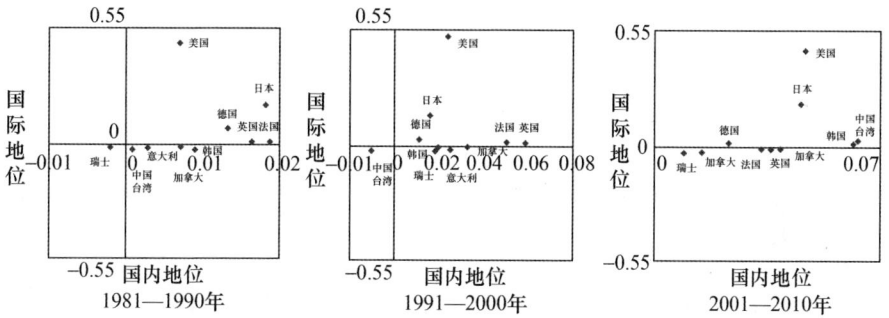

图 2-3　领先技术领域各国或地区发展战略
资料来源:刘凤朝、马荣康(2013)。

由图 2-2、图 2-3、图 2-4、图 2-5 可以看出,在此期间处于第一梯队的美国始终采取"绝对领先—整体发展"战略,在新兴技术、领先技术以及成熟技术领域整体推进,超前布局,并在主要技术领域率先突破,进而全面保持对其他国家的领先优势。处于第二梯队的日本执行的是"相对领先—

— 39 —

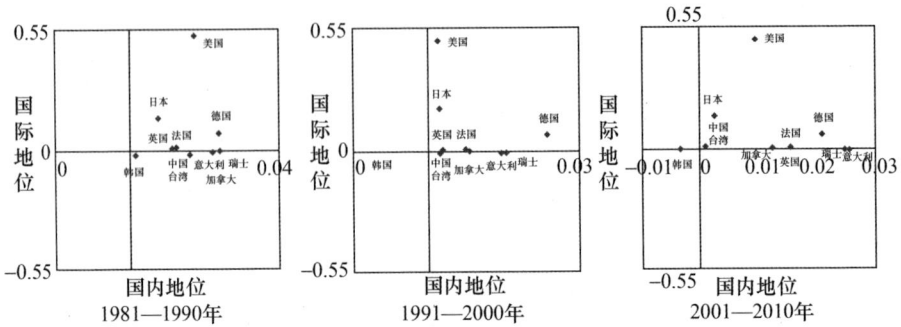

图 2-4　成熟技术领域各国或地区发展战略

资料来源：刘凤朝、马荣康（2013）。

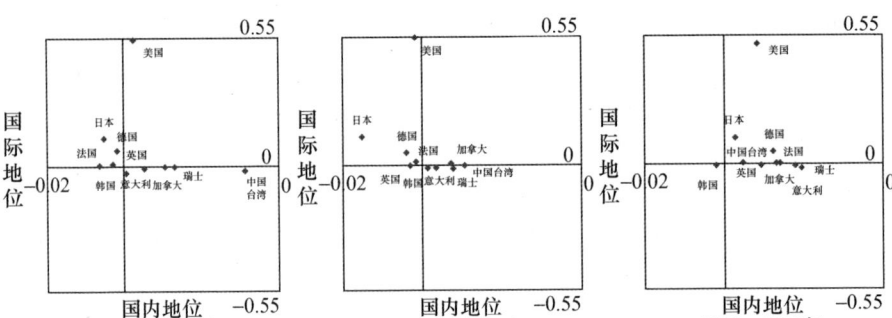

图 2-5　萌芽/衰退技术领域各国或地区发展战略

资料来源：刘凤朝、马荣康（2013）。

"高技术重点发展"战略，在多数技术领域早期跟踪布局，把抢占领先技术领域的制高点作为战略重点，在个别关键技术领域率先突破，逐步蚕食美国在新兴技术领域的统治地位，进而发挥局部引领作用。处于第三梯队的英国、法国、德国和加拿大则由"相对领先—整体发展"战略转换为"相对跟随—整体发展"战略。这一梯队里的国家着力在重点技术领域早期跟踪布局，在少数技术领域实现局部突破并争取逐步成为引领者。虽然这些国家的战略类型正走向分化，但大力强化本国在成熟技术领域的领先地位是各国战略部署的重中之重。处在第四梯队的韩国和中国台湾由"相对跟随—低技术重点发展"战略转变为"相对领先—高技术重点发展"

第二章 创新驱动视角下农业经济发展方式转变能力成长之新说

战略,在少数重点领域跟随布局,努力在优势领域实现突破,不断缩小与领跑者的距离;同期的意大利和瑞士则始终采取"绝对跟随—低技术重点发展"战略(刘凤朝、马荣康,2013)。

上述分析表明,在相似的历史机遇和条件下,一个国家若在技术、组织及制度供给等方面创新能力不足,则不具备从"报酬递减"向"报酬递增"转变的条件,其创新能力严重不足时会出现发展停滞甚至倒退。落后国家只有在技术能力、企业组织能力及制度创新方面有长足进步,才能实现赶超性发展(Nelson and Pack,1999;Nelson,2006)。之所以强调经济发展能力的重要性,主要是因为伴随经济发展水平的不断提升,土地、劳动力、资本积累等只是一个国家经济发展的必要条件,而非充分条件,创新能力成长必不可少。

综上可见,创新驱动视角下一国的经济发展能力主要是指该国把诸多因素所带来的经济增长潜力转化为经济增长所需的实际能力,其主要构成要素包括技术创新能力、组织创新能力及制度创新能力等(路风、余永定,2012)。与此相对应,能力成长主要强调"三大能力"的成长,即技术创新能力、组织创新能力及制度创新能力的成长。

三、创新驱动视角下能力成长是经济发展方式转变的关键变量

(一)创新驱动——经济发展方式转变的一个理论视角

1961年,政治经济学家约瑟夫·熊彼特(Joseph Alois Schumpeter)在《经济发展理论》一书中,首次提出"创新"概念,并赋予此概念经济学意义。熊彼特将"创新"定义为"新的生产函数的建立",即把一种前所未有的生产要素及生产条件的新组合引入生产体系之中,其目的是获取潜在的利润。此后,经济学家保罗·罗默(Paul M. Romer)、菲利普·阿吉翁(Philippe Aghion)与彼得·豪伊特(Peter Howitt)证实了R&D(研究和开发)是促进生产率增长的重要因素,R&D和创新是驱动经济增长的引擎(Romer,1990;Aghion and Howitt,1990)。2002年,管理学家迈克尔·波特在《国家竞争优势》一书中提出创新驱动。波特以"钻石理论"为研究工具,通过竞争优势来分析国家层面的经济发展过程,指出国家经济

发展通常经历四个阶段,即生产要素驱动(factor-driven)阶段、投资驱动(investment-driven)阶段、创新驱动(innovation-driven)阶段和财富驱动(wealth-driven)阶段,并指出通过创新形成的竞争优势是一国产业占据世界产业分工高端位置的先决条件。

经济发展的本质特征是创新,创新驱动是经济发展的内在需求。熊彼特指出,发展是经济循环流转过程的中断,也就是实现了创新。创新驱动是指推动经济增长的引擎从主要依靠对技术的学习和模仿,转向主要依靠自主设计、研发和发明以及知识的生产和创造(刘志彪,2011)。创新驱动不同于传统的发明创造。创新驱动就是利用知识技术、企业组织制度和商业模式等创新要素对有形要素进行新组合。各种物质要素经过新知识和新发明的组合提高创新能力,突破传统发展模式下的资源和要素约束,提高全要素生产率,形成内生性增长(洪银兴,2013)。

(二)创新驱动、能力成长与经济发展方式转变

创新驱动战略的提出,标志着我国经济政策思维的重大转变。世界多国尤其是西方发达国家和地区先后把创新驱动上升为国家发展战略,我国也逐步确立了创新驱动发展的战略地位。2006年的全国科技大会及2007年党的十七大指出,科技发展要紧密围绕经济社会发展这个中心,着力解决制约经济社会发展的瓶颈问题,加快建设以市场为导向、以企业为主体、产学研相结合的创新体系。2012年党的十八大进一步提出:坚持走中国特色的自主创新道路,坚定不移地实施创新驱动发展战略。这是我党放眼世界、面向未来作出的科学决策。2017年党的十九大强调:发展是解决我国一切问题的基础和关键,发展必须是科学发展,创新是引领科学发展的第一动力。

实施创新驱动发展战略,促进创新能力成长,抓住了我国经济发展方式转变的关键。创新驱动战略不仅强调技术创新与进步,同时也强调科技创新与组织创新、制度创新等多种创新共同作用、耦合促进经济发展方式转变。创新驱动战略作为国家发展战略,重在自主创新,其重要意义在于为我国经济发展方式转变提供能力成长的机制。从理论上讲,能力只能源于组织内部,即组织内生。组织内生包括三层内涵:一是从技术层次

第二章 创新驱动视角下农业经济发展方式转变能力成长之新说

上讲,任何主体对外部知识的学习和吸收乃至技术的长期持续进步,最终均取决于自身的经验、技能及不懈努力(Cohen and Levinthal,1990);二是从企业层次上讲,企业的能力来自市场竞争及追求经济利益最大化过程中的后天学习与进步(Penrose,1995);三是从国家层次上讲,企业能力的演变与提升发生在一个包括产业组织网络、基础研究、教育和培训等支撑制度并受政府相关政策引导和管理的国家系统中(Lundvall,et al.,2002)。

实施创新驱动发展战略,促进创新能力成长,对我国加快经济发展方式转变具有重要意义。创新驱动的实质是科技创新,科技创新引领组织创新及制度创新,同时组织创新及制度创新又进一步促进科技创新。用高新技术和先进适用技术改造传统产业,既可以改变过度消耗资源、污染环境的发展模式,又可以提升产业竞争力。其内在机理是:科技创新具有乘数效应,可以直接转化为现实生产力,同时还可以通过科技的渗透作用放大组织创新及制度创新的效力,全面促进经济发展方式转变能力成长,大幅提升经济增长与发展的质量和效益,从而改变我国农业等产业处于国际产业链低端的落后态势。

创新能力成长具有动态性特征,注重理性成长和经济福祉共享,这是经济发展方式转变的一个重要目标。创新可分为提升式创新与破坏式创新两种类型。其中,提升式创新是渐进的、改良的、未发生质的变化的创新;而破坏式创新则是激进的、飞跃的、发生了根本变化的创新(李允尧,2009)。这二者的有机统一正是创新能力成长的动态性体现。就农业经济发展方式转变而言,基于农业的弱势产业地位,更需要通过不断进行提升式创新以及适时的破坏式创新,夯实产业发展基础并创造产业的竞争优势。此外,在中国特色社会主义新时代背景下,创新能力成长需要在乡村振兴战略目标的指引下,实现理性成长,使经济福祉由非均衡型向包容共享型转换,这是农业经济发展方式转变的落脚点。

第二节 创新驱动成为新时代农业经济发展方式转变的重要引擎

一、经济发展方式的概念与内涵

(一)经济发展的概念与内涵

认知经济发展的概念,需要把握经济发展与经济增长间的区别与联系。经济发展与经济增长是两个不同的概念。经济增长是指一个国家一定时期内产品和服务量的增加,即生产或产出的增长以及社会财富的增长,用来量度 GDP/GNP 或其人均值。它的主要目标是数量的增加而非质的变化。经济发展则是指一个国家或地区随着经济增长所发生的经济、社会、环境等各方面的变化,即经济、政治、环境和社会文化等方面可持续、协调、健康发展,经济结构、社会结构持续高级化,以及人口素质、生活质量、生活方式不断提高和文明化的过程。

经济增长与经济发展密切相关。经济学家金德尔伯格(Charles P. Kindleberger)和赫里克(B. Herrick)在谈到经济增长和经济发展的关系时指出,经济增长指更多的产出,而经济发展既包括更多的产出,又包括产品生产和分配所依赖的技术和体制安排的变革。经济增长不仅包括由于扩大投资而获得的增产,同时还包括更高的生产效率,即单位投入产量的增加。经济发展含义则不止这些,它还意味着产出结构的改变,以及各部门投入分布的改变(金德尔伯格、赫里克,1986)。究其实质,经济发展除包含经济增长外,还包括产品生产和分配所依赖的体制和技术的改善与提高,这意味着产业结构的变化以及各部门间投入分布的变化,囊括发展的动力、结构、效率、质量、就业、分配、消费、生态和环境等要素和质的变化过程,涵盖生产力和生产关系、经济基础和上层建筑等各个方面,其所指向的价值目标是以人为核心的,凸显经济与社会的综合进步过程(王迴澜,2008)。由此可见,经济发展相对于经济增长,其概念在外延上更大,在内容上更广。经济增长是经济发展的手段和基础,而经济发展是经

第二章 创新驱动视角下农业经济发展方式转变能力成长之新说

济增长的目标与结果。

不能离开经济发展这一目标去追求经济增长的数量与速度。金德尔伯格和赫里克(1986)指出,经济发展是改善最低收入阶层物质福利,根除民众贫困及其相关联的文盲、疾病和过早死亡的途径;以生产性就业普及劳动适龄人口而不是以只给予少数拥有特权的人的方式来组织经济活动。如果某个国家的国内生产总值和个人所得都得到增加,但财富绝大部分归少数人享用,两极分化难以改变,基尼系数不断扩大,就会导致经济发展比例失调、社会不公平以及不稳定等,这样的增长不能看作真正意义上的发展。

综上可见,经济发展的内涵主要体现在两个方面:一是经济发展注重长期效果而不是短期效果。在短期内,一个国家的国民生产受自然因素影响较大,农业更是如此。农业可能因自然条件良好而获得一年内的快速增长,也可能因自然灾害突发而导致经济负增长。因此,生产的短期上升或下降不能作为经济发展的测定标准。二是经济发展是一个量变和质变相统一的概念。它注重经济系统的协调性、经济发展的可持续性和增长成果的共享性。

(二)经济发展方式的概念与内涵

认知经济发展方式,需要明晰经济发展方式与经济增长方式之间的区别和联系。据《现代经济辞典》给出的定义,经济增长方式是生产要素的分配、投入、组合和使用的方式。经济增长方式的定义有狭义和广义之分。狭义的经济增长方式指 GDP 增长方式,是把 GDP 增长作为经济增长的目标;广义的经济增长方式指社会财富的增加方式,即价值覆盖所有能够用货币及非货币衡量的社会财富,既包括社会财富的量,也包括社会财富的质的增长方式。依据经济要素在经济结构中的作用和地位,经济增长方式从低级到高级的脉络是:资源运营→产品运营→资产运营→资本运营→知识运营型增长方式、要素驱动型→投资驱动型→创新驱动型增长方式;根据经济主体与客体之间的关系,经济增长方式从低级到高级的脉络是:资源配置型→资源再生型增长方式、外延扩张型→内涵开发型增长方式。经济增长方式由低级向高级转化提升,是经济主体性及经济主体自觉能动性发挥的结果,是社会发展的自然历史过程。低级增长方式和高级增长方式不是根本对立的;低级增长方式是高级增长方式的基础,高级增长方式包容、提升低级增长方式。广义的增长方式是 GDP 增长方式向发展模式转化的中间环节。

相对经济增长方式,经济发展方式的概念及内涵更为广泛。除包含经济增长方式的内容外,它还包括结构(产业结构、经济结构、地区结构、城乡结构等)、运行质量、经济效益、生态保护、收入分配、城市化程度以及现代化进程等诸多方面的内容。转变经济发展方式,不仅要注重数量增加、质量提高和结构优化的多重结合,而且要强调从单一性和一次性利用资源转向综合利用和循环利用资源,从以往牺牲环境来发展经济转向经济与环保"双发展"。由此可见,经济发展方式反映了某一地区某一阶段的经济在数量、质量、结构和制度方面的根本性变化的总体特征。

二、经济发展方式转变的内涵与性质

(一)经济发展方式转变的内涵

准确把握经济发展方式转变的内涵,是研究经济发展方式转变能力成长的理论基础。现阶段的经济发展方式转变,其内涵主要包括以下六个方面:

一是从"粗放型"向"集约型"发展方式转变。从社会再生产的角度来看,经济增长方式向集约型经济增长方式转变,进而带动经济发展方式实现转变,从外延扩大再生产为主逐渐转变为以内涵扩大再生产为主,这是经济发展方式转变的一般趋势。马克思的再生产理论把社会再生产按其规模区分为简单再生产和扩大再生产。其中,扩大再生产根据实现形式分为外延式扩大再生产和内涵式扩大再生产。马克思(2004)指出,如果生产场所扩大了,就是在外延上扩大;如果生产资料的效率提高了,就是在内涵上扩大。外延扩大再生产亦称"粗放的扩大再生产",是一种单纯依靠投资增加,通过生产资料和劳动力的数量增加来扩大生产规模的再生产。劳动生产率的提高,主要依靠生产技术进步、优化生产要素组合、提高劳动力的质量等,采用这些方式提高劳动生产率来实现规模扩大的

第二章 创新驱动视角下农业经济发展方式转变能力成长之新说

方式就是内涵式扩大再生产。马克思认为,在扩大再生产过程中,既可以采取外延的方式,也可以采取内涵的方式,还可以采取二者结合的方式。实际上,扩大再生产主要采取外延与内涵相结合的方式,即外延扩大再生产中包含内涵扩大再生产,而内涵扩大再生产也会引起外延扩大再生产。二者相结合的过程中存在一个比例关系,以外延为主的是外延扩大再生产,以内涵为主的则是内涵扩大再生产(杜玉珍、李亚林,2015)。内涵扩大再生产注重技术的更新迭代,通过技术、组织、制度等多方面创新推动内涵扩大再生产,使其深度和广度不断增加,从而实现速度和效益、数量和质量的统一。这是效益最大化的必然选择。

二是从"资源消耗型"向"资源节约型""环境友好型"发展方式转变。加快处理好经济发展与资源环境的关系,更多地依靠提高资源利用率、发展循环经济来推动社会进步,从而在根本上改变以往严重依赖资源、以环境为代价发展经济的做法,切实建立有利于资源保护的可持续发展方式。

三是从"要素驱动型""投资驱动型"向"创新驱动型"发展方式转变。积极实施创新驱动发展战略,更多地依靠科技进步、劳动者素质的提高来发展经济;增强组织创新及制度创新,激发各类市场主体释放发展新活力;正确处理技术引进与技术创新的关系,放弃以往过度依赖技术引进的做法,强化技术吸收和自主创新。

四是从"以物为本"向"以人为本"的发展方式转变。切实处理好经济发展与社会全面发展的关系,消除崇尚经济指标和形象工程的政绩观念,关注民生和社会事业,使人与自然、人与社会、人与环境和谐发展(任振涛,2011)。

五是从"倾斜型"向"均衡型"发展方式转变。大力落实乡村振兴战略,统筹城乡协调发展,全面优化区域发展结构、三次产业结构及社会经济结构,积极转变因"政策倾斜"形成的地区之间、城乡之间的发展不平衡状况,不断增强长期发展后劲,努力实现经济增长效率最大化。

六是从单纯追求GDP增长向包容性增长的发展方式转变。包容性增长不仅追求经济增长的量,更关注经济增长的质,即关注经济增长背后的代价,包括能源及资源消耗、环境污染、社会两极分化等严重问题。包容性增长调整片面追求 GDP 的奋斗目标,理顺当前利益与长远利益、局部利益与全局利益的关系,追求经济与社会、人与自然的和谐发展,注重通过机会和制度的公平来赋予弱势群体权利和能力,使人民群众能够平等分享经济发展所带来的利益成果(史琳琰,2014)。通过技术、组织、制度等多方面创新,提高劳动生产效率,促进劳动力资本化,使劳动者凭借劳动不仅参与消费品的分配,而且还能参与对剩余劳动的分配,这是包容性增长的关键(李超,2012)。

(二)经济发展方式转变的性质

1. 客观性

经济发展方式不断转变是人类社会经济发展的客观规律。从人类社会生产力发展的历史长河看,经济发展方式不断演进,持续推动社会经济系统由小到大、由简单到复杂、由低级到高级的阶段性变化。一个国家在某一阶段选择何种经济发展方式,不以人的意志为转移,而是由其客观经济条件决定。

经济发展方式转变也是制度变迁成本—收益规律的体现,是新旧经济发展方式收益比较的合理选择(贺立龙,2011)。通常而言,传统经济发展方式相对于新经济发展方式具有发展效率低而经济成本高的特征,这就会阻碍大多数经济主体发展收益的高效获取与公平分享,同时传统经济发展方式的非可持续性也会降低未来社会的发展收益预期,损害下一代人的福祉;新经济发展方式因其创新性、协调性、人本性以及可持续性所带来的收益预期将远高于旧的经济发展方式的社会收益。正如科斯(1994)指出的:"如果预期的净收益超过成本,一项制度就会被创新"。新经济发展方式取代传统经济发展方式,这是制度变迁规律在发展模式上发挥作用的必然结果。

2. 阶段性

经济发展方式转变是量变与质变的统一。在这种渐变过程中,一方面包含着原有经济发展方式因自身适应的经济条件及基础的消退甚至丧失而变异,另一方面又包含着孕育在新经济条件中的新经济发展方式因素的成长与壮大,并逐渐融入原有的经济发展方式之中,出现经济发展方

第二章 创新驱动视角下农业经济发展方式转变能力成长之新说

式的混生发展。当量变的不断积累达到一定点时,就会实现从一种主导型经济发展方式转向另一种主导型经济发展方式的质的飞跃(邹彦林,1998)。正是这种经济发展过程中所发生的质变及其相应的制度变迁,才使得经济发展方式转变呈现出阶段性特征。

在同一个发展阶段的不同时期,经济发展方式转变具有不同的侧重点,并呈理性发展趋势。改革开放以来,我国经济发展方式在不同时期的发展脉络明确印证了这一点:党的十二大提出,把全部经济工作转到以提高经济效益为中心的轨道上来;十三大提出,从"粗放经营"向"集约经营"转变;十四大进一步提出,依靠科技进步,实现"粗放经营"向"集约经营"的转变;十四届五中全会提出,实现经济增长方式和经济体制的两个根本转变,向结构优化、规模经济、科技进步和科学管理要效益;十五大强调,调整和优化产业结构,不断改善人民生活;十六大提出,走新型工业化道路,繁荣农村经济,加快城镇化建设,实施科教兴国战略和可持续发展战略,全面建成小康社会;十七大提出,把"两个坚持""三个转变"作为经济发展方式转变的重点;十七届五中全会强调"五个坚持",全面阐述了经济发展方式转变的新内涵;十八大进一步明确了科学发展观的历史定位,提出"五位一体""八项要求"和"两个目标";十九大强调,立足于中国特色社会主义新时代,坚持创新驱动发展战略。由此可见,经济发展方式的内涵在阶段性发展进程中愈加丰富。

3. 复杂性

实现经济发展方式的根本性转变是一项庞大而又复杂的系统工程。其复杂性体现在四个层面:

第一,从经济学理论的层面来看,由于不同人的经济理性或目的性之间及其与市场经济的自发性或非设计性之间存在对立和冲突,人们很难就利益问题形成统一标准或达成共识。不同利益的对立与协调,包括个人之间、个体与群体之间、不同群体之间、近期利益与长远利益之间等,就成为极其复杂的问题(钟春洋、庄惠明,2009)。

第二,从经济发展方式转变的实践过程来看,转变方式的手段与目标常常受制于政治和社会等因素。宏观调控一直是政府促进经济发展方式转变的关键举措。改革开放以来,我国进行了五次集中性的宏观调控。①这五次宏观调控虽然内涵各异,但调控的目标高度一致,都是针对经济过热,降低通胀率,以保证国民经济以一种健康的方式发展。但针对以通货膨胀为代表的经济周期性波动所进行的调控,已超出经济范畴,上升成为一个经济性、社会性、政治性并存的复杂问题。

第三,从历史及传统的影响来看,自然经济传统的"小农经济"意识和计划经济传统所形成的全方位调控二者相互渗透所生成的复杂性直接影响了我国经济发展方式转变的历史进程。特别是我国的社会主义市场经济脱胎于计划经济,数十年的"计划经济型"集中管理对其形成了深远影响(王晓林,2007)。

第四,从经济全球化的背景来看,经济发展方式的转变在很大程度上受制于国际经济环境。2022年,中国经济总量居世界第二位,但经济总量第二位不等于"经济第二强"。中国长期处于世界产业价值链的最低端,"中国制造"亟待转变为"中国智造"。受新型国际分工格局的影响,包括我国在内的广大发展中国家面对的共同难题是,能否切实加强对高附加值、知识技术密集型产业的承接力度,避免经济低水平发展的陷阱,实现经济发展与技术创新的协同发展。由于发达国家在各技术领域拥有绝对领先优势,在重要的技术变革时期,发展中国家还将遭遇技术扩散和技术垄断的矛盾以及发达国家用技术控制市场和资源的严峻考验。这些因素使得经济发展方式转变的复杂性日益突出。

三、农业经济发展方式转变的新时代内涵

(一)农业经济发展方式的内涵与类型

认知农业经济发展方式,需要区分农业经济增长方式与农业经济发展方式。农业经济增长方式是指在一定体制下,决定农业产出增长的各种要素的配置及其推动农业增长的模式。根据生产要素组合方式及其运

---

① 我国改革开放以来五次集中性的宏观调控分别发生在:1979—1980年,1985—1986年,1988—1989年,1993—1996年,2003—2005年。

第二章　创新驱动视角下农业经济发展方式转变能力成长之新说

行状态的差异,农业经济增长方式通常分为两大类,即粗放型农业经济增长方式和集约型农业经济增长方式。粗放型农业经济增长方式是指通过土地、劳动和资本等要素的高投入实现农业经济增长,以耗费资源和牺牲环境为代价;集约型农业经济增长方式是指通过优化农业生产要素组合来提高其质量与使用效率,实现农业可持续发展。

农业经济发展方式包含农业经济增长方式,其内涵更为丰富。农业经济发展方式是指决定农业发展的各种因素相互结合和作用,以实现农业发展的方法、手段和模式。其内涵包括三个方面:一是农业生产要素和其他投入品的配置方式;二是农业结构的状态与特征;三是各项相关制度对农业发展的作用与影响。农业经济发展方式强调提高农业发展的质量,即通过创新驱动作用,在优化结构、提高效益、降低能耗、保护环境的基础上,实现包括速度、质量、效益相协调,人口、资源、环境相协调,经济发展和社会发展相协调在内的全面协调,真正做到农业又好又快发展。

对应于农业经济增长方式,农业经济发展方式也划分为两类:一是以粗放、低效、结构失衡和不可持续为主要特征的传统型农业经济发展方式;二是以集约、高效、结构合理和可持续为主要特征的现代型农业经济发展方式。

(二)农业经济发展方式转变的新时代内涵

转变农业经济发展方式的过程,实质上就是对传统、落后的农业生产方式进行改造和转变的过程。舒尔茨(2006)在改造传统农业理论中指出,现代农业的产生与发展源于三个层面:一是通过运用现代农业科技,不同的生产技术对相应的生产部门产生拉动效应,提高农业生产效率,使该部门生产出现新的增长点。二是通过改变传统的生产投资结构,由过去低效率的投资结构转向高效率的投资结构,努力实现经济效益最大化。三是在高效率投资结构的带动下,传统的生产结构和生产方式被打破,农业生产方式、经营形式及组织形式发生变化。这一过程就是现代农业产生与发展的过程,即用现代科技装备农业,打造新的农业产业体系,运用现代的经营理念和组织形式推动农业不断发展。

舒尔茨的改造传统农业理论对当前农业经济发展方式转变具有重要

的指导价值。舒尔茨强调通过改变农业生产方式、经营形式及组织形式来改造传统农业，发展现代农业。由于生产方式是生产力与生产关系在物质资料生产过程中的统一，因此有必要结合我国"三农"发展的现状，从农业生产力、农业生产关系及农业生产方式三个视角来解析农业经济发展方式转变的内涵。

1. 形成新型农业生产力，提高农业综合生产能力

迄今为止，人类社会先后出现了三类技术，形成了三大生产力。其一是传统农业技术及农业生产力，其二是工业技术及工业化生产力，其三是网络信息技术及信息化生产力。其中，网络信息技术自产生以来发展迅猛，信息技术平台不断升级：先是形成由大型计算机和哑终端构成的信息技术平台，其后升级为由个人计算机借助互联网分散服务器构成的信息技术平台，进而升级为以移动互联、大数据、云计算支持的信息技术平台，信息化生产力的重要性也随之提高。

信息化生产力以数据和符号为载体，依托持续进步的信息技术平台，形成了与农业生产力和工业化生产力截然不同的特征。一是农业生产力和工业生产力仅限于各自的领域和部门，而信息化生产力通过数据化实现了全覆盖；二是农业资源和工业资源均为有形的物质资源，有限且不能排他性使用，伴随使用次数增多而减少，即使可再生，也会因资源可再生性的延缓而导致存量减少。而信息符号和数据资源不仅可以排他性使用，还可以无限复制，不因使用而减少，反而因使用而增加。三是工业化生产力具有规模大、集中化、同质化的特征，而信息化生产力具有规模小、范围大、分散化、网络化、异质性的特征。因此，信息化生产力是一种新型生产力。依据马克思提出的生产力与生产关系的原理，新型生产力需要新的生产关系与之相适应，从而形成一种新的生产方式和经济形态，并对社会经济生活产生重大影响(张弛、张曙光，2018)。

在知识化、信息化、网络化、全球化大背景下，信息生产力进入农业领域，与传统的农业生产力相结合，形成新型农业生产力，给农业领域带来巨大变革。农业生产力是劳动者与生产资料的统一体。为此，从生产力视角出发，促进农业经济发展方式实现深层次转变，一方面要促进农业劳

第二章 创新驱动视角下农业经济发展方式转变能力成长之新说

动者由传统农民向新型农民转变,培养一大批有文化、懂技术、善经营、会管理、重环保的新型农民;另一方面,要大力提高"四化"水平,即农业科技化水平、农业机械化水平、农业信息化水平及农业生产标准化水平,形成稳定、有保障的农业综合生产能力。

2. 改革束缚性的农业生产关系,增强内生发展动力

转变农业经济发展方式,必须改革束缚农业发展的生产关系,增强农业内生发展动力。农业生产关系中的制度因素通常成为改革的首选对象,以便为农业生产主体提供必要的激励机制和约束机制,制度创新也因此成为农业经济发展方式转变的重要内容和决定性因素。农业经济发展方式转变的制度因素涵盖了农业与农村经济和社会生活的各个层面,包括农业科技研发与推广体制、农业产业化经营制度、农村土地制度、农村劳动力转移制度、农村金融制度、农业资源环境保护制度等。

改革开放以来,我国农业与农村经济发展过程中出现的若干制度创新与发展,对农业经济发展起到了积极促进作用。如家庭联产承包责任制的确立、农产品统派购制度改革、农村税费制度改革、农地"三权分置"改革、农村股份合作制以及农村劳动力转移与就业制度的逐步完善等(唐思航、韩晓琴,2010)。现阶段,这些制度需要进一步创新,以适应新时代乡村振兴的战略需求。

3. 创新农业生产方式,培育良好的体制机制环境

生产方式是指谋得社会生活所必需的物质资料的方式,在生产过程中形成的人与自然界以及人与人之间的相互关系的体系。生产方式的物质内容是生产力,其社会形式是生产关系,生产方式是两者在物质资料生产过程中的统一。它包括两种基本含义:一是指生产要素的社会结合方式,即劳动者与生产资料分别以何种社会形式相结合;二是指生产要素的技术结合方式,即具有何种技能的劳动者以何种技术组织方式与何种技术类型的生产资料相结合(张宇等,2013)。

当前我国所实行的家庭联产承包责任制,逐渐显现出与农业现代化的不适应性,主要表现在集约化程度低、技术更新缓慢、单个农户抵御市场风险能力弱等。面对现代农业科技化、机械化、信息化、标准化的发展

大趋势,必须创新农业生产方式,促进小农户与大市场对接,培育多种新型农业经营主体,发展多种形式的适度规模经营;构建现代农业经营体系、生产体系和产业体系;转变农业资源的利用方式和管理方式;由主要依靠物质要素投入转到依靠科技创新和提高劳动者素质上来,由粗放经营转为集约经营,走产出高效、产品安全、资源节约、环境友好的现代农业发展道路(见图2-6)。

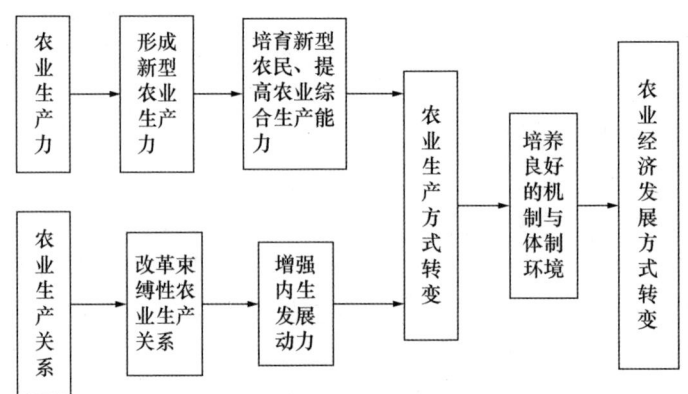

图2-6 农业经济发展方式转变的内涵解析
资料依据:结合西奥多·W.舒尔茨的《改造传统农业》,由作者绘制。

四、创新驱动成为新时代农业经济发展方式转变的重要引擎

现阶段的我国经济已进入重大转型期,从要素驱动、投资驱动转向创新驱动。从国际上看,20世纪90年代以来,全球经济在增长与衰退之间波折前行。尤其是2008年金融危机后,西方主要国家市场需求减弱,包括我国在内的新兴市场国家和发展中国家面临着过去那种以出口为导向、基于低端要素加入产业链的第一轮全球化发展红利逐渐消失的转折点,亟待挖掘新的经济增长动力(刘志彪,2012)。从国内看,宏观上支持我国农业经济长期发展的各项要素禀赋条件均发生了新变化。这些变化要求我国积极转变农业经济发展方式,着力增强创新驱动力,努力实现经济由速度至上和规模扩张到质量和效益优先的转变。各项要素禀赋条件

第二章 创新驱动视角下农业经济发展方式转变能力成长之新说

的变化主要体现在以下方面:

(一)体制禀赋条件发生变化,发展方式转变成为"后改革时代"的必然要求

改革开放 40 多年来,我国农村经济实现了从计划经济到市场经济的大转变,从传统农业迈向现代农业,农民的生产生活方式发生了深刻变化,为农业经济发展方式转变创造了条件。

1. 农村经济体制改革解放了农村生产力

首先,农业生产责任制发生了巨大变化。1978 年 11 月,安徽省凤阳县小岗村的 18 位农民率先实行家庭"包干"式生产,拉开了家庭联产承包责任制的序幕,打破了"一大二公""大锅饭"的旧体制。由于个人付出与实际收入挂钩,农民生产积极性显著提升,大大解放了农村生产力。

其次,农民的生产经营方式发生了巨大变化。1985 年,国家全面改革了农产品的统派购制度,取消了粮棉统购,改为合同定购,定购外的粮食可以自由上市。对于其他农产品,价格放开,由市场供求调节。1993 年以后,我国开始探索粮食流通领域的市场化改革。1998 年,粮食流通领域实行中央与地方责任分开、政企分开、储备与经营分开、新老财政挂账分开,并完善粮食价格机制;2004 年,全面放开粮食购销和价格,实现粮食购销市场化以及市场主体多元化。在农村经营体制方面,2008—2011 年全面展开集体林权制度改革并基本完成了产权明晰任务,明确了林农的经营主体地位,林业收入占人均年收入的比重由 2009 年的 12.96% 提高到 2011 年的 20% 以上(瞿长福,2012)。

最后,农民专业合作社发挥了重要作用,推动农业经营方式由分散经营转向组织化、规模化经营。2011 年底,全国经工商注册登记的农民专业合作社达 52.17 万家,实有入社农户达 4100 万户,占全国农户总数的 16.4%(张立华,2010)。根据《2019 年农民专业合作社会发展研究报告》,2012 年底,农民专业合作社增至 68.9 万家,比上年底增长 32.07%,出资总额 1.1 万亿元,增长 52.07%。农业农村部相关数据显示,截至 2020 年 11 月,全国依法登记的农民合作社升至 224.1 万家,辐射带动近一半的农

户。我国农民合作社正由数量扩张向数量与质量并重的方向发展,由单一要素合作向技术、劳动、土地、资金等多要素合作方向转变,由单纯注重生产联合向"产加销一体化"方向转变。同时,农民合作社加强社际联合,通过共创品牌、共同出资、共享收益,组建联合社1.3万余家,在促进农民增收、构建新型农业经营体系、发展现代农业方面的作用日益增强。

2. 税费改革及农业补贴政策产生了显著的激励效应

自1978年以来,中央出台了若干重大政策以促进发展多种经营。1982年至1986年间,中央连续下发五个"一号文件",形成了以市场为取向、以放活为内核的新"三农"政策框架;2000年,中央在安徽开展农村税费改革试点。2006年1月1日起,正式废止《中华人民共和国农业税条例》。

国家积极实施补贴政策。2002年,国家开始实施良种补贴;2004年,启动农机具购置补贴,并将以往用于粮食流通环节的补贴改为给农民直接补贴;2006年,开始实施农业生产资料综合直接补贴。这四项补贴呈逐年上升态势,2004年至2011年间从145.22亿元增至1406亿元(瞿长福,2012)。上述改革及相关激励措施极大调动了农民的生产积极性,我国粮食生产实现了历史罕见的"八连增"。2020年,全国粮食总产量为13390亿斤,比上年增长0.9%,产量连续6年超过1.3万亿斤,粮食生产实现"十七连丰",补贴政策进一步发挥了对粮食生产的激励作用。

3. 新"三农"政策体系给新农村建设注入了新活力

党的十六大以来,新"三农"政策体系的逐步确立,给新农村建设注入了新活力。以统筹城乡发展为主旨的一系列强农、惠农、富农政策及以工业反哺农业为内核的多项举措不断出台,惠及越来越多的乡村和农民。教育方面,完善农村义务教育经费保障机制,使义务教育得到真正落实;医疗方面,实施新型农村合作医疗制度,解决农民"看病难""看病贵"等问题;社会保障方面,建立健全农村社会保障制度,解除农民后顾之忧。伴随市场经济体制的确立与发展,我国前一波以增量改革为特征的体制转轨要素禀赋将会逐步消退(任保平、郭晗,2013),"后改革时代"正渐渐拉开帷幕。党的十八大提出的发展纲领是"后改革时代"农业发展的根本遵

第二章　创新驱动视角下农业经济发展方式转变能力成长之新说

循,十九大提出的乡村振兴战略则是农业经济发展方式转变的具体指南。

（二）人口禀赋条件发生变化,发展方式转变成为农业经济体系的内生需求

我国人口老龄化程度持续加深。蔡昉在2017年中国财富论坛上指出,中国的劳动年龄人口（15—59岁）在2010年达到峰值,2010年因此成为中国的一个转折点。这意味着此后转入负的红利,中国的人口红利在快速消失。此前,我国依靠人口红利,取得了持续30余年的高速增长。1982年到2011年,中国适龄劳动人口比重从61.5%上升至74.4%,总抚养比从62.6%下降至34.4%,充足的劳动力供给和低抚养比形成的高储蓄率被称为人口红利（任保平、郭晗,2013）。2011年后,劳动力供给等情况出现了变化,特别是老龄化人口在增长。1994年至2012年间,我国总人口抚养比在降低,但同时老年人口抚养比在快速增加,这表明我国正进入老龄化社会（沈坤荣,2012）。国家统计局统计数据显示,截至2019年末,我国60周岁及以上人口达25388万人,占总人口18.1%。其中,65周岁及以上人口达17603万人,占总人口12.6%。《2020年度国家老龄事业发展公报》指出,截至2020年11月1日零时,全国60周岁及以上老年人口升至26402万人,占总人口18.70%；其中,65周岁及以上人口升至19064万人,占总人口13.50%；全国老年人口抚养比升至19.70%,比2010年提高了7.80个百分点。"未富先老"已成为中国转型期的巨大挑战。

人口红利阶段转变为人口负债阶段,对我国经济发展具有负面影响。一是农村劳动力老龄化、妇女化的特点愈加凸显。2008年,农村40岁以上的劳动力占比首次突破50%,且呈逐年上升之势（姜明伦等,2012）。2012年的调查显示,我国农业生产劳动力的平均年龄为57岁,其中上海、浙江等经济发达地区从事农业生产的农民年龄已接近60岁,"老人农业"成为制约我国农业发展的难题（刘祚祥,2012）。二是一些地方"农地抛荒"现象严重。由于传统的低效率农业满足不了农民就业的理性需求,加之随着工业化及城市化进程加快,农村劳动力的非农转移速度进一步加

快,土地撂荒现象愈加严峻,且不仅限于山区。相关数据显示,1990年中国的自然村数量为377.3万个,2017年降至244.9万个;27年间,自然村数量减少了132.4万个,约占35%。江西和重庆的撂荒率最高,分别为34.03%、32.49%,广西、浙江、湖南、四川、甘肃等地,撂荒率在20%—30%之间。由此可见,农业经济发展方式转变是农业经济体系在劳动力等条件发生变化时产生的内生需求。

(三)投资禀赋条件发生变化,投资驱动型农业经济发展方式难以为继

2011年前的30多年里,我国经济增长严重依赖投资拉动,出现了高投资、高储蓄的结构性特征,形成了投资禀赋。根据国际经验,发展中国家投资占GDP的比重平均在20%—30%之间,而我国的投资率处在30%—40%之间。① 相关统计显示,1978年,我国的投资率为38.2%;2010年,我国的投资率升至48.6%。这表明以往的经济高速增长不仅依靠低廉的劳动力成本,而且还依靠高储蓄和高投资的形成。

以往的高投资增速,无论是理论上还是实践中都是不可持续的。高投资增速造成一些行业产能过剩,而且投资中又严重依赖财政投资、国企投资和银行贷款,政府投资的"挤出效应"明显,投资回报率不断下降。2000—2008年,我国的投资回报率处于8%—10%之间,但在2008年金融危机之后投资回报率水平大幅下降。2012年,调整价格之后的我国税后投资回报率已经降至2.7%的新低水平。② 通常而言,投资回报率的下降意味着该经济体经济潜在增速的下降、债务堆积风险的加剧以及对外资吸引能力的下降,以高投资为特征的增长模式难以持续。

相对其他产业而言,农业成为各类投资特别是政府投资项目的"冷落"领域。在行业投资趋于理性的背景下,农业投资回报率相对较低,加之我国税后投资回报率持续下降,农业领域近年来获得的投资相对较少。

---

① 定军.中国投资占GDP比例全球最高[EB/OL].[2006-05-18]. https://bbs.pinggu.org/jg/touzi_tianshitouzi_95823_1.html.

② 2012年中国投资回报率仅2.7%[EB/OL].[2013-07-29]. https://www.yicai.com/news/2895639.html.

第二章　创新驱动视角下农业经济发展方式转变能力成长之新说

2013年12月,中央农村工作会议明确提出加大农业投入力度;2017年,党的十九大提出实施乡村振兴战略,优先支持"三农"领域发展。具体措施包括:大力支持专业大户、家庭农场、产业化龙头企业、农民合作社等新型主体,构建适合农业农村特点的金融体系,为农业现代化建设提供人力资源与物资保障等。但在由人口红利阶段转向人口负债阶段的过程中,上述政策措施的具体落实均面临严峻挑战,如农业劳动力成本上涨的势头未减、资本边际报酬递减的势头难以抗拒等,单纯依靠资本要素来驱动农业经济增长与发展难以为继。

（四）自然资源禀赋条件发生变化,要素驱动型农业经济发展方式难以为继

粗放型经济发展方式持续多年,严重破坏了我国农业资源环境及生态环境。2011年前的30多年里,我国依靠大量开发和消耗自然资源与能源,加快了工农业发展进程,形成了自然资源禀赋,但同时给农业资源及生态环境带来了严重影响。以土壤为例,我国部分地区土壤污染类型多样、程度严重,呈现出新老污染物并存、有机与无机复合污染物并存的局面。原国土资源部与环境保护部联合公布的《全国土壤污染状况调查公报》(2014)显示,全国土壤中轻微、轻度、中度以及重度污染点位的比例分别为11.2%、2.3%、1.5%和1.1%,全国土壤污染总的超标率达16.1%。就污染分布地区而言,南方土壤污染比北方严重,中南、西南地区的土壤重金属超标范围较大,珠三角、长三角、东北老工业基地等地区的土壤污染问题尤为突出。

我国农业资源的消耗及其污染物的排放居高不下,农业耕地土壤污染修复刻不容缓。我国农药的年均使用量达130万吨,是世界平均水平的2.5倍。但仅有0.1%作用于目标病虫害,其余99.9%的农药均进入农业生态系统,致使大量土壤遭受重金属、激素等有机污染物的严重污染。2012年的相关调查显示,根据播种面积计算,我国氮素化肥平均施用量分别是德国、法国和美国的1.59倍、1.51倍和3.29倍,但粮食产量比这些国家低10%—30%。原农业部种植业管理司发布的《2014年全国耕地质量等级情况公报》中显示,评价为一至三等的耕地面积占我国耕地总面积

的 27.3%，评价为四至六等的耕地面积占比为 44.8%，评价为七至十等的耕地面积占比为 27.9%。经过五年的治理与修复，我国耕地状况有一定程度的改善。《2019 年全国耕地质量等级情况公报》中显示，评价为一至三等的耕地面积升至 6.32 亿亩，占耕地总面积的 31.24%；评价为四至六等的耕地面积升至 9.47 亿亩，占耕地总面积的 46.81%；评价为七至十等的耕地面积降至 4.44 亿亩，占耕地总面积的 21.95%。但农业耕地的土壤污染修复耗资巨大。根据生态环境部相关数据，仅对受重金属污染的农业耕地而言，即使选用修复成本较低的植物修复法，土壤修复的单位治理成本也达 100—500 元/吨，直接治理成本约 3.1—15.6 万亿。严峻的农业资源及生态环境使得要素驱动型的农业经济发展模式难以为继。

（五）多种禀赋发生变化，创新驱动农业经济发展方式转变成为现实需求

前文论述的体制、人口、投资、自然资源等多方面禀赋条件出现变化，要求农业经济发展寻找新的红利空间。改革开放以来，我国依靠要素驱动跨越了低收入国家的"贫困陷阱"，进入了中等收入国家行列。伴随人口红利的消减、劳动力成本优势的减弱、投资以及资源环境瓶颈约束的增强，我国农业发展需要从要素驱动转向创新驱动，从依靠土地红利、人口红利、投资红利转向创新红利，以改变我国农业经济增长快而不优、农业处于全球产业链条低端位置的落后状态（相关论述见本章第一节中的"创新驱动视角下能力成长是经济发展方式转变的关键变量"）。

通过自主创新促进技术能力、组织能力及制度能力成长，有助于实现农业经济发展方式深层次转变。发达国家已率先通过创新实现三大能力成长，突破资源与环境的瓶颈约束，并取得了显著的经济效益和社会效益。而包括我国在内的广大发展中国家创新相对乏力，存在三大能力缺口，亟待采取多重举措提高创新本领，促进农业经济发展方式转变能力成长。

第三节　创新驱动视角下三大能力成长耦合促进农业经济发展方式转变

一、技术能力成长与农业经济发展方式转变

内生经济增长理论认为,技术进步是"一国经济可持续发展的引擎"(Coe and Helpman,1995)。此理论不仅适用于发达国家,也适用于开放经济条件下的发展中国家,如中国和印度等。从技术进步来源及内生技术能力成长的理论视角来看,技术能力成长有助于发展中国家实现经济发展方式转变(杨海滨,2017)。

(一)内生的技术能力成长对于经济发展具有主导作用

一是我国等发展中国家的技术进步来源有限,主要来自专利购买、外商投资、进出口产品以及由此产生的直接技术转移、外溢效应和干中学效应等。

二是开放经济条件下,发展中国家通过低成本学习和模仿能够在技术方面获得后发优势。新古典国际贸易理论认为,开放经济能够给发展中国家带来水平效应,但不能给其带来增长效应,也不能保证其提高经济增长率并向发达经济体收敛(Fulvio and Miguel,2013)。尽管如此,基于其在开放经济中的比较优势,发展中国家仍可通过技术的准公共品性质和技术扩散获得后发优势。

三是发展中国家能够在 R&D 和干中学效应中获得内生的技术能力成长。为从内生的能力成长视角揭示技术进步的来源及其内涵,杨海滨(2017)借助"干中学"模型与 Bernard 和 Jones(1996)的技术转让模型,分析了两个国家间技术比较优势的变化情况,发现在开放经济条件下国家间技术吸收能力的差异可能导致技术优势的变化:首先,假定存在一个只包含两个国家(本国 H 和外国 X)的开放经济。其中,A_{ij} 表示 i 国 j 商品部门的熟练劳动生产率,A_{Xj} 表示技术领先国 j 部门的劳动生产率,L_{Xj}

表示技术领先国 j 部门投入的劳动力数量，λ 为技术追赶参数，ψ 为干中学的效率参数。进一步假定，外国是技术领先国（即 $A_{Hj}/A_{Xj} \leqslant 1$）。通过推导可以得到本国 j 部门相对于外国的生产率变化：

$$\Delta \ln\left(\frac{A_{Hj}(t)}{A_{Hj}(t)}\right) = \psi\left(\frac{1+L_{Hj}(t-1)}{1+L_{Xj}(t-1)}\right) - \lambda \ln\left(\frac{A_{Hj}(t-1)}{A_{Xj}(t-1)}\right),$$
$$\psi, \lambda \geqslant 0, \forall i,j$$

从上面的模型可以看出，一方面，部门内的初始技术水平能够在干中学及知识创新能力提高的过程中得到强化，技术进步的演变由此呈现出固化性（persistence）特征；另一方面，部门间技术追赶速度的差异以及国家间贸易带来的技术外溢可能引发技术水平的逆转，进而引发技术进步的变化呈现流动性（mobility）特征。与此同时，这两种特征具有融合性。有关技术能力经验的研究显示，任何新技术均需借助已有的技术基础才能发展，因此技术产品的创新具有自我累积性特征和极强的路径依赖。当一国技术水平较低时，可以通过干中学效应来提高能力；当一国技术水平较高时，需要通过 R&D 创新活动实现技术边界的扩大。干中学效应主要是通过实践经验的不断积累而获得，所以发展中国家可以通过干中学获得基础性创新产品；R&D 研发则主要依靠知识整合、提高技术创新能力来获得次级创新产品。因此，国家在干中学和 R&D 活动过程中形成的技术创新能力是经济可持续发展的重要动力（Nelson，1997）。由于存在技术创新能力的差异，发展中国家间从基础性技术产品向次级创新产品转移的速度也出现差异，进而造成发展中国家在形成动态比较优势的过程中拥有不同的比较优势和增长速度。伴随着一国的技术水平越来越接近技术前沿，技术水平较低的国家可以通过在模仿方面的低成本优势来弥补技术劣势，而处于技术前沿的国家只能通过大量的 R&D 投入保持现有的竞争优势。

综上可见，内生的技术进步形成的技术能力成长，即适合发展动态比较优势的技术升级、转换和创新的综合能力，对经济增长乃至经济可持续发展具有主导性作用。

第二章　创新驱动视角下农业经济发展方式转变能力成长之新说

（二）技术能力成长的获得需要转变经济发展方式

我们借助 Criscuolo 和 Narula(2008)的模型扩展,分析技术能力成长与经济发展方式转变之间的关系。前文基于内生视角的分析表明,技术进步是一种知识不断更新累积后所形成的技术创新能力成长的结果,而不是简单的知识集合体。杨海滨(2017)将技术进步变迁分为四个阶段,即技术转变前阶段(pre-changing-up stage)、技术转变阶段(changing-up stage)、技术前沿分享前阶段(pre-frontier-sharing stage)和技术前沿分享阶段(frontier-sharing stage)。在此基础上,假设经济开放条件下一个发展中国家的技术能力函数为(γ),此函数包含外国直接投资(FDI)带来的技术进步(ω_t)、R&D 能力(M_t)和技术差距(G_t)三个变量:

$$\gamma_1 = \gamma(\omega_t, M_t, G_t) \quad 0 \leqslant \gamma \leqslant 1 \quad 并且 \quad \omega_t > 0$$

在第一个阶段,即技术转变前阶段,发展中国家的初始技术水平取决于其自身的知识积累,尤其是主要技术资源的积累。如果初始的技术累积薄弱,就会出现技术门槛效应,无法实现技术的转移和内化。由此,可将技术缺口定义为:

$$G_t = \ln(\bar{Z}_t / Z_t)$$

同时,可以把 $\bar{Z}_t$ 作为发展中国家前沿阶段的知识累积水平的变量,Z_t 代表发展中国家现有的技术累积水平。在接近技术前沿分享阶段时,由于技术模仿机会的减少,技术能力成长的速度变慢($\gamma_G > 0$)。如果假设该国 R&D 对其能力成长具有显著正向作用,在技术前沿阶段该国能力成长的速率仍呈减慢趋势($\gamma_M > 0$,$\gamma_{MM} < 0$),加之 FDI 具有明显的要素转移特性,发展中国家的经济结构必然会受其影响。

就技术能力函数中包含的三个变量而言,技术进步具有不连续均衡特征,并非一个线性过程。杨海滨(2017)通过改进 Caniëls 和 Verspagen(2001)的理论模型,构造一个满足凹条件的能力函数来说明技术缺口与能力成长之间的非线性关系,即:

$$\gamma_1 = M \exp - \left(\frac{G_t}{M} - \omega M\right)^2, \quad 0 < M < 1$$

当技术差距变量等于 ωM 时,能力成长参数达到一个最大值。这进一步证明前文中的结论,即技术能力(γ_t)与技术累积(Z_t)之间具有密切联系。因此,技术能力累积的过程可以用如下公式表达:

$$Z_t = \int_0^t \dot{Z} \, dt$$

$$\dot{Z}_t = \underbrace{M_D(1+\gamma_{Ft}^{mD}\theta_{mD})}_{\text{I}} + \underbrace{M_F(1+\gamma_{Dt}^{mF}\theta_{mF})}_{\text{II}}$$

$$+ \underbrace{\overline{M}_F \theta_{\overline{mF}}(\gamma_{Fi}^{\overline{mF}} + \gamma_{Di}^{\overline{mF}})}_{\text{III}} + \underbrace{\overline{M}_D \theta_{\overline{mD}}(\gamma_{Di}^{\overline{mD}} + \gamma_{Fi}^{\overline{mD}})}_{\text{IV}}$$

从上式可以看出,国家层面的技术能力成长源于四个方面:一是对 R&D 的投入;二是 FDI 产生的技术外溢效应;三是外资企业 R&D 带来的国家间技术外溢效应;四是国内外资企业在海外 R&D 投入及其外溢效应。在此基础上,发展中国家进一步整合通过知识累积产生的干中学效应及其研发创新活动,从而推动技术进步及技术能力成长。由于国家层次的技术创新能力是一种具有知识累积特性的技术内生能力,可以构成发展中国家在经济转型过程中比较优势动态化的支撑体系和内在基础,所以这种能力不是一般途径可以获得的,而是需要通过实施符合该国比较优势的经济发展战略来获得(杨海滨、杨先明,2012),即必须尽快转变经济发展方式,主要是转为基于科技创新能力成长的技术进步方式。

(三)技术能力成长有助于农业经济发展方式转变

前文分析强调,转变经济发展方式主要是转为基于科技创新能力成长的技术进步方式。就农业而言,农业科技创新(尤其是农业科技自主创新)是农业技术能力成长的重要方面,农业科技创新能够提升农业生产力水平,进而促进农业经济发展方式的转变。

农业科技创新有广义和狭义之分。广义的农业科技创新是指把农业科技发明运用到农业经济活动中所引起的农业生产要素的重新组合,具体体现在新品种及新生产方法的研发、试验、推广及应用等一系列前后承接、紧密相联的技术发展过程中;狭义的农业科技创新仅指农业科技成果

第二章 创新驱动视角下农业经济发展方式转变能力成长之新说

的创新与发明。

农业科技创新是农业生产力提升的根本动力。生产力是由劳动者、劳动资料、劳动对象以及参与社会生产和再生产过程的其他一切物质技术要素构成的一个复杂系统。在这个系统里,生产力的内部诸要素进行有机组合。农业科技创新的成果渗透于农业生产力之中,在要素能力已确定的前提下,农业科技创新就成为决定上述辨证组合程度和相关规律交互作用程度的关键。根据生产力乘数原理,生产力发展=(劳动力+ 劳动资料+ 劳动对象)×科技创新(高布权,2008)。这说明科技创新是农业生产力水平提升的根本动力。具体体现在以下方面:

一是农业科技创新能够革新农业劳动资料。农业劳动资料直接体现农业生产力水平的高与低,同时也是农业科技创新能力的"显示器"。农业科技创新不仅能为农业生产和加工提供新肥源、新药源、新能源,而且还能对如水、肥、饲料、农药等常规性物质资源进行合理配置,从而改善生产条件,满足动植物生长需要,促进农业生产提速增质。此外,农业科技创新还能够改善农业劳动资料的功能,如半自动化、自动化、智能化控制技术在农业生产中的推广与应用直接推动农业劳动资料的性质和结构发生变化,进而带动农业生产率大幅度提高。特别是在经济全球化、"互联网+"的时代背景下,知识、信息、数据等日益成为农业经济增长的主导性生产要素。这些新的生产要素具有零边际成本、易复制性、非损耗等特征,具有强大的溢出效应,并能进入生产、流通、消费等各个环节,促进效率的提升;同时,这些新的生产要素还能对劳动、资本、企业家才能等传统生产要素进行渗透、改造和提升,通过与传统要素的合理配比,提高边际效用和要素利用效率。伴随信息网络技术的迅猛发展及广泛应用,信息要素的效能进一步放大。信息技术的智能化、泛在化、虚拟化等特性正引领智慧农业不断发展并实现新的突破。

二是农业科技创新能够提高农业劳动者素质。舒尔茨曾指出,教育投资是人力资本投资的主要内容,教育对农业生产率的贡献尤为显著。在农业科技创新的作用下,农业生产的性质和内容均不同于从前,这就要求农业劳动者不断地接受教育,提高智力水平及劳动技能,从而真正成为农业的人力资本。现代农民不仅要懂生产,还要懂营销、懂管理,以满足现代农业发展的需求。

三是农业科技创新能够扩大农业劳动对象的范围与种类。现代农业科技的进步不断揭示自然物质可供拓展利用的新性质,使农业劳动对象的范围与种类日益扩大,同时也使人们谋取物质资源的手段不断进步。当前,农业科学家运用生物工程技术,进行无土栽培、无性繁殖等,培育出了一系列前所未有的新品种;与此同时,农业科技创新也使得农业产业链得以延伸,不断扩展农业加工领域,提高农产品加工深度,丰富终端产品,扩大农产品增值空间,促进农业一二三产业融合发展。

四是农业科技创新能够优化配置农业资源。农业科技创新对农业资源的合理配置主要体现在农业投入与产出的过程中。从农业投入角度看,农业科技创新可以实现"丰富资源"对"稀缺资源"的替代。依据"木桶原理"可知,任何一种互补资源在实际应用中都存在制约因素,致使农业总产量长期居于较低水平直至消除这种制约因素。重要的是,制约因素的消除及农业资源间替代程度的高低主要取决于农业科技创新对农业资源效能的影响及其强化程度,并由此促进相应农业要素组合比例的重新调整,从而使丰富的资源替代稀缺资源,实现优化资源配置的目标。为了提高经济效益,农业生产者始终努力通过减少资源投入且提高资源利用率、采用先进生产工具、优化劳动组合、规范组织管理等措施来提高农业生产率,增强农业抵御自然风险的能力,从而不断提高农业生产力水平。

二、组织能力成长与农业经济发展方式转变

(一)农民组织化是组织能力成长的关键指标

1. 农民组织化的内涵

农民组织化是组织主体按照一定原则,采取若干经济合作方式将传统农民转变为现代农民的过程。传统农民通常具有生产经营分散、规模狭小、科技水平滞后、经济实力弱等特征,而现代农民则可以依托组织进入市场和社会并能够获得与其他阶层人群同等的待遇。在这个现代化进

第二章　创新驱动视角下农业经济发展方式转变能力成长之新说

程中,受资源、技术、生产经营环境、政策等因素影响,农民的生产经营及管理理念不断发生变化,伴随着社会生产方式的不断进步,逐步走向生产机械化、规模化、自动化、信息化、智能化和社会化的道路。发达国家的农民组织化程度高,农民依托一定的组织进入市场,具有较强的市场竞争力,组织能够通过其各种功能及制度安排增加成员收益。

2. 农民组织化中组织的界定

组织是人类社会整合度较高的一种群体。作为一种社会集合体,组织需要拥有共同的行为准则以及共同的目标以满足自身运作要求。在本研究中,将农民组织化中的组织主要界定为农业经济合作组织,即农民专业合作组织。它不仅是一种集功能性团体以及制度安排于一体的经济合作组织,而且是一种把静态实体与动态实体活动过程相统一的经济合作组织。

从开放的环境视角来看,农民组织化的实质是组织创新,而组织创新是组织能力成长的关键指标。农民组织化是在一定原则指导下进行的组织创新。特别是在现代农业产业化发展的过程中,普通农户乃至各类农业生产经营主体间的相互依存度日益提高,各类主体预期收益的取得大多需要通过构建自组织创新网络来实现。发达地区,相对于落后地区而言,更易于产生农民自组织创新网络,因为那里拥有开放的劳动力市场、密集的社会网络以及不确定的高收益诱惑。各类合作组织展开激烈竞争,同时通过交流学习增加发展自组织的技能,甚至与其他产业融合,构建一种能够带来更高收益的组织结构。这种农民自组织创新网络在保护农民利益、适应市场经济大生产方面比传统型农业合作组织具有更突出的优势。通过各类不同市场主体的推动,农民合作组织逐步形成了多元化发展的局面,促进了组织能力成长。农民借助各类合作组织改变了单一化进入市场的落后情形,为农业经济发展方式转变提供了组织保障。

(二)走农民组织化道路,有助于农业经济发展方式转变

如前文所述,本研究将农民组织化中的组织界定为农业经济合作组织,即农民专业合作组织。无论是从农业发展的一般规律来看,还是从世界各国的农业发展史来看,农民专业合作组织都是一种十分重要的农民

组织化形式。农民专业合作组织的形成与发展,既是农民和农业适应市场化的需求,也是实现农业纵向一体化、农业组织化和农业现代化的需求,是农业经济发展方式转变的重要载体。

1. 从实践层面看,农业专业合作组织能够弥补单个家庭经营的不足

基于农业生产具有自然性、周期性以及空间分散性的特点,家庭经营成为农业生产经营中有效的组织形式。但在市场经济、产业化经营的大背景下,单个的家庭经营存在局限性,小规模、分散经营的农户难以应对市场经济背景下竞争不断加剧的风险和挑战,尤其是在农产品供给过剩的买方市场的状况下缺乏竞争力。农民专业合作组织不仅能够克服农业家庭经营局限性,而且能够保持农业家庭经营的效率。对单个农户而言,建立农民专业合作组织并加入其中,有助于增强其在市场中的谈判力,也有助于其有效进入市场并解决农产品销售困难等问题。

农民专业合作社能够引领农民广泛运用现代农业科技、开展规模化的现代农业生产。从这一意义上讲,农民专业合作组织以相对独立的家庭经营为基础,失去这一基础,合作组织就不是真正意义上的合作组织。20世纪50年代初期,中国的农民合作社遵循合作的基本原则,但后来社员家庭经营农业的主体性、自主性地位逐渐丧失,从而发生质的演变,虽然仍被称作合作组织,但经营效率低下。

由此可见,独立的家庭经营是农民专业合作组织的本质和活力所在,这是判断合作组织真伪的基本准则,也是农民专业合作组织实现高效率运营的关键(黄祖辉,2008)。

2. 从理论层面看,农民合作组织作为一种制度安排,触及发展方式转变的各个方面

首先,依据新制度经济学理论,农民合作组织是一种良好的制度安排,有助于提高经济效益。基于交易关系和制度安排理论,农民专业合作组织与组织成员的关系既不是完全内化的科层治理关系,也不是完全外包的市场交易关系,而是一种科层和市场相结合的产业组织。与科层式农业组织或公司式农业组织相比,农民合作组织的市场交易成本并不会提高,但是其内部治理成本会显著低于科层式农业组织或公司式农业组

第二章 创新驱动视角下农业经济发展方式转变能力成长之新说

织;与家庭式农业组织相比,农民合作组织的内部治理成本会高些,但市场交易成本却大大低于家庭式农业组织。

其次,依据分工协作理论、产业组织理论、合作经济理论、制度变迁理论、交易费用理论、产权理论及行为科学理论,农民组织化触及并深入影响农业经济发展方式转变的各个方面。分工协作理论认为,当生产的一体化和社会化水平达到一定高度时要求进行生产分工,并在分工的基础上开展协作,从而形成具有不同生产发展水平的经济组织形式。产业组织理论认为,某一产业组织的结构性质决定了该产业的市场竞争力。较高的市场竞争力不仅要求产业组织动态发展、始终保持该产业内部有一定的动力和压力来改进生产经营管理,而且要求产业组织充分利用"规模经济"。这是产业实现资源配置的帕累托最优以及单位成本最低的关键(许开录,2011)。合作经济理论及制度变迁理论认为,建立各种农民专业合作组织、实现农业生产经营组织化的过程实质是专业化分工和合作的过程,同时也是诱致性制度变迁和强制性制度变迁共同作用或交替作用的过程。交易费用理论、产权理论及行为科学理论认为,当农产品销售渠道不畅、农资成本在农业总成本中所占比重较高时,农民为了增加收益,更倾向于加入合作组织创新网络中来,寻找具有互补性且潜在收益高的市场主体进行合作。合作的目的,一方面是加快农业商品化速度和农业科技成果的转化与应用,另一方面是为抓住市场机会、避免被激烈的农业竞争所淘汰。在此过程中,组织不断产生和创新,既可以有效地改变农产品市场结构、影响市场行为和市场绩效,又可以大大降低市场交易费用,优化农业资源配置,促进农民增收。

最后,从维护农民权益的视角出发,基于政治学和社会学有关公平和权益的理论,本研究认为农业作为弱质产业,农民作为弱势群体,只有通过农民组织化来维护和争取其在经济社会中应有的权益,才能较好地解决农业弱质性、农民弱势性问题,有利于农民争得与其他阶层同等的待遇。

三、制度能力成长与农业经济发展方式转变

(一)对制度的深层次认知

1. 制度的概念

制度是一个宽泛的概念。制度泛指在特定社会范围内统一的、调节人与人之间社会关系的一系列习惯、道德、法律、戒律、规章(包括政府制定的条例)等内容的总和。新制度经济学强调,制度是对人和组织行为的规范,是人和组织为适应环境、有效配置资源、实现目标最大化的必要手段。新制度经济学代表人物诺思(1994)认为:"制度是一系列被制定出来的规则、守法程序和行为的道德伦理规范,它旨在约束追求主体福利或效用最大化的个人行为。"由此可见,制度是在一定条件下形成的约束人们行为的规则,它不仅是多个遵循同一规则的交易的集合,而且是经过交易多次重复形成的。换言之,制度是在多人、多次重复的情境中形成的人与人之间的行为规范。按照博弈论的说法,制度可谓所有参与人的均衡解(钱弘道,2002)。康芒斯(John R. Commons)说,如果我们要找出一种普遍的原则,适用于一切所谓属于制度的行为,我们可以把制度解释为"集体行动控制个体行动"(康芒斯,1998)。

2. 制度的特性

制度具有多种特性。一是普遍存在性。舒尔茨(2015)认为,制度是制约人们政治、经济和社会行为的一系列规则。加尔布雷斯(2008)认为制度是一种社会现象,是行为动机、思维方式和社会心理等的表现,是人类本能和外界客观因素互相制约而形成并广泛存在的习惯。二是特殊性。Neale(1987)认为,制度是一种可观察且能够遵守的关于人类活动的安排、习俗或规则,具有时间的特殊性以及地点的特殊性。三是自发性或强制性。Schotter(1981)指出,制度是存在于某种环境中且被大家一致赞同的规律,这种规律可以是自发的,也可以是外界强制实施的。Bromley(1989)认为,制度是影响人类活动的各种权利与义务的集合,有些权利与义务是无条件的、必须遵守的,而有些则是在自愿基础上达成的协约。

第二章　创新驱动视角下农业经济发展方式转变能力成长之新说

3. 制度的分类及其相关性

诺思(1994)指出,制度是由一系列正式约束、社会认可的非正式约束及其实施机制所构成的。正式约束又称正式制度,由公共权威机构制定或由相关各方共同制定,具体包括政治规则、经济规则、契约等,具有强制力。非正式约束又称非正式制度,是得到社会认可的行为规范和标准,也是对正式制度的拓展、修正、补充、说明和支持,具体包括价值观、道德规范、意识形态和风俗习惯等。正式制度与非正式制度相互关联并相互制约。制度的实施机制依靠国家这一主体,借助国家的强制力,保证正式约束和非正式约束的实施。

4. 制度的功能与性质

舒尔茨(2015)认为,制度的主要功能包括影响生产要素所有者之间的风险配置、确立公共物品和服务的分配框架、降低交易费用、提供职能组织与个人收入间的联系等。德姆塞茨和阿尔钦(Demsetz and Alchian,1972)强调,制度的关键作用在于提供解决资源稀缺及其相关利益冲突的方式,并帮助人们对交易形成可以合理把握的预期。林毅夫强调,制度安排和制度结构得以存在的根本原因是能够提供安全保障和经济保障,制度是应对不确定性、增进效用的重要手段(公茂刚、王学真,2018)。Elsner(1989)指出,制度是一种决策和行为规则,控制着人们的行为活动,并为人们的行为预期提供依据。诺思(North,1991)认为,制度是社会的博弈规则,它构造了人们在政治、经济、社会等方面发生交换的激励结构,是为解决人与人之间相互关系而人为设定的相关制约,并定义和限制了个人的决策集合。戴维斯和诺思指出,一种制度安排须提供一种可以影响产权变迁的机制以改变已有的合法竞争方式,或提供某种结构帮助其成员获得在结构外得不到的追加收入。诺思(1994)认为,制度能够对经济行为产生绩效激励,创造秩序,并减少不确定性。

综上可见,制度的功能主要分为两种,即信息功能和激励功能。其中,信息功能主要体现在为经济提供服务、降低交易成本、为合作创造条件方面。每种制度都有其特定的服务功能,有效的制度安排通过帮助经济活动当事人获取充分信息来减少交易不确定性,并规范人与人之间的相互关系,促进合作顺利开展。激励功能主要体现在两方面:一是制度通过明确界定经济活动当事人能够获得与其投入相一致的收益的权利来调动其积极性,赋予其从事某种经济活动的内在动力;二是制度通过实现外部利益的内部化来抑制搭便车行为及机会主义行为,从而保护经济活动当事人的利益。

基于制度的功能分析,可以确定制度的性质,即制度是交易协调的保障机制。制度用以指导交易中主体间的利益分配及交易费用分摊,制度以执行力为保障。

(二)理论溯源支持从制度能力成长的视角研究农业经济发展方式转变

首先,人类经济发展史业已证明,对经济增长起决定作用的不仅有技术性因素,还有制度性因素。康芒斯(1998)把经济关系的本质归结为所有权转移的交易,这是经济学发展史上的一个重要转变。科斯的交易成本理论将制度和交易成本联系起来,架起了新古典理论和法律经济学之间的桥梁;科斯定理打开了根据效率原理理解法律制度的新视角,为朝着效率最大化的目标而进行制度改革打下了理论基础。事实上,强调制度因素对于经济的重要性并非科斯首创,也非始于20世纪60年代,而是自亚当·斯密具有现代意义的第一部经济学著作《国富论》开始,经济组织和制度结构就成为众多学派的研究主题,其中包括德国的历史学派、美国的早期制度学派以及现代的制度学派,其历史至少与正统经济理论——新古典经济学一样久远(钱弘道,2002)。由此可见,从制度能力成长的视角研究如何促进农业经济发展方式转变既具有久远的历史,又拥有坚实的理论根基。

其次,把诸多的非经济因素(如制度、政治结构、态度等)联系起来,对社会经济问题进行分析和研究,被"诺贝尔境界"证明是正确的。制度经济学反对传统经济学局限于纯粹经济因素范畴的研究,主张把制度运作与经济交易联系在一起,这不仅是康芒斯对经济学发展的一份贡献,也是他对制度经济学发展的一份贡献。但是制度经济学之前的市场经济理论

第二章 创新驱动视角下农业经济发展方式转变能力成长之新说

主要是通过研究各种非制度的物质生产要素的变化情况来说明生产率变化,进而解读经济增长与否。制度因素被长期排除在经济分析之外,并且被视为已知的既定外生变量。后来伴随学界对制度因素认知水平的不断提高,制度因素开始被视作经济发展的内生变量,即制度是土地、资本和劳动等生产要素得以发挥功能的决定性因素之一。因此,制度对经济行为影响的相关分析日益上升至经济学研究的核心地位。近年来,若干新制度经济学家成功打造"诺贝尔境界"。斯蒂格勒、布坎南、科斯、贝克尔和诺思,这些以经济分析方法来研究非经济问题的新制度经济学家,先后于 1982 年、1986 年、1991 年、1992 年、1993 年获得诺贝尔经济学奖充分印证了这一点。

最后,研究制度在经济增长中作用的新制度经济学不断推广开来。交易是康芒斯制度经济学的基本分析单位。康芒斯(1998)认为所有权是制度经济学的基础,从老派经济学家强调的交易是商品的实际移交之意义,转变成为制度经济学家强调的交易关系是法律上的所有权转移之制度意义,这是经济学发展上的一个重要转变。它帮助人们从传统的只重视物质产品的经济学转变到重视经济活动中的制度因素的制度经济学。新制度经济学是有关产权、国家与经济绩效三者之间关系的理论。新制度经济学认为,明确界定的产权可有效保护人们投资及创业的积极性,从而促进经济增长;国家的一个重要作用是保护产权,能够保护产权的国家才有条件实现经济繁荣。

(三)制度因素对经济发展具有重要作用,这是从制度能力成长的视角研究农业经济发展方式转变的理论根基

1. 经济学家们认识到制度因素对经济发展具有重要作用

以康芒斯、凡勃伦(Thorstein B. Veblen)等人为代表的制度经济学家和以科斯、德姆塞茨等人为代表的新制度经济学家基于实用主义哲学,提出了制度的新价值,即制度的建立、演进与变迁对经济发展具有极为重要的作用,同时指出法律因素、历史因素等非市场因素也高度影响社会经济发展(Commons,1934)。制度经济学家认为,制度变迁和经济增长相互

作用,技术进步和经济增长本身就可能是制度变迁的源泉。拉坦研究发现,制度变迁可能是由对与经济增长相联系更为有效的制度绩效的需求所引致的。制度变迁不仅会影响资源的使用,而且它本身就是一种资源使用性活动。诺思(1995)认为,对经济增长起决定作用的是制度性因素而非技术性因素。

2. 制度在经济发展方面具有重要作用的关键原因

第一,经济活动的实质是交易活动,而交易活动是制度的基本单位。依据康芒斯的观点,制度运转是由无数次交易构成的,交易以财产权利而非实际物体为对象,即所有权是一切经济活动的基础。因此,康芒斯(1998)认为不先取得合法的控制权,就无法进行生产和消费。

第二,有效率的经济组织是经济增长的关键。诺思(1988)认为,有效率的经济组织在西欧得以发展正是西方兴起的关键原因;有效率的组织需要作出制度安排,并确立所有权以便造成一种刺激,从而将个人的经济活动变成私人收益率接近社会收益率的活动;如果社会上没有人去从事这些能引起经济增长的活动,经济就会停滞;如果一个社会没有经济增长,则主要是因为没有为经济创新提供制度刺激。在这里,诺思强调的是,判断经济组织是否有效率的标准是看其是否作出了有效的制度安排。

第三,有效率的制度安排是经济增长的源泉。经济运行过程中产生的制度具有稀缺性和内生性,经济增长的关键在于制度因素。以科斯为代表的新制度学派认为:由于存在交易成本,制度对资源配置的效率有重要影响;市场失败是存在的,而解决市场失灵关键在于制度安排。历史上经济增长的源泉不是传统上认为的技术进步、资本积累等因素,而是来自有效率的制度安排,技术进步和资本积累只是经济增长的表现(Coase,1988)。制度安排是否有效,取决于依据这些制度安排而建立的基本规则是否有效,因为这些规则支配着所有公共行为和私人行动,直接影响收入分配和资源分配的效率,以及人力资源的发展(奥斯特罗姆等,1998),而这些方面恰恰是一个国家经济发展乃至兴衰的重要指标。

第四,一定的制度和规则必须提高经济效率,否则就会被新制度所取代。只有这样,制度分析才能被真正纳入经济学分析之中。以科斯为代

第二章 创新驱动视角下农业经济发展方式转变能力成长之新说

表的新制度经济学派,将交易成本作为基本分析工具,分析制度的性质、制度存在的必要性、合理制度的标志等,从而将市场经济的研究真正拓展到制度领域。正如诺思(1994)所指出的,科斯架起了制度、交易成本与新古典理论间至关重要的联系。新制度经济学之所以重视交易成本,原因是只有运用交易成本这个分析工具才能真正地用经济学方法对制度的运行及其演变进行研究,并使其与凡勃伦等人代表的制度学派所运用的伦理的、社会的、心理的等若干分析方法区别开来。科斯的交易成本理论表明,交易活动是稀缺的,因而是有代价的。以往的经济理论专注于经济运行过程本身,而以科斯为代表的新制度经济学家着重考察经济运行的制度基础,即经济运行背后的产权关系,以此降低经济运行中的交易成本,改善资源配置,提高经济运行效率(钱弘道,2002)。

第五,制度创新和制度变迁直接影响经济发展及国家兴衰。新制度经济学交替使用制度变迁和制度创新两个概念。这两个概念均指用一种效率更高的制度取代原有制度或生产一种更有效制度的过程,是制度主体增加制度供给、解决制度短缺,从而获得潜在收益的行为。新制度经济学把制度当作一种稀缺的生产性资源,而这种稀缺资源主要由政府提供。因此,诺思(1994)指出制度变迁是理解经济发展、国家兴衰及历史变迁的关键,制度决定着社会演进的方式。制度变迁分为诱致性制度变迁与强制性制度变迁,其中,诱致性制度变迁是指现行制度安排的替代或变更,或者是创造新的制度安排。它是在现行制度结构中出现了制度的不均衡、制度安排失效或欠妥的情况下发生的,是通过制度创新来获得原有制度安排难以得到的收益。这种制度变迁具有自发性、不规范性、局部性特征,因此制度化水平不高。强制性制度变迁的主体是国家,这类制度创新依靠国家的强制力在短期内快速完成。强制性制度变迁具有规范性、强制性特征,能够降低变迁成本,制度化水平高。诱致性制度变迁及强制性制度变迁因各自制度化水平不同,对经济发展及国家兴衰的影响力也不同。

四、三大能力成长耦合促进农业经济发展方式转变

技术能力、组织能力及制度能力的成长,关键在于创新。三大能力成长耦合促进农业经济发展方式转变,创新贯穿转变过程之始终。

(一)技术能力成长与制度能力成长耦合促进农业经济发展方式转变

农业制度能力与农业技术能力在创新过程中协同演进、耦合促进农业经济发展方式转变。一方面,农业制度供给及创新促进农业技术创新与进步,推动农业产业升级;另一方面,农业技术创新与进步所带来的农业产业新业态,又进一步推动农业制度创新,进而形成农业制度创新与农业技术创新相协调的有机体系。

1. 良好的制度安排是技术创新与进步的基础和保障

制度能力成长强调制度供给的"量"与制度创新的"质"同步提升。新制度经济学认为,通过创新激励机制、约束机制及抗风险机制,促进农业技术创新与进步,从而推动农业产业竞争力的提升。

一是制度能够为技术创新与进步提供激励机制。制度将外部性内部化,对技术创新主体提供了内在激励。菲利普·阿吉翁和彼得·豪伊特(Aghion and Howitt,1998)论证了政府部门税收优惠等政策的效用,即此类政府干预能够比其他手段更有效地激励基础性的研究工作及科研人员的研究热情,可有效促进新技术的产业应用。由于农业产业系统内无法回避技术创新溢出效应,导致惠及某项技术的原创动力存在边际递减效应,进而引发对整个农业产业创新系统动力的抑制作用,并产生外部性。这就需要在农业产业创新系统内部建立有效的制度供给,保证农业技术创新者的收益和回报,给农业创新活动提供持续有效的激励机制(张杰、詹培民,2005)。例如,技术创新的核心制度是产权制度(赵红梅,2013)。伴随产权制度改革的不断深入,与时俱进地完善产权制度,以保障在较长时期内维系创新者与其创新成果之间的产权关系,是维护并激发农业技术创新主体内在创新动力的关键。我国第一部《中华人民共和国专利法》

第二章 创新驱动视角下农业经济发展方式转变能力成长之新说

(下文简称《专利法》)于1985年4月1日正式实施。此后,为了适应信息技术等现代科技的快速发展,先后于1992年、2000年、2008年进行多次修订、补充。现行的《专利法》于2020年6月1日起正式施行,知识产权保护法律体系日趋完善。

二是制度能够为技术创新与进步提供约束机制。农业技术创新具有外部正效应,不仅私人成本高于社会成本,而且私人收益小于社会收益。在市场运行机制下,这会严重影响农业技术创新的行为选择,最终制约农业创新积极性的提高。因此,政府需要通过制度创新矫正市场机制失灵的问题,为农业技术创新与进步提供良好的制度环境(杨丽君,2014)。在创新研发的起始阶段,风险分布宽泛且不稳定,对风险回报的评估存在明显的不确定性。作为"国家之手"的财政支持对于这一时期的创新萌芽尤为重要。伴随创新研究的发展与深入,风险概率性的分布逐步狭窄并且重新分布,评估风险的置信度也相应地增加,不确定性随之开始降低,各种风险投资有可能选择在此时跟进。但如果商业化手段滞后,R&D投入仍旧存在无法转为新产品、新服务或新生产模式的风险。此时,国家财税政策支持应该发挥财政投资、税收激励对资金流向的引领作用,以解决私人部门投资R&D方面的市场失灵问题(Arrow,1962;Nelson,1959)。新技术被开发出来后,即为私人物品,但这种创新产品可能迅速被市场模仿,并不断涌现可替代性新技术,技术会迅速贬值。加之R&D的知识外溢,无论是竞争者的学习行为还是竞争者的窃取行为都使风险大大增加。这时,政府部门的财税支持政策成为矫正创新研发后和实际应用中的市场失灵的重要选择(许多奇,2018)。

三是制度能够为技术创新与进步提供抗风险机制。创新的每个环节都充满风险性及不确定性,必须发挥"国家之手"的干预作用。为降低或消除科技创新过程中的高风险性及不确定性,缩短创新过程中出现的时滞,加快技术成果转化,国家相关部门需要制定相应制度及政策(如公共财政部门的支持和税收政策扶持等),在不同的研发阶段给予创新不同层面的支持。有效的制度安排能够帮助交易双方获得使其行为规范化、有序化的信息,降低创新过程中的风险性及市场中的不确定性,并且抑制个人的机会主义行为倾向,从而降低交易成本(杨芳、雷琼,2011)。例如,通过金融制度创新把风险分散给不同的投资方,以保证创新活动获得更多的资金、保证创新活动的稳定性(刘厚俊,2000);再如,针对技术创新投资领域长期存在的"双重信任困境",即金融家对创新者技术可行性的信任以及创新者对金融家能否对自己的技术想法保密的信任,开展金融制度创新,通过制度的介入重塑交易双方的信任,从而大大降低交易成本(苗妙,2014)。普华永道(Pricewaterhouse Coopers,PWC,2010)的研究发现,科技创新通常在一国经济发展过程中居于核心地位。为此,各国政府都积极采用财政补贴、税收激励等方式对新技术进行从研发到深入研究、再到产出转化的全过程支持。

2. 技术能力缺口及技术能力成长均是促进农业制度创新的强大动力

技术能力缺口倒逼农业制度创新。21世纪初期,我国农业机械化整体水平严重滞后于农业生产需求。1978—2003年间,全国农机总动力年均增幅为6.8%,不仅明显低于同期全国农牧渔业总产值年均13.0%的增速,还低于同期第一产业增加值年均11.9%的增速,更大大低于同期国内生产总值年均15.6%的增速。2003年,全国玉米收获和水稻栽植环节的机械化水平分别仅为1.7%和6%(林毅夫,1994)。生产环节的劳动强度过大使得农民种植的积极性严重受挫。自从2004年开始,我国总体上进入工业反哺农业的转折期,一系列以农机购置补贴政策为"龙头"、促进农业机械化发展的制度安排在这一阶段陆续出台。首先,在相关文件中明确提出正式实施农机购置补贴政策。同年,中央财政开始设立农机购置补贴专项资金。截至2011年,中央财政已累计补贴资金1861亿元(王波、李伟,2012)。其次,我国第一部关于农业机械化的法律《中华人民共和国农业机械化促进法》于2004年11月1日起施行,该法律全面系统地规范了国家支持农业机械化发展的责任,并从农机研发、农机生产和流通、农机质量保障、农机推广使用、农机社会化服务等方面明确规定了农业机械化发展的扶持举措。再次,《农业机械安全监督管理条例》于2009年11月开始实施。最后,国务院于2010年7月印发了《关于促进农业机械化和农机工业又好又快发展的意见》。此外,原农业部与全国大部分省

第二章 创新驱动视角下农业经济发展方式转变能力成长之新说

级人大、政府在此期间共制定出台了80多部有关农业机械化的法律法规。更为重要的是,自2004年起,国家把一些重点作物、关键环节的农业机械化技术与装备研发列为国家重大科研项目,直接促进了农业机械化技术创新水平的显著提升(路玉彬、孔祥智,2018)。

农业制度创新反过来能够弥补技术能力缺口。前文所述2004—2013年间的促进农业机械化发展的一系列制度安排直接带动我国农业机械化进入了"黄金十年"发展期。突出表现有三:一是农机装备总量快速增长,带动农业机械化作业水平大幅提升。2013年,全国农机总动力升至10.39亿千瓦,比2004年增长62.3%;同时,2013年全国主要农作物耕种收的综合机械化水平升至59.48%,比2004年提高了25.16%,此增幅是1978—2004年年均增幅的5倍。二是农机装备结构显著优化,覆盖领域更宽。主要粮食作物机械化作业薄弱环节的高性能农机,如国产自走式玉米联合收获机、水稻插秧机等,保有量显著提高,同时农机装备日益呈现大型化发展趋势,并向传统种植业以外的其他领域快速拓展。三是农机社会化服务水平大大提升。2013年,全国农机专业合作社、农机化作业服务组织(拥有农机原值50万元及以上)的数量分别达4.2万个和2.9万个,分别是2008年的4.9倍和3.4倍;2013年,全国农业机械化作业服务总收入达4467.63亿元,10年间年均增长率为8.8%。①

技术能力成长能够促进农业制度创新。程士国等(2020)基于农业经营主体理性人假设,通过构建动态增长模型与风险期望模型,分析农业发展中制度变迁、技术进步与经济绩效的互动规律。研究发现:农业经营主体的经济绩效会激励并加大技术投入,进而引发制度变迁;阶段性的制度变迁以及持续的技术进步又反过来促进经济绩效的进一步增长,从而形成三者良性互动。研究表明,经营主体的技术偏好及其制度创新能力是形成三者良性互动的关键要素。因此,需要激励农业经营主体不断提升技术偏好及制度创新能力以促进农业高质量发展(程士国等,2020)。现阶段,农业生物技术、农业物联网技术、农业低碳技术等若干农业高新技

---

① 根据2004—2016年《全国农业机械化统计年报》(农业机械化管理司编)整理。

术的持续进步及发展已经成为农业制度变革与创新的重要支撑。"互联网+"时代正深刻改变着农业要素配置方式、生产组织方式、产品形态及商业服务模式,为深入农业制度的改革和创新带来重大机遇。上海的"智慧农业"、广东及湖南的"创意农业"等农业新业态以及山东等地"组织化、规模化、市场化"现代农业的快速发展均带动了农业制度的相应创新与发展(详见第四章第三节)。

3. 制度变迁与技术进步紧密契合是制度能力成长与技术能力成长耦合促进农业经济发展方式转变的关键

农业制度变迁与农业技术进步需要紧密契合。农业经营主体在初始技术水平和制度安排下,在其土地上按其意愿投入劳动、资金等要素进行生产,并依照当前的定价体系,将其农产品的交换价值转换为销售收入,从而产生一定的经济绩效。农业经营主体在取得经济绩效后,依据其技术偏好确定多少比例的经济绩效追加技术投入,以期通过技术提高农产品的产量及质量,进而研发出更具市场竞争力的新品种,该过程称为技术进步。伴随农业经营主体的技术水平不断走向阶段性高点,其经济绩效因竞争加剧而逐渐减少,经济利润也逐步下降。在此过程中,农业经营主体对生产组织制度、产权制度以及流通体制的市场组织制度进行创新,面临并应对诸多变迁风险,该过程称为制度变迁。成功的制度变迁能够提升技术进步转换为经济绩效的效率,使得分工更加明确、农民生产更有效率,也使得相同技术投入的农产品的市场价格更高,农业经营主体对技术投入的意愿进一步提高。农业技术能力成长及制度能力成长也因此实现耦合发展,进而带动农业经济发展方式实现深层次转变(程士国等,2020)(见图2-7)。

以农业机械化为例,改革开放以来,我国农业机械化制度的每次变革都是对以往曾经发挥过作用但日益显现出不科学、不合理问题的相关制度的扬弃,同时也体现出了农业制度变革与农业机械技术创新水平的同步提升。如1996—2003年,农业制度变革及农业机械技术创新之间的紧密契合激发了我国大中型农机具的迅速增长,农机社会化服务蓬勃兴起。这一阶段,由于大量农村劳动力转移到城镇,参加农村非农产业就业,农

第二章 创新驱动视角下农业经济发展方式转变能力成长之新说

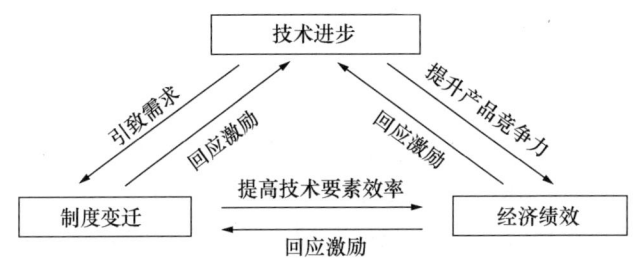

图 2-7 农业技术进步、制度变迁、经济绩效三者互动关系

业劳动力出现季节性短缺和结构性短缺,农业劳动力成本大幅上升。1996 年,三大主要粮食作物(小麦、水稻、玉米)的平均亩产总成本为 388.7 元;其中,人工成本 152.29 元,占总成本的 39.18%,是 1978 年的 5.7 倍(肖旭,2017)。加之农业人工劳动力的机会成本不断提高,广大农户对机械化代耕、代种、代收的生产模式需求迫切。1996 年,原农业部首次在河南省组织召开了全国"三夏"跨区机收小麦现场会,带动跨区机收这种新型农机社会化服务模式的发展,成为农业经济发展方式转变过程中的一大亮点。2000 年 4 月,原农业部颁布实施《联合收割机跨区作业管理暂行办法》,在跨区作业信息服务、组织管理、作业质量等方面作出明确规定。与此同时,在国家的大力支持下,以"新疆-2 型稻麦联合收割机"为代表的谷物联合收获机械研制获得成功(路玉彬等,2018)。国产农机装备技术水平快速提升,农业机械化水平也大幅提升。上述事实表明,国家作为农业机械化制度供给主体的作用日渐突出,我国农业机械化随之取得了长足进步。

新一轮农业制度的深层次改革与农业技术创新紧密契合,将进一步促进农业制度能力成长及技术能力成长。当下,深化农村土地制度改革及农村集体产权制度改革、完善承包地"三权"分置制度是农村制度改革的重点。这三项制度改革的方向定位发生了重大变化,即建立健全城乡融合发展体制机制和政策体系,加快推进农业农村现代化。因此,这三项制度改革对于进一步加强农业技术创新、促进小农户和现代农业发展有机衔接的影响都是以往农业制度变革无法比拟的。

(二)技术能力成长与组织能力成长耦合促进农业经济发展方式转变

1. 技术能力成长能够提升组织能力成长的速度与质量

以信息技术为代表的现代科技的快速发展,是技术能力成长的重要表现,同时也为组织能力成长创造了条件。互联网及新一代信息技术促进了各类农业组织的变革与重构,有助于生产效率的提升。Brynjolfsson等(1998)研究发现,在组织对决策与激励体系、组织流程、信息流以及管理等方面进行重组的过程中,数字化技术进步与互补性组织行为的结合能够提升技术效率,显著提高了生产力水平。在互联网时代,决策流程要求短、平、快,相应地,各类农业组织结构需要扁平化发展。在精简层次、压缩机构的基础上,各类农业组织广泛使用办公自动化系统、管理信息系统等信息化管理技术,增强了组织的再造,促进了组织效率的提升(杜传忠、郭美晨,2017)。更为重要的是,"互联网+"背景下产生的农业电子商务不仅使农产品库存大量减少,甚至实现零库存,而且突破了时空限制、减少了交易环节、降低了时间成本及交易成本,获取了超越范围经济与规模经济的网络外部性效率,使得各类农业组织在嵌入生产链与价值链的过程中实现了互联互通、协同共享,通过增值环节的整合以及价值链的重构实现了对农业生产及营销的智能化管理。

2. 组织能力成长是技术能力成长的必要条件

第一,以人为核心的组织因素是决定企业技术创新能否成功的重要因素。Nelson和Sidney(1982)认为,企业的技术创新摆脱不了资源的约束性,如新技术和组织约束、成本和风险约束、信息约束、人力资源性局限等。这些方面是决定农业技术创新能否成功的关键因素,经过整合,可以将其分为组织、资金、技术和环境四种。对研发企业而言,前三种是可控制因素,最后一种则是不可控因素。因为企业的技术创新始于人们观念上的突破,从构思到研发,再到应用、创新各个阶段的资源整合以及内外环境的条件创造都是依靠人来完成的,即技术创新的主体是人,所以组织因素在技术创新的整个过程中扮演着重要角色。

第二,组织结构通过影响技术创新活动的典型特征对整个技术创新

第二章 创新驱动视角下农业经济发展方式转变能力成长之新说

过程产生影响。Nelson(2006)认为,企业技术创新活动具有无特征、不确定、时滞和代价高昂这四个特点。组织结构中的主要因素按照影响程度的强弱排序可分为六种:信息流、经验积累程度、灵活性、开放程度、组织效率及物流。其中,信息流对创新研发活动的无特征性、不确定性和时滞具有重要影响,经验积累程度对技术创新活动的速度具有直接影响,而组织灵活性的高低会影响技术创新的模仿能力及时滞,组织开放程度的大小能够影响技术创新过程的无特征性,组织效率及物流直接影响技术创新过程的费用成本及时滞。实际上,这六种要素之间既相互作用,又相互联系。

第三,组织结构不同,对技术创新的影响也不同。在组织中,对同量和同质的人、财、物、信息等资源,采用不同的组织结构,构建不同的协作关系和权责结构,就会产生不同的效果。组织结构不同,表明组织内的信息流动路线和流动方式不同,进而影响信息流动的速度和质量;组织结构不同,组织内部人员的沟通和交流的方式也不同,进而影响组织内部成员间的分工、协调与配合;组织结构不同,组织与外界物质和信息的交换方式及其交换效果也不同,所以应根据创新项目需求,设计相应的组织结构,以促进创新提质增效。

3. 组织学习是组织能力成长与技术能力成长耦合促进农业经济发展方式转变的关键

组织学习能够实现创新平衡,保持持久创新能力。根据技术生命周期的三个阶段(分别为基础研究、技术研发和市场推广),技术创新模式可以分为突破性创新(对应于基础研究)和渐进性创新(对应于技术研发和市场推广)。从知识流动和创造的角度看,技术创新过程实际上是知识的获取、传播、分享和利用的组织学习过程。因此,组织学习是技术创新乃至技术能力成长的有效路径。根据知识搜寻距离的远程化或本地化,组织学习的范式分为探索式学习与利用式学习两种类型。这两种不同类型的组织学习能够实现两种不同类型创新(突破性创新与渐进性创新)的平衡,这是保持持久技术创新能力的关键(高媛,2012),也是组织能力成长与技术能力成长耦合促进农业经济发展方式转变的关键。

（三）组织能力成长与制度能力成长耦合促进农业经济发展方式转变

1. 制度的能动性能够促进组织创新

制度具有二元性，即行为和制度互为前提，制度源自社会行动，同时还约束社会行动（Barley and Tolbert,1997）。制度不仅具有制约行为的功能，还具有引导和支持行为的功能。因此，需要辩证地看待制度的二元性：一方面，制度作为稳定性机制，对行动者具有强大的约束作用，使得行动者会失去能动性，组织制度也因此成为组织惯性和组织僵化的原因（河连燮，2014）；另一方面，制度约束下的行动者仍然拥有足够的能动性，能够在实施制度的过程中对制度产生实质性影响。

基于制度的二元性，组织领导者需要适时地发挥制度的能动性以促进组织创新（李鹏飞等,2017）。组织的生存环境通常具有高不确定性，组织只有持续创新，才能适应动荡变化的环境并构建组织的核心竞争优势（韩凤晶,2014）。因此，组织制度在组织内部要素互动过程中也可以促进组织创新发展。姜长云等（2021）基于对黑龙江省 LX 县发展农业生产托管服务的案例分析，发现人均耕地面积大的平原地区在组建托管服务规模经济组织方面具有独特优势，发展农业生产托管服务不仅要与促进粮食增产、增加农民收入结合起来，还要将推进制度创新与降低制度创新的成本和风险结合起来，加强有效支持、风险防范和规范引导；组织领导者应通过把握政府支持方式和支持重点，发挥制度的能动性，构建新型的利益相关者合作共赢组织，进而联动激发农业经济发展方式转变和农村社会变革（姜长云等,2021）。

2. 组织发展需要具备合理有效的制度

世界经济发展史表明，使资本、劳动力、自然资源等生产要素有效地发挥对经济增长与发展的影响，其前提是建立合理有效的制度。有效的制度实际上就是一种优化经济资源配置、降低社会交易成本、提高经济效益的机制。那些经济效益显著的行业领先者，其组织制度都具有科学性和完备性。站在更高的视角看，国家是一个规模庞大的组织，那些在经济发展方面取得重大成就的国家均在制度改革上取得了卓越成就。因此，

第二章　创新驱动视角下农业经济发展方式转变能力成长之新说

在不具备合理有效制度的组织、地区和国家,首先需要建立有效制度,且要不断进行制度创新以跟上经济发展的步伐。

改革开放以来,我国各类农民经济组织应运而生,其基础就是相关制度的演进和转型。按照相关法律法规出台的情况以及农民与土地联结的紧密程度,我国农民合作经济组织的发展主要分为三个阶段,每个阶段均有明显的制度支撑。

第一阶段:1978—1993年。我国开始实行农村家庭联产承包责任制。在1985年取消统购、派购制度前后,农民生产经营的自主权都很小,合作经济组织的发展一直处于初期阶段。1984年,《中共中央关于一九八四年农村工作的通知》提出发展合作经济组织,"为了完善统一经营和分散经营相结合的体制,一般应设置以土地公有为基础的地区性合作经济组织。这种组织,可以叫农业合作社、经济联合社或群众选定的其他名称;可以村(大队或联队)为范围设置,也可以生产队为单位设置;可以同村民委员会分立,也可以一套班子两块牌子。……农民还可不受地区限制,自愿参加或组成不同形式、不同规模的各种专业合作经济组织。"这一政策极大地促进了后来各具特色的农民合作经济组织的大发展。文件中提到的"专业合作经济组织"就是后来发展起来的农民专业合作社,而"地区性合作经济组织"则主要发展成为农村社区股份合作社。

第二阶段:1994—2006年。1993年11月,中共中央、国务院发布《关于当前农业和农村经济发展的若干政策措施》。该文件提出:为了稳定土地承包关系,鼓励农民增加投入,提高土地生产率,在原定的耕地承包期到期之后,再延长三十年不变,并且提倡在承包期内实行"增人不增地、减人不减地",大大提升了农民进行生产投入的积极性。1998年,在"总量平衡,丰年有余"的农业经济形势下,农民们开始更加主动、自觉地联合起来,建立各种"新型农村合作经济组织"以应对市场风险。部分合作经济组织开始从事农产品加工业,不断延长产业链。"农民专业合作社"也在这一阶段开始出现。进入21世纪,农民专业合作社在农业生产中的作用越来越大,出台相关法律法规的呼声越来越高。2006年10月31日,第十届全国人民代表大会常务委员会第二十四次会议通过了《中华人民共和国农民专业合作社法》(下文简称《农民专业合作社法》)。

第三阶段:2007年至今。《农民专业合作社法》于2007年7月1日开始实施,由此,农民合作社有了作为市场主体的合法身份,能够与其他类型的经济实体进行交易。更为重要的是,《中华人民共和国物权法》(下文简称《物权法》)于2007年10月1日起施行,土地承包权由一直以来的债权转化为农民的财产权,这对促进合作社发展起到了关键性作用。2008年10月,《中共中央关于推进农村改革发展若干重大问题的决定》进一步提出:赋予农民更加充分而有保障的土地承包经营权,现有土地承包关系要保持稳定并长久不变。在这一政策背景下,土地流转比例大幅度提高,各类农民专业合作社迅速发展。2007年底,全国范围内在工商系统登记的农民专业合作社有2.64万家,①而到2017年7月底,全国范围内在工商系统登记的农民专业合作社升至193.3万家,年均增长60%;全国入社农户实际超过1亿户,约占农户总数的46.8%,入社农户的收入比未入社农户高20%以上。

回顾改革开放40多年的历程,可以看出,农民合作经济组织是中国农民继家庭联产承包制之后的又一伟大创造,是国家提供相关制度安排、帮助农民适应商品经济、市场经济的产物。中国农民在创造合作组织形式时,并没有现成的样板可以参照,但其基本内核却接近于国际公认的标准合作社,堪称世界合作社史上的一个奇迹(孔祥智,2018)。当前的中国农业处于改革和发展转型的关键时期,未来必须持续推进制度改革才能促进农业农村经济持续健康发展。

3. 组织与制度的协调是组织能力成长与制度能力成长耦合促进农业经济发展方式转变的关键

制度指人际交往中的规则及社会组织的结构和机制。Hodgson(1988)认为,制度是一种社会组织,这种组织是通过传统、习惯或法律约

---

① 孙中华,陶怀颖,魏百刚主编.农业部农村经济体制与经营管理司、农业部农村合作经济经营管理总站、农业部管理干部学院编著.中国农民专业合作社会发展报告(2006—2010)[M].中国农业出版社,2011.

第二章　创新驱动视角下农业经济发展方式转变能力成长之新说

束的作用力创造出来的。也有学者指出,制度和组织对经济发展具有重要的协调和激励作用。

我国的农业现代化是制度变革与组织创新不断协调推进的过程。中华人民共和国成立以来,在由传统农业向现代农业转变的过程中,我国农业一直面临着城乡二元结构、土地产权等诸多制度性约束。我国农业现代化所经历的农村土地制度改革、家庭联产承包责任制、农地"三权分置"等制度变迁的历程,实质是农业制度不断扬弃变革的过程。在此过程中,组织不断创新,从农民互助组、人民公社逐步变革、发展到现阶段的各类农民专业合作组织。这些组织对于解放农村生产力、促进农业产业化均发挥了重要作用。当下,在实现现代农业要求的规模化、组织化、集约化、社会化生产的过程中,仍需要从制度层面深化改革,在坚持农村基本经营制度基础上,通过完善土地制度、强化社会化服务体系等有力举措,建立起与农业现代化相适应的新型农业生产经营组织体系(赵永平,2013)。

第三章 发达国家农业经济发展方式转变能力成长模式演进、机理分析及发展启示

第一节 发达国家农业经济发展方式转变能力成长的态势

受全球农业可持续发展目标的推动,信息科技及生物科技带动一些绿色环保的新兴农业业态在发达国家率先起步并逐步进入高增长期。在此过程中,全球范围内出现的行业组织并购以及各国出台的相关制度、政策、法规等给世界农业经济发展方式的深层次转变带来了机遇,也带来了挑战。

一、农业科技创新能力强,发达国家引领发展方式深层次转变

(一)信息科技催生智慧农业等新业态,农业生产力大幅提升

在农业资源瓶颈约束日益增强的背景下,世界各国,尤其是发达国家都积极开展农业信息技术革命,农业新业态不断涌现,如"精准农业""智慧农业"等。这些新业态的共同特征是农业生产力大幅度提升,农业经济发展方式实现了深层次转变。

"精准农业"又称"精细农作"或"精确农业",发源于美国。"精准农业"是美国等发达国家在20世纪80年代末继低投入可持续农业(LISA)后,结合信息化社会带来的新机遇而发展起来的农业新业态,是一种将信息技术与农业生产高度结合的新型农业(张记彪,2014)。"精准农业"是专门用于大田作物种植的高科技农业应用系统。"精准农业"由10个系统组成,即全球定位系统、农田信息采集系统、农田地理信息系统、农田遥感监测系统、智能化农机具系统、农业专家系统、系统集成、环境监测系

第三章 发达国家农业经济发展方式转变能力成长模式演进……

统、网络化管理系统和培训系统。这一精准系统根据空间变异,定时、定位、定量地实施一整套农业现代化的操作技术与管理。"精准农业"强调在查清田块内部的土壤性状及生产力空间变异的基础上,根据农作物的生产目标,进行系统诊断、技术组装、优化配方和科学管理,调动土壤生产力,以最节省的投入达到同等收入或更高的收入,高效利用农业资源,同时改善农业生态环境,取得经济、环境和社会三重效益。"精准农业"注重经济效益,而非过分强调高产;"精确农业"旨在建立一个完善的农田地理信息系统(GIS)(贺立源,2013)。

"智慧农业"充分应用现代信息技术成果,集成应用计算机与网络技术、物联网技术、3S技术、无线通信技术、音视频技术及专家智慧与知识,实现农业可视化远程诊断、灾变预警、远程控制等智能管理。从广义上讲,"智慧农业"还包括农业电子商务、农业休闲旅游、农业信息服务、食品溯源防伪等方面的内容。"智慧农业"是农业生产的高级阶段,依托安置在农业生产现场的各类传感节点(土壤水分、二氧化碳、环境温湿度、图像等)和无线通信网络来实现对农业生产环境的智能感知、智能分析、智能决策、智能预警、专家在线指导等,为农业生产提供精准化种植、可视化管理以及智能化决策。"智慧农业"通过更透彻的农业信息感知、更广泛的互联互通、更集中的数据资源,实现了更深入的智能控制和更贴心的农业服务。

"精准农业"与"智慧农业"通过将现代信息技术与现代种植技术、生物科技等高新技术紧密融合,大幅提高了农业系统生产力与转化率。就"精准农业"而言,其内涵实质是一种以信息为基础的农业管理系统。但就"智慧农业"而言,其内涵更为丰富,主要体现在六个方面,即农业思想认识的智慧化、农业生产技术的智能化、农业生产运行的系统化、农业产品质量的优质化、农业发展环境的审美化以及农业发展资源的持续化。①

发达国家的"精准农业"与"智慧农业"发展迅速,引领世界农业经济发展方式深层次转变。发展"精准农业"与"智慧农业",有助于推动农业产业链改造升级,实现农业绿色化、高效化与精细化,保障农产品安全,提升农业产业竞争力,促进农业可持续发展。美国的"精准农业"与"智慧农

---

① 前瞻产业研究院. 智慧农业与精准农业[EB/OL]. [2017-06-09]. https://f.qianzhan.com/xiandainongye/detail/170608-c730b5b2.html.

业"技术成熟,拥有完善的现代农业管理系统。美国约有220万个农场,每个农场平均面积约170公顷。这些家庭农场广泛发展"精准农业"与"智慧农业",不仅使得美国农业生产高效,满足国内需求,而且使得美国成为全球领先的农产品出口大国。"精准农业"与"智慧农业"要求美国农民成为多面手,不仅是农学家、气象学家,而且还要了解高科技、金融对冲交易、保险等知识。对于广大发展中国家而言,需要把握"精准农业"与"智慧农业"等农业现代化发展的新趋势,从培育社会共识、规划引领方向、突破关键技术等方面入手,促进本国"精准农业"与"智慧农业"的发展。

(二)生物科技推动农业生物制品成为新的经济增长点,安全、环保成为农业经济发展方式转变的重要取向

因契合安全、环保的现实需求,生物农药发展迅速。2016年以来,全球农业投入品行业步入小幅下滑及低速增长期。MarketsandMarkets报告的数据显示,在传统的植保及肥料领域,其复合年增长率在2021年前保持低位运行,但新兴的生物农药有望进入高速发展期(如图3-1所示)。

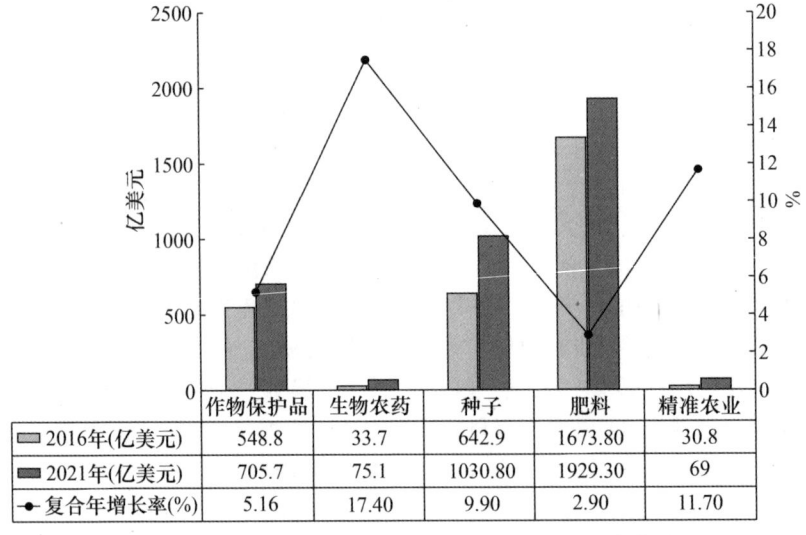

图3-1 全球植保及相关部门对2016—2021年市场走势的预测
资料来源:MarketsandMarkets官网。

第三章 发达国家农业经济发展方式转变能力成长模式演进……

图 3-1 显示,当时的预测中,2016—2021 年全球作物保护品的年均复合增长率有望达到 5.15%,至 2021 年市值有望达到 705.7 亿美元;并且生物农药可望成为增长最快的一类产品。全球的种子、肥料、精准农业将保持不同程度的增长。其中,肥料行业的增长主要来自新型特种肥料,因其具有抗旱、抗逆、抗病等特殊功能,同时符合生态、绿色、环境友好等行业发展的大方向,而获得市场认可。

全球有机农业迅速发展,农业生物制品有望成为农资行业新的经济增长点。在生物科技的支持下,生物农药达到了安全、环保、低残留的标准,生物肥料满足了植物和土壤对于环境友好型解决方案的需求,生物刺激素因其独特的植物作用机理更加安全高效。上述各类农业生物制品,因同时满足了消费者对于健康安全农产品的强烈需求、种植者获取更高产量的需求以及政府监管部门的环境保护需求,而成为农资领域的快速增长点。MarketsandMarkets 数据显示,美国是全球最大的生物农药市场,欧洲是全球生物农药增长最快的市场(增长率高达 15%)。根据 IHS Markit 的预计,全球生物农药行业市场规模在 2021—2026 年间将以 10% 左右的年复合增长率增长,全球生物农药行业市场规模 2026 年约达 88 亿美元(见图 3-2)。

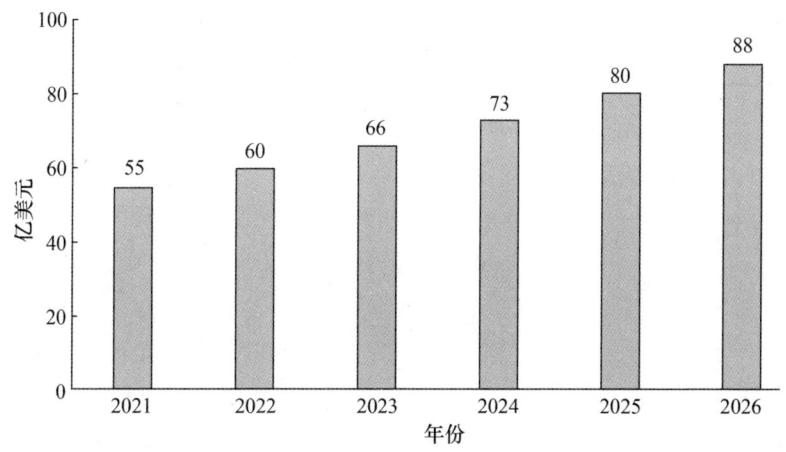

图 3-2 2021—2026 全球生物农药行业市场前景预测

资料来源:HIS Markit,前瞻产业研究院。

二、农业组织垄断能力强,发达国家影响发展方式的转变方向

发达国家的一些农业组织已发展成为巨型的农业跨国公司,在农业种业及生产、农业贸易等方面占据垄断地位,推动世界农业日益集中化。

(一)农业跨国公司掌控农业源头,全球种业日益集中

自20世纪90年代以来,世界种业经历了三次并购浪潮,种业日益成为农业跨国公司竞相角逐的重点领域。

第一次浪潮发生于1997—2000年,第二次浪潮发生于2004—2008年,第三次浪潮发生于2015—2018年。孟山都公司在前两次并购浪潮中确立了世界第一的地位。在第三次浪潮中,中国化工集团于2017年6月收购先正达公司,陶氏益农公司与杜邦公司于2017年8月完成合并,拜耳集团于2018年6月成功收购孟山都公司。世界种业因此形成了以农化集团为基础,以拜耳、陶氏杜邦、中国化工+先正达、利马格兰为首的四大集团。拜耳集团收购孟山都公司、杜邦公司与陶氏益农公司合并,对于世界种子市场具有重大影响。全球种子行业出现明显的双寡头垄断模式,特别是在转基因性状领域,大体处于完全垄断的局面。种业大国由此前的美国、瑞士、法国、德国转变为现今的德国、美国、中国、法国。其中,德国已发展成为世界种业的绝对强国,中国跻身世界种业前列(见表3-1)。

表3-1 全球种业的主要竞争格局

公司	市场份额	所在国家
孟山都+拜耳	20%+2%	德国
杜邦+陶氏益农	15%+3%	美国
先正达	6%	中国
利马格兰	3%	法国
蓝多湖	3%	美国
KWS	3%	德国
日本坂田	1%	日本
丹麦DLS	1%	丹麦
其他	43%	

资料来源:ISF(International Seed Federation)(2017年)。转引自:世界种业格局变了[EB/OL].[2018-06-12].https://www.sohu.com/a/235382937_758692。

第三章　发达国家农业经济发展方式转变能力成长模式演进……

（二）农业跨国公司控制农业生产，涉农对外直接投资日益向上游转移

《2009年世界投资报告》的数据显示，全球FDI发展的重大趋势是农业生产成为跨国公司的重点参与领域。该报告指出，发达国家的跨国公司成为越来越多国家农业外资的主要来源。这些跨国公司在农业产业链中的供应、加工、运输、销售等关键环节均居于主导地位。它们已通过一种新的非股权投资方式——"订单农业"进入110多个中等发达国家和发展中国家的农业体系，如巴西的家禽和大豆产业、肯尼亚的糖和棉花等产业。大多数的跨国公司选择转型经济体和发展中经济体的经济作物作为投资目标，进行区域专门化生产，如在中美洲投资水果和甘蔗生产，在南美洲投资甘蔗、水果、水稻、小麦、黄豆和肉禽生产，在南亚投资水稻和小麦生产，在非洲投资油料作物和小麦生产等。其中，油籽和甘蔗等生物燃料作物项目已成为跨国公司的投资热点。

2020年农业科技研究与投资机构AgFunder发布的2019年《农业与食品科技投资报告》的数据显示，全球农业与食品科技初创公司2019年的融资总额达到198亿美元（见图3-3）。AgFunder将农业与食品科技行业划分为上游和下游两大部门。其中，上游部门包含农场管理软件、农业生物技术、生物能源与生物材料、农场机器人与设备、在线农业市场、新型农业、创新食品、中游技术（物流与交通、食品安全与追溯技术等）等领域；下游部门包含在线餐饮配送、生鲜配送、餐饮科技等领域。该报告的数据显示，上游部门初创公司2019年的投资额达到76亿美元，创近年来新高，这主要源于替代蛋白产品及垂直农业领域的推动。其中，垂直农业与昆虫农场创业公司的融资有效推动新型农业领域融资额较上年增长了38%。2019年7月，美国垂直农场开发商Aerofarms获得1亿美元融资，现已成为垂直农业领域的领导者，也是全球最大的垂直农场；2019年6月，德国小型模块化垂直农场开发商InFarm获得1亿美元B轮融资，其目标是到2022年进驻1万家超市，为3.5亿人服务；2019年，替代蛋白领域的投资比上年同期翻了一番，达到10亿美元。

总体来看，全球农业上游部门投资的增长速度在2019年首次超过了

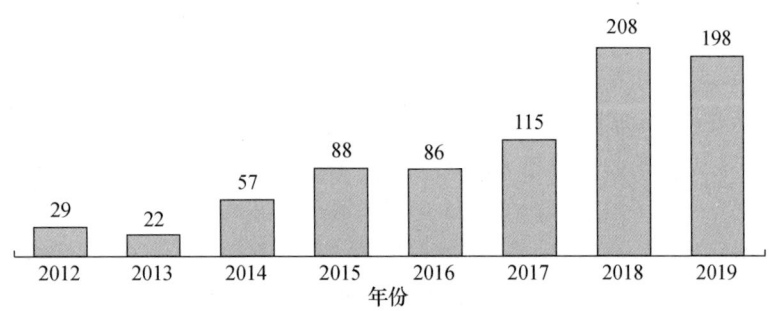

图 3-3　全球农业与食品科技投资趋势(亿美元)
资料来源:AgFunder.

面向消费者的下游部门(见图 3-4)。这表明在全球农业行业,越来越多的资金开始从资金扎堆、竞争日趋激烈的热门领域转向相对冷门、技术含量更高的上游领域。①

(三)农业跨国公司控制农产品贸易,全球农业贸易日益集中

多年来,世界粮食交易量的 80% 被垄断性地控制在国际四大粮商手中。这四大粮商是指美国的 ADM、邦吉(Bunge)、嘉吉(Cargill)和法国的路易·达孚(Louis Dreyfus)四大跨国公司,据其英文名称的首字母,简称为"ABCD"。这四大粮商均有百年以上发展史,在国际粮食市场拥有定价权,被称为国际粮食市场的"幕后之手"。其中,ADM 是美国最大的农业公司,是全球最大的玉米、小麦、油籽的加工企业之一。2017 年,ADM 营收 53.3 亿美元,如果不按一般公认会计原则(GAAP)来计算,财年净利润为 1.79 亿美元。邦吉是美国第二大大豆产品出口商、第三大大豆出口商、第三大谷物出口商,世界最大油料作物加工商,2017 年全年盈利 1.6 亿美元。嘉吉是美国最大的玉米饲料制造商、美国最大的养猪和禽类养殖场、美国第三大面粉加工企业。嘉吉拥有全美最多的粮仓,粮食输出和交易业务居世界第一。公司业务横跨五大洲的 66 个国家,2017 财年调整后的营业收入为 30.4 亿美元。路易·达孚是世界第三、法国第一的粮食

---

① 资本正在向上游转移:2019 全球农业与食品科技投资的新风向[EB/OL].[2020-03-07]. http://news.hexun.com/2020-03-07/200535247.html.

第三章 发达国家农业经济发展方式转变能力成长模式演进……

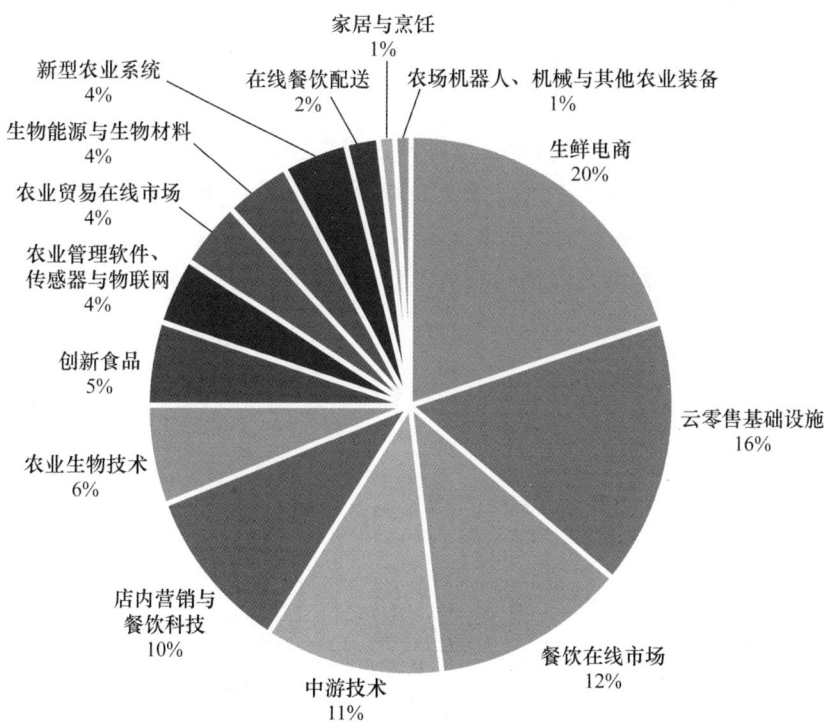

图 3-4　全球农业与食品科技投资细分领域分布
资料来源：AgFunder。

输出商。路易·达孚在世界范围内从事油料、油脂、谷物、饲料、大米、咖啡、棉花、肉食、食糖等多种贸易，其 2017 年度净收入为 3.17 亿美元。[①]

这些国际巨头凭借资本、技术及产业链经营的优势，已形成对上游原料、期货，中游生产、加工、品牌以及下游市场渠道、运输渠道及供应的绝对控制权。它们实现了从种子、化肥、饲料这些初始环节，直到产、供、销"一条龙"经营的所有环节的覆盖，在国际粮食市场的每一个层面都占据绝对优势。近年来，在全球前十大谷物出口国中国际四大粮商占据主导

---

① 2017 年世界四大粮商 ABCD 的业绩之最[EB/OL].[2018-04-04]. https://www.163.com/dy/article/DEI4OVIE0514817Q.html.

地位的有九个。国际四大粮商充分利用各自在农产品领域的完整产业链条,并发挥资本及技术优势使该国原有的粮食体系变为四大粮商产业链条上的一个环节。①

2021年,受新冠疫情影响,国际四大粮商垄断的格局被打破,业内竞争更为激烈。在全球供应链中断的情况下,全球食品价格指数连续12个月超常上涨,使得国际国内的涉农公司创下不菲业绩。其中,中粮集团以76855.6百万美元的营收排在第112位,较2020年上升24名,位列国际粮商之首(见图3-5)。②

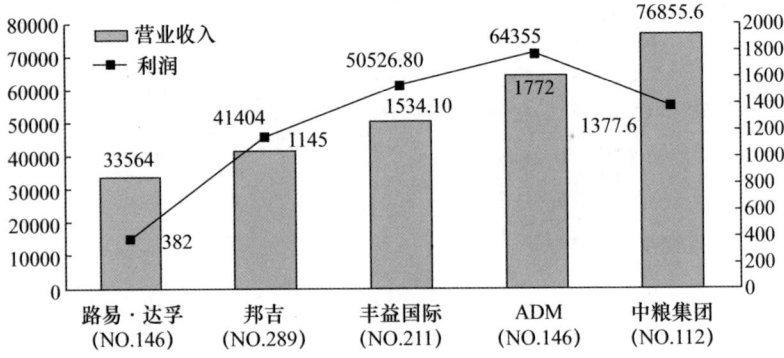

图3-5 国际大粮商营收和利润比较(百万美元)
资料来源:《财富》,中华粮网。

中粮集团,作为中国农业"走出去"的"领头羊",不断追求粮食定价权。中粮集团的海外业务现已覆盖140多个国家和地区。2020年,中粮集团逆势创新高,营收超5000亿元,远高于其他国际粮商;其利润总额超200亿元,仅次于国际四大粮商中的ADM。中粮集团旗下有十多个板块,涉及粮、油、糖、棉等核心主业。其中,农粮板块的净利润贡献超过50%。中粮集团的崛起,使其对玉米、小麦、大豆等粮食资源拥有了一定的全球

---

① 西方四大粮商巨头垄断中国粮食市场[EB/OL].[2019-07-25]. https://www.sohu.com/a/329367241_425345.
② 四大粮商全球垄断格局正被打破[EB/OL].[2021-08-16]. https://www.sohu.com/a/483640578_121011450.

配置能力,在国际粮油及农产品市场中掌握了一定的话语权,但四大粮商仍然控制着全球70%的粮食市场。①

上述三大方面即全球作物种业、农业生产、农业贸易日益集中化,直接影响世界各国在全球农业产业链上的定位,进而决定各国农业经济发展方式转变的方向。

三、农业制度规范能力强,发达国家影响发展方式的转变路径

就发达国家而言,以法律法规为基础的制度在过去和现在都对农业经济发展方式的选择产生了重要影响,并将继续影响未来农业经济发展的路径。法律是指一个国家用来规范国家各方面管理的政策。制度通过运用各种法律规范来调整社会关系。制度是在法律法规基础上建立起来的。因此,许多国家往往更强调法律和制度的有机结合。

作为全球最发达的经济体之一,欧盟的"植保法规"及监管颇为严格,在全球具有引领作用。欧盟出台的任何政策法规,均有可能成为全球农化行业发生变化的风向标。例如,2016年欧盟对于内分泌干扰物新标准的制定、草甘膦的续展登记问题,以及对新烟碱的复审,均对全球其他国家相关产品的政策制定产生了一定程度的影响。继欧盟之后,美国环保署宣布重新评估草甘膦的致癌风险,②加拿大卫生部提议淘汰新烟碱类杀虫剂吡虫啉的所有农业用途和大多数室外用途;亚太及南美地区同样受到影响,一些具有高风险的老产品不得不逐渐退出农业应用领域。继2013年禁止使用吡虫啉、噻虫胺和噻虫嗪用于由蜜蜂授粉的作物后,2018年,欧盟出台禁止其所有室外用途的规定。作为第四代杀虫剂,新烟碱类杀虫剂自1991年上市以来迅速发展成为全球第一大类杀虫剂。欧盟成员国的这项新限制直接冲击了新烟碱类杀虫剂市场,且2018年的新规定

---

① 四大粮商全球垄断格局正被打破[EB/OL].[2021-08-16]. https://www.sohu.com/a/483640578_121011450.

② 2017年12月18日,美国环保署发布公告重申草甘膦不对人类致癌。美国环保署运用来自动物致癌性、遗传毒性以及流行病学研究的数据,评估认为不正当使用草甘膦对陆地和水生植物、鸟类和哺乳动物有潜在影响,若按照农药标签的要求正当使用,草甘膦不对人类健康产生风险。(资料来源:美国环保署重申"草甘膦不致癌"[EB/OL].[2018-01-05]. http://www.moa.gov.cn/ztzl/zjyqwgz/sjzx/201801/t20180105_6134130.htm)

比2013年付诸实施的相关限制更加严格,是对吡虫啉、噻虫胺、噻虫嗪这三种新烟碱类杀虫剂的全面禁用。这一规定带动世界多国在不同程度上限制新烟碱类杀虫剂的使用及推广。

发达国家的制度及政策法规因国情而异,直接影响着各国农业经济发展方式的具体实施路径。以转基因技术为例,近年来全球关于转基因的争议愈加激烈。各国在转基因作物种植及种子推广方面分歧较大,在相关制度及政策法规方面也存在较大差异。2016年7月,美国宣布就转基因食品标签立法,美国现已成为全球最成熟的转基因种植国家;而欧盟内部关于转基因技术的分歧较大,各国在转基因种植上存在不确定性。2015年初,欧洲议会全体会议通过一项法令,允许欧盟成员国据各自情况选择批准、禁止或限制在本国种植转基因作物。相应地,发展中国家在制度及法律法规方面也对转基因发展作出了不同的规定。印度、巴西等国在国家政策的推动下,正在加速推进转基因作物的商业化;我国在"十三五"期间大力推进抗虫玉米的产业化;2016年3月,菲律宾批准新转基因生物法规;2016年6月,坦桑尼亚拟批准转基因作物。上述制度及法规直接决定了转基因作物在各国的发展状况。

第二节　发达国家农业经济发展方式转变能力成长模式演进

一、美国"智慧农业":基于领先世界的技术能力成长

(一)智慧管理衍生出"智慧农业"

智慧管理是大数据时代的产物。20世纪80年代以来,人类社会逐渐进入网络化时代,并在智能传感网、云计算、物联网等新技术的推动下走向大数据时代。这要求人类进一步革新与自然之间的信息沟通方式,将传统的"从数据到信息再到知识和智慧"的思维路径转变为"从数据直接到价值"。2008年,美国IBM公司率先提出"智慧地球"概念,强调通过把传感器嵌入各领域的仪器设备中来构建全面感知的"物联网",从而对生

第三章　发达国家农业经济发展方式转变能力成长模式演进……

产生活进行精确、动态的智慧管理。

智慧管理具有三方面的典型特征。一是可视化显示与操作。相对于传统管理而言,智慧管理最显著的特征在于信息呈现的可视化。在传统管理过程中,信息通常以普通文本或超链接文档的形式呈现,但在智慧管理平台中,管理者可以通过视频窗口监管生产系统的运行状况。管理者在可视化的信息管理系统中设置多层次搜索策略,利用视频、图表、三维立体场景,从不同分类情况入手查询所需信息,能够更直观地看到数据及其结构关系,并将数据的各个属性值以多维数据的形式表达出来,在深入分析的基础上帮助管理者更准确、更快速地作出决策,使管理工作更加轻松高效。二是智能诊断与自动调节。智能诊断是通过数据挖掘与分析系统,对生产实体当前状况中所存在的显性或潜在的优势及劣势、机遇和挑战作出系统的调查,进行科学的判断,并及时有效地解决生产过程中存在的问题。自动调节是指通过感知车间、会议室、库房等物理环境,动态调节温度、湿度、光线、声音等环境指标,对各种异常状态或故障及时作出预防和诊断,并准确地消除,从而提高设备运行的有效性、可靠性和安全性。三是大数据采集与科学决策。"管理就是决策",这是美国管理学家赫伯特·西蒙(Herbert Simon)指出的管理真谛。传统管理者通常依据自身的经验进行决策,缺乏科学的数据支持。在智慧管理过程中,管理者尽可能多地收集与生产业务相关的信息(如生产者绩效、员工出勤率、客户反馈、资源分布、政策、人才供求、市场动态等),并利用大数据技术对信息进行处理和分析,从中挖掘具有倾向性和规律性的有用信息,并结合智能诊断结果,智慧调度生产资源、调整生产结构布局、分配研发经费,推动生产业务有效、持续、和谐地发展。

智慧管理衍生出"智慧农业"。"智慧农业"在以美国为代表的发达国家率先起步,推动世界农业向智能化、精准化、定制化的3.0时代迈进。"智慧农业"由此成为继"电脑农业""数字农业""精确农业"之后以信息化带动传统农业向现代农业转型升级的第四个阶段。"智慧农业"的突出优势在于拥有由"物联网感知层—物联网传输层—物联网应用层"三个基本模块构成的物联网体系。农业专家智能系统、农业生产物联控制系统和有机农产品安全溯源系统是"智慧农业"实现低碳节能、高效高产、绿色生态等多重目标的重要依托。

(二)美国"智慧农业"领先世界

美国"智慧农业"是从消费互联网时代进入产业互联网时代的直接产物,同时也是美国农业产业高水平可持续发展的现实需求。20世纪80年代,美国率先提出并发展"精确农业",为"智慧农业"奠定了基础。GHI董事会主席及约翰迪尔智能解决方案集团副总裁 Cory Reed 在《2015年全球农业生产力报告》发布时指出,通过将"精确农业"与种子、肥料和生物农业技术相结合,我们有能力实现农业智能化,这意味着在保护自然资源的前提下,能够显著提高生产力。2017年,美国农业产值1734亿美元。这主要得益于"精确农业"技术带来的生产效率提升以及规模经济的再发展。现阶段,物联网技术在美国大型农场使用比率高达80%,中西部地区在玉米、大豆、甜菜种植方面广泛应用物联网技术。伴随"智慧农业"技术水平的不断提升,美国生产成本中种子、机械投入占比不断增加,而人工成本及资本费用占比不断下滑,加之亩产水平较高,美国农产品在世界市场的竞争力进一步增强。2015—2016年,美国大豆、粗粮等主要传统农产品出口总量达到1.3亿吨,占世界出口总量的25.7%。虽然美国存在长期巨额贸易逆差,但其农产品贸易自2000年以来每年均实现了贸易顺差。美国现有220万个农场,物联网科技赋予美国农业产业链"智慧型"特征,促进其农业机械及生产、管理、流通等各环节出现全新的变化。

1."智慧型"的农民及农机

美国农业机械化水平最高,现已进入全面机械化和智能化阶段。美国的农机械设备种类多、配套全,如各种沟灌、喷灌、滴灌设备以及拖拉机、深松机械、整地机械、播种机械、植保机械、收割机等,基本实现了从耕地、播种、浇灌、施肥、喷药到收割、脱粒、加工、精选、烘干、运输、贮存等全过程的机械化。畜产品、林产品及海产品的生产加工也实现了机械化。伴随信息科技的进步,农业机械日益精确化、智能化。约翰迪尔公司、凯斯万国公司等跨国农机商生产的机械性能先进,标准化、系列化、智能化程度高。尤其是约翰迪尔公司,作为具有100多年历史的世界著名农机生产商,15年前就已经开始研制和销售自动驾驶拖拉机。该类型拖拉机配有传感器、GPS和卫星导航系统,可以绘制农田地图、收集田间实时数据并上传到服务器,使农作物收割更精确。2015年是无人机在美国农业领域应用的元年,主要是搭载光学相机或传感器的多旋翼无人机对农田进行信息采集和监管,一经生产便有16%农户采用。现在,无人机正被越来越多的农场采用。通过运用"智慧型"农机,美国每个农业劳动力平均可耕地450英亩、生产谷物10万千克以上,可以饲养5000头牛、6—7万只鸡,生产肉类1万千克左右,养活98个美国人和34个外国人,单位劳动力创造的生产价值远远高于其他国家。

美国农业从业者受教育程度高。70%以上的农民接受过农业职业技术教育和技能培训。马里兰州的农业劳动者中80%是农业高中毕业生,12%是专科生,8%是本科生(李宗智,1990)。

2. "智慧型"的农业生产管理及发达的农业生产力

美国的农业生产力及出口能力强大。美国农作物单位面积产量现居世界前列。2014年,美国平均粮食产量达到7637.4千克/公顷,位列世界第一;①2017年,美国500万农民生产粮食接近5亿吨,进一步凸显其发达的农业生产力水平;同年,美国农产品出口额创下历史新高,贸易顺差达到213亿美元,控制了全球1/4的粮食出口贸易市场份额;2019年,美国粮食产量约占世界总产量的1/5,小麦、玉米、大豆的产量均居世界前三。美国作为世界上第一大农作物产品出口国,小麦、玉米、大豆的出口量分别占世界总出口量的32.1%、64.5%、39.4%。此外,美国其他农作物的产能及出口在国际市场上也有较强竞争优势。例如,大米产量居世界第十二位,占世界总产量的1.5%,其出口占世界总出口量的9.7%;棉花产量居世界第三位,占世界总产量的17.7%,其出口占世界总出口量的34.9%。2021年,美国农产品对外出口达到1770亿美元,同比增长18%,创造了新的历史纪录(超过了2014年创下的14.6%的历史纪录)。

---

① 2016年美国农产品行业市场现状及发展趋势分析[EB/OL].[2016-11-01]. https://www.chyxx.com/industry/201611/462740.html.

美国发达的农业生产能力及强大的农产品出口能力源自其"智慧型"的农业生产及管理。一是现阶段美国"智慧农业"的生产端已实现农产品全生命周期和全生产流程的数据共享及智能决策,较好地实现了投入最小化及产出最大化。美国各农场普遍使用红外成像系统配合卫星观察农作物的长势,配合生物量地图系统及时判断作物是否缺少营养素,将数据传给化肥供应商,直接获得当下最适合作物生长的肥料配方,从而通过变量技术动态调节水、肥等生产要素投入量。二是美国农场积极采用智能型、个性化解决方案。以 Cropx 与 FarmLogs 为例,这是两家分别能够提供智能化生产及智能化管理解决方案的代表性企业。Cropx 研发的播种和施肥设备与 GPS 相连,可避免重叠播种及二次施肥;Crop 的气象与病虫害监测预警系统能够准确反映农作物病虫害、畜禽疾病等信息;Crop 的无线传感器网络能够收集土壤、空气及其他环境要素数据,对不同地块进行精细化自适应喷药,使农药使用量最小化。大型农场在普遍采用上述"智慧型"系统的同时,还使用产量监控器,并辅之以耕种区域地图、作物种类信息等,在收获前形成产量报告,对作物合理定价。Farmlogs 作为基于云平台的生产管理平台类公司,能够通过云端分析为作物种植提供智能预测,为农场提供高精度决策支持,规避生产风险。三是美国小型农场的发展趋向是"植物工厂"。"植物工厂"是一种能够体现农业最先进水平的封闭型生产体系。它应用人工补充光照,采用物联网进行远程控制与诊断,使用机器人移栽作业,因而劳动生产率和产品产出率颇高。在美国家庭农场中,小型农场占比高达 88%。伴随物联网科技的进步,作为"植物工厂"的小型农场发展空间日益广阔。①

3."智慧型"的农业流通

美国一直是世界农业电子商务的"领头羊",其农业流通模式不断升级,脉络十分清晰:20 世纪 80 年代,美国农业尝试电子数据交换(EDI);90 年代,农业电子商务(以下简称"电商")发展迅速;2007 年,大、中、小型农场接入互联网的比例分别达到 85%、75%、64.3%,农业电商进入成熟

---

① 刘丽伟.美国"智慧农业"带动农业产业链实现全新变革[EB/OL].[2021-09-18]. https://zqcn.com.cn/234/5222.html.

阶段,农产品电商的国内生产总值贡献率超过50%,农产品电商及农资电商通过B2B及B2C模式构建了从生产者到需求者的网上直销渠道,从根本上颠覆了传统的农业流通体系。2011年,美国农产品在线销售平台引入了"私人定制"新思维,积极打造"食物社区",通过个性化、差异化生产满足具有特别偏好的消费者的需求。以Farmigo网站为例,它为每一个"食物社区"制作专门的购物网页,农场主通过它管理农产品的产销及配送,消费者则通过它直接从农场购买新鲜农产品。2013年,美国农场的计算机接入率接近99.9%,使用数字用户专线(DSL)的比例达到76.0%,信息化水平达到89.6%,各项指标世界领先,农业电商进入高级阶段;2015年,美国农业电子商务进一步国际化。许多大宗农产品的交易都通过电子期货平台达成远期合约并进行交易,美国ADM、邦吉、嘉吉三大国际粮商利用电子商务平台在全球市场进行贸易,从信息流到物流、再到资金流的农产品电商体系进一步完善。2016年,美国农产品电商实现了精细化水平的进一步提升;2018年以来,美国农业电商规模继续保持两位数增长,农业经营网络覆盖全球。

总之,美国强大的农业技术能力成长不仅革新了农业劳动资料、实现了农业资源的高效利用、拓展了农业流通营销领域,而且大大提高了农业劳动者素质及其生产管理水平。美国"智慧农业"在更高实践层次上诠释了技术能力成长对于实现农业经济发展方式深层次转变的重要价值和意义。

二、丹麦的"产业链农业":基于全球标杆式的组织能力成长

(一)丹麦农业之强,源自"产业链农业"

丹麦是举世公认的农业问题解决得最好的国家之一。根据相关资料多年来,丹麦人均GDP排名均在世界前六名。自2006年以来,丹麦人均GDP一直在5万美元以上。其中,2017年,丹麦人均GDP为57610美元,世界排名第四;2020年,丹麦人均GDP为61063美元,世界排名第六(见图3-6)。其中,农业贡献巨大。丹麦工程会的统计资料显示,丹麦全国耕作总面积占世界可耕地面积的0.18%,其农业劳动力数量占世界农

业劳动力总数的万分之一,但丹麦每年生产的农产品数量占全球食品市场总量的 3.1%,大量出口欧洲乃至世界各地,可足供 1500 万人口的食物需求。就丹麦 529 万国民人口而言,这意味丹麦农业能够养活相当于三个丹麦的人口。丹麦由此获得了"欧洲食橱"之美誉。就丹麦农业而言,还有一点不容忽视,即丹麦拥有高素质的农业劳动力。丹麦每年约有 2% 的青年进入农业领域。此前,这些青年需接受 10 年初等教育和 5 年农学院的培养。在丹麦,大于 30 公顷的农场只能由获得"绿色证书"的农民购买,"绿色证书"通常需要 5 年的学习时间方可获得。丹麦共有 25 所农业院校,每年约有 900 人能够在这些学校里获得"绿色证书"。

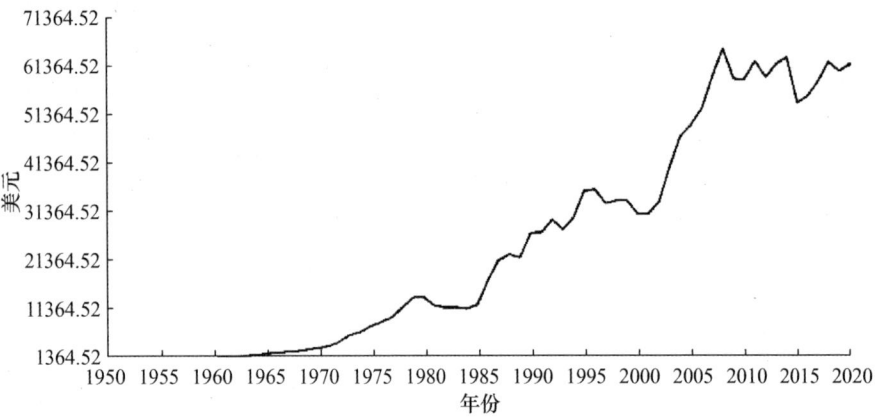

图 3-6　丹麦人均 GDP(美元计)走势图

资料来源:丹麦历年人均 GDP 数据[EB/OL].[2023-10-04]. https://www.kylc.com/stats/global/yearly_per_country/g_gdp_per_capita/dnk.html.

丹麦农业之强,不是来自单纯的农业种植和养殖,而是源自"产业链农业"。丹麦通过合作社型的专业公司,把农产品的初级生产、深加工、销售及售后服务有效地结合在一起,形成了一条龙式的农业产业链运营模式,从根本上突破了把农业限定在第一产业范畴内的狭隘概念,树立了"大农业"观念。丹麦有 2/3 的农产品是通过深加工、精加工后进入市场的,不仅使农产品大幅增值,而且通过延长农业产业链,在农业产业内部创造了大量就业机会,进一步促进了生产经营的集中化和规模化。合作社把分散经营的家庭农场整合在一起,并融入产业链,在优化配置生产要素的过程中,进行大规模分工和分业生产,强化加工、流通领域的社会化、专业化规模经营,最大限度地发挥规模效应和整体效应。此外,在产业链条内,合作社提供的服务内容也相应拓展,由技术与信息拓展到加工、储藏、运输、贸易、金融与保险等更广阔的领域。依托这样完善的农业社会化服务体系,社员降低了生产经营成本。更为重要的是,合作社连接了农产品的生产与销售,社员通过合作社以团体的力量应对激烈的市场竞争,通过议价的方式在一定程度上影响农产品市场价格,增强了社员的市场话语权,维护了社员的经济利益。

(二)丹麦拥有全球标杆式的农业合作社及农民行业组织

丹麦拥有全球标杆式的农业合作社及农民行业组织,这是丹麦"产业链农业"成功运营的关键所在。

1. 丹麦的农业合作社历史悠久,覆盖面广

早在19世纪末,丹麦就开始了农业合作化运动。1882年,丹麦成立了第一个农业合作社——奶业合作社;1884年,丹麦组建了第一家面包房合作社及第一个合作种牛俱乐部。经过100多年的发展,丹麦的农业合作社已发展成为专业化及国际化程度相当高的跨国集团,在丹麦经济中发挥着重要作用。几乎每个丹麦农民都是某个专业合作社的社员(股东)。据相关统计,现今,丹麦全国约有6.7万个农场,90%以上的农场都加入了一个或多个合作社,同时也不失其作为独立生产者的经济地位。

2. 丹麦的农业合作社经营管理体制成熟,作用大

农业合作社经营管理体制成熟。合作社实行一户一票制的民主管理办法,董事会和执行负责人均由股东选举产生,利润属于全体社员。这意味着供货商不会比普通农场主对合作社有更大的影响力。任何农户都有权在提交通知一定时间后退社。合作社按交易额进行利益分配。社员的收入按照其向合作社提供的农产品数量计算,合作社盈余部分则根据社员与合作社的交易额按比例分红(黄林、李康平,2017)。作为社员的农户,可以通过优惠的条件获得生产所需的良种、农药、化肥、农业机械等生

产资料。收获后,社员和合作社分别履行各自的责任,即社员交送全部农产品,合作社则接收社员的全部产品并进行集中加工,并按一定的商品品牌分级销售,从而有效规避了农业初级产品卖方和买方之间的矛盾。以乳业为例,Arla Foods 作为目前丹麦规模最大的乳制品生产企业及全球最大的有机乳制品生产商,其出口值占丹麦农产品出口总值的 1/5。该公司的奶源原料供应环节采用合作社的形式,其会员农户分布在丹麦、德国、瑞典等 7 个国家,共有 10000 余户。会员农户不仅向 Arla Foods 提供牛奶奶源,而且也是其股东(孙中华等,2012)。初级产品的买卖双方实现了利益的有效关联。

丹麦农业合作社作用巨大。据相关统计,丹麦农业合作社的产品一直占据较大的市场份额,如合作社的猪肉制品占市场总份额的 96%,黄油产品占 93%,牛奶产品占 91%,鸡蛋占 65%,蔬菜、水果占 60%。合作社最活跃、最有效的形式就是建立专属的专业公司。比如,丹麦皇冠集团(Danish Crown)——全球最大的生猪出口商,就是养猪农民合作社拥有的公司。此外,合作化企业近年来已深入保险、银行等多个服务领域,合作社的地位和作用不断提升和增强。

3. 丹麦的农业行业服务组织在农业生产中具有主导作用

丹麦有三大农民组织,即家庭农场主联合会、农场主联合会、合作企业联合会。它们组成农理会,代表农户与政府、议会以及其他产业协调关系,维护农户利益。值得一提的是,农场主联合会还负责在全国范围构建农业科技服务体系,不断推广最新的技术成果并应用到农业生产中。

丹麦的农业行业服务组织是丹麦农民政治权益和经济利益的代言人。最为典型的代表当属丹麦农业和食品委员会(DAFC)。DAFC 是丹麦历史最久、规模最大的农业服务组织,它拥有 Arla Foods 公司和丹麦皇冠集团等重要会员,并且按照区域划分成 30 个农业中心。DAFC 在丹麦的职员超过 1000 人,其目标是使农民获得最大利益回报。DAFC 不仅培育大量农业专家,为农民提供生产指导和咨询服务,而且还参与制定与农业相关的政策、法规以及农产品、食品的出口战略,为农民营造最优经济环境。DAFC 的一个重要职责是参与对外谈判,拓展农产品的国内外市场,在丹麦政府和议会中具有较大的影响力(焦翔、修文彦,2019)。

此外,丹麦还有乳业协会、农产品销售董事会、出口推广协会、养猪生产者和屠宰厂联合会等,这些组织全力为农业生产主体提供各种生产及销售服务,帮助农民规避市场营销等多种风险,使其专注于农业生产,确保获得较高的分工协作效率。

4. 丹麦农业产业链上的合作研究水平领先世界

信任与合作是丹麦农业发展的核心要素,这种独特的合作文化为农业创新打造了良好的环境。农业研究人员、公司、科研机构及大学间的研究合作是丹麦不断提升农业核心竞争力的源泉。技术熟练的农场主与大学里的酶学家开展的技术研究合作,常常把若干创意化为现实。

瓦赫宁根大学(其全称是瓦赫宁根大学及研究中心,Wageningen UR)是理论与实践相结合、注重实用性的典型代表。瓦赫宁根大学是荷兰农业方向实力最强的大学,同时也是欧洲生命科学及农业方向研究本领最过硬的大学之一。瓦赫宁根大学在生态学与环境科学方面的研究机构中排名世界第一,在农业学科方面的研究机构中排名世界第二,其研究成果除覆盖丹麦本土农业外,遍布世界多国农业领域。瓦赫宁根大学下属多个研究机构,直接服务社会。其中,农业经济研究所(LEI)涉及食品、农业以及自然环境等领域,致力于为政府或企业开发经济知识与技能,以帮助其作出策略方面及社会方面均为合理的政策选择;奥泰拉—绿色世界研究所(ALTERRA)在自然、自然资源的可持续利用、景观设计等方面均领先世界,擅长为地方、区域、国家乃至国际等不同层次的机构制定管理模式及发展策略,其突出优势在于围绕特定项目,组织专业团队,在约定的时间内解决特定难题。除此之外,动物科学研究所(ASG)则提出了"可持续发展与盈利并存"的新理念,引领21世纪全球家畜饲养产业发展新潮流。应用植物学研究所(PPO)的研究通常立足于农场主、公司及其他利益相关人的实际生产和经营,要求研究结果能够直接应用于实践。其研究不仅注重经济的可行性,还更注重成果是否与整套的农业生产体系相契合。

三、日本"第六产业"模式:基于长期的制度能力成长

(一)日本农业概况及其"第六产业"模式

日本农业水平多年来一直处在世界农业第一梯队。日本领土狭小,农业资源瓶颈约束较强,但凭借高水平的农业技术、农业支持保护制度以及高素质的农业劳动者成功迈入了农业现代化国家行列。日本国土面积为37.7万平方千米,耕地面积仅占11.58%,人均耕地面积只有0.03平方百米,需要依靠部分进口农产品才能满足其国民生产、生活需要。数据显示,2015年,日本农业产值占其GDP的1.068%,农业就业人口占其总劳动力的3.8%,但却创造了464.09亿美元的农业增加值,谷物的平均单产达到4.71吨/平方百米。这与日本农业的"第六产业"模式及其长期坚持实施的农业支持政策等保障制度息息相关(木村真悟等,2013)。

日本农业发展采用"第六产业"模式。"第六产业"的概念最早由日本农业学者在20世纪90年代提出。传统农业属于第一产业,而现代农业是"第六产业"。"第六产业"模式把农业、工业、服务业打通,农业不再局限于种养(第一产业),还要加工农产品(第二产业)、销售农产品或提供配套服务(第三产业),以此在多环节实现增值价值。由于"1+2+3=6""1×2×3=6",所以称之为"第六产业"。"第六产业"的实质是彻底实行农业产业化,为日本农业发展打开了广阔格局。

(二)日本高度重视农业支持保护制度

日本把支持农业发展作为国策。日本人多地少、资源匮乏,高度重视农业支持保护制度。近年来,日本农业支持的总体水平呈明显下降趋势,但其支持水平仍高于同期经济合作与发展组织(OECD)成员0.39%的平均水平。由于国内财政压力高涨,加之因WTO乌拉圭回合《农业协定》的限制,日本在进入21世纪时不得不改进其高力度支持的农业支持体系。1999年,日本制定了《食品、农业、农村基本法》,此后定期进行修订。该项基本法案的实施标志着日本开始进入逐步降低农业支持力度的阶段。2000—2016年间,日本的农业支持总量从72845.44亿日元降至54831.4亿日元,年均降低1.06%(邱楠、曾福生,2018)。在这17年间,

日本先后颁布了四版《食品、农业、农村基本法》,旨在保障食物供给、推动农业可持续发展,并实现乡村振兴。2020年,日本完成了对《食物、农业、农村基本法》的第五次修订,目的在于推动小农高质量发展,并确保在2030年食物自给方面的各项奋斗目标如期实现。

目前,日本已形成以价格支持为基础、以直接补贴为主的农业支持体系。该体系伴随"第六产业"的发展而发展,为"第六产业"每一个环节的发展提供积极服务。日本的农业支持体系正发生如下变化:

1. 从价格支持向直接补贴转变

日本采取多样化的直接补贴,保障"第六产业"式的农业实现稳定发展。第二次世界大战后,日本农业生产陷入困境,农产品一度供不应求。为激励农民开展生产、维护国内农产品市场价格稳定,日本着重采取以价格支持为主的农业保护措施(木村真悟等,2013)。具体措施包括:对大麦、小麦等实行最低价格保证制度;严格限制大米的生产与流通,对大米实施价格管理制度;对油菜籽、大豆等实施差价补贴政策;对小肉牛、蔬菜实施价格平准金制度(李先德、宗义湘,2012)。1999年日本颁布的《食品、农业、农村基本法》规定,设置丘陵山区灾害补贴、保险补贴等直接补贴,开放稻米的自由流通,开启从价格支持向直接补贴的政策转型。2000年,山区半山区农业直接补贴政策出台,这标志着日本型农业直接补贴政策的开始。2005年及2010年修订的《食品、农业、农村基本法》分别规定,直接补贴侧重于农业规模化经营及农业环境保护,实施户别收入直接补贴制度。2013年,日本改进户别收入直接补贴制度,使之成为新的农业经营收入稳定制度;同年,日本政府推出了以水田综合利用补贴、水土保持补贴、环境友好型农业补贴、弃耕地再利用补贴等为核心的环保农业政策。2014年,山区半山区农业直接补贴政策、农业多功能性直接补贴政策及环保型农业直接补贴政策有机结合在一起,最终形成了日本型农业直接补贴政策体系。

日本型农业直接补贴政策体系的典型特征是"三位一体"和"三生合一"。其中,"三位一体"包括山区半山区农业直接补贴政策、农业多功能性直接补贴政策和环保型农业直接补贴政策,前者是该体系的基础,后两者是该体系的支撑。这三者的有机融合构成了"三位一体"式的日本型农业直接补贴政策体系,并进而带动形成其"三生合一"的功能特征,即保障农业生产、保障农民生计、保护农村生态。日本型农业直接补贴政策属于"绿箱补贴"的范畴,不与产量和价格挂钩,因此对生产和贸易的影响很小。日本农业直接补贴水平较高,远高于中国及大部分欧盟国家。实践证明,这一政策体系的实施对于日本在保障耕地、农地稳定,改善农业生产、生活环境,促进农业增产、农民增收,提升地域资源质量等方面发挥了极为重要的作用(朴英爱、付兰珺,2021)。

2. 从单一化的农业补贴向多元化的农业支持体系转变

日本采取多元化的农业支持体系,促进"第六产业"式的农业实现多功能性发展。自 2007 年开始,日本实施"跨品种经营稳定对策""稻米政策改进对策"和"农地、水、环境保护对策",使其从单一的以价格支持为基础的补贴政策转为多元化的以直接补贴为基础的政策体系(程国强,2014)。2013 年,日本将农地水环境保护管理直接补贴政策、丘陵山区直接补贴政策、新经营收入稳定政策以及环境友好型农业直接补贴政策进行整合,形成多元化的农业支持体系(黄波、李欣,2014)。此举旨在强化农业生产、保障农业生产与农民收入稳定的基础上,发挥农业多功能性、提高农业附加值、促进农业可持续发展(阙澄宇、潘希迁,2016)。2018 年,日本国内开始采取新的大米政策,取消对大米生产数量的行政管制,农民可以自主生产与销售。从此开始,大米价格将根据市场的供求情况波动,农民的收入也将由市场动向及自身的销售业绩决定。为保障农民收入的稳定性,国家落实《农业竞争力强化支援法案》,通过调减生产资料的价格、引进先进栽培技术,降低大米的生产成本。此外,日本建立了集生产资料交易、农产品销售、农业技术、农业研究成果为一体的信息化交流平台,及时公布农产品供求状况以及各地的农业生产动态,为生产者的经营决策提供信息帮助。

3. 从"防御型"农业政策向"进攻型"农业政策转变

日本实施"进攻型"农业政策,提升"第六产业"式的农业综合竞争力。面对农民老龄化、农村"空心化"和农业萎缩的困境,日本近年来由高支

第三章　发达国家农业经济发展方式转变能力成长模式演进……

持、高保护的"防御型"农业政策向"进攻型"农业政策转变,以激活农村发展、提升农业产业竞争力。2013年,日本专门成立了农林水产业、地域活力创造部以及"进攻型"农林水产业推进部,并从2014年起实施《农林水产业·地域活力创造计划》,通过农业信息化、集约化、多元化、高附加值化来激发农业发展活力(苏杭、李智星,2017)。2015年,围绕建设美丽乡村、发展"进攻型"农业,日本进一步修订了《食品、农业、农村基本法》。2016年,日本又一次修订《农林水产业·地域活力创造计划》,强调解决农业的结构性问题、改善农业生产者的经营环境、实施农林水产业的出口强化战略,努力实现2019年农产品出口额达到1万亿日元的目标(彭超,2017)。2017年,日本出台了《农业竞争力强化支援法案》,以法律形式强调了提升农业竞争力的重要性,提出通过建立高效的农产品流通体系和提供物美价廉的生产资料来改善农业结构(邱楠、曾福生,2018)。在历经多年模拟实验后,日本自2019年1月1日起在全国范围内推行收入保险。作为"绿箱"政策,收入保险符合国际规则,日益成为日本农业支持政策改革的重点和方向,更成为提升小农竞争力的重要风险保障工具(王鑫、夏英,2021)。

日本的"进攻型"农业政策重在激发内生发展活力。2020年3月,日本政府为推动小农高质量发展,对《食物、农业、农村基本法》进行了第五次修订。新版计划从强化小农生产基础、增强食物供给能力、推动小农绿色生产、激发偏远地区活力、检视农民组织改革成效、提升小农抗冲击能力六个角度出发,制定了2030年日本农业保障食物自给的奋斗目标。此次修订的方向是立足小农、服务小农,实现"人""地""技术"的高质量发展,确保粮食安全(马红坤等,2022)。

第三节　发达国家农业经济发展方式转变能力成长机理分析及启示

一、发达国家农业经济发展方式转变能力成长的驱动因素

前文关于发达国家农业经济发展方式转变能力成长的态势分析及模

式演进表明,发达国家农业经济发展方式转变能力成长的驱动因素主要包括三方面:一是在农业信息科技、生物科技等诸多方面的技术垄断优势;二是强大的农业垄断组织;三是相关制度支撑的不断改革与完善。

(一)农业技术垄断优势

熊彼特(2009)指出,利用"差异化产品"赚取利润是企业家创新的原动力。而技术创新的一个重要特征就是技术知识的溢出。Buckley 和 Casson(2002)认为,技术的内部化是跨国公司营利和发展的引擎。农业技术内部化需要满足下列条件:

一是农业技术可分离程度提高。1982 年转基因动物(老鼠)和 1983 年转基因农作物(烟草)的相继问世,意味着农业科学家已经能够对物种基因进行分离、提取、重组并塑造新物种,人类已经发现并掌握了物种生命的秘密。转基因技术可分离程度的提高改变了遗传育种技术下研发、推广和扩散相分离的技术供求矛盾,实现了技术供求的有效对接,直接降低了农业研发成本、缩短了研发周期,技术对农业产出贡献的大幅增加显著激发了私人投资农业技术研发的热情。

二是政府主导的公共农业技术创新体制向私人农业自主创新体制转变。在转基因农业生物技术研发成功并大力推广之前,遗传育种生物技术进步一直是农业技术创新的主攻方向。政府是遗传育种生物技术研发投入的主体,公共农业部门负责技术推广和扩散,农民免费共享技术,政府财政支出由此大大增加。在美国,由于长期预算赤字,政府于 1993 年开始削减公共财政支持,农业 R&D 体系由以往的政府主导型向竞争性、营利性私人公司主导型转变。

三是技术的私人产权制度的确立。为鼓励私人自主创新,发达国家政府以法律形式赋予私人技术垄断专利。1993 年,孟山都公司独家获得转基因作物种子技术专利的法律授权;1998 年,孟山都公司又被授予种子"终结者技术"的专利,从而成功垄断了转基因作物种子技术。

自 19 世纪末 20 世纪初垄断资本主义形成以来,尤其是第二次世界大战以来,美国等发达国家逐步拥有了上述技术内部化所要求的条件。在上述三方面条件的促进下,美国等发达国家的私人公司实现了技术溢出效应的内部化,私人技术的垄断利益得到保障,农业技术日益集中到少数大型农业跨国公司手中(邓家琼,2010)。

(二) 强大的农业垄断组织

组织集中是农业产业特性决定的。作为对市场的一种有效替代,组织通过内部化走向集中(Coase,1937;Kaldor,1934)。在农业产业中,组织集中相比单个小规模农户具有多方面优势,包括提高经营规模、延长产业链条、提高生产效率、降低交易成本、提高市场价格谈判能力、增强抗风险能力等。实现组织集中的内部化需要满足下列条件:

一是自然禀赋资源,特别是土地资源相对充裕。通常而言,大农场因占据较高市场份额,在积累市场势力、获得信息、影响政府决策方面显著优于小农场,易于兼并、收购或控股小农场,实现组织内部化的集中;同时,可以与同等规模的大农场以"协议"或"自觉趋同"等诸多方式共同控制价格、市场份额以维持其经济利益。20世纪50年代至80年代,美国农场的数量逐年减少证明了这一点。20世纪50年代,美国农场年均减少16.85万个,60年代年均减少10.13万个,70年代年均减少5.10万个,80年代年均减少2.94万个。进入90年代,美国农场总数趋于稳定。

二是存在大量中间产品。农业产业部门是多阶段生产部门,而多阶段的生产过程必然产生中间产品。为了克服通过外部市场来组织这些中间产品进行交易时难以避免的外部市场的剧烈变化以及多种"不完全性",组织逐步走向内部化集中以降低交易成本及交易风险。Buckley和Casson(1998)认为,中间产品的存在大大促进了企业跨地区化乃至国际化发展。

三是农产品需求结构的优化。伴随个人可支配收入的不断增加,人们更偏好于高品质、高营养结构的各种农产品。顺应消费者偏好的改变,满足优化产品结构的需求,农业组织可选择横向合并或垂直一体化的方式实现集中。组织的横向合并利于增加产品的多样性,同时分散了产业发展的风险;组织的垂直一体化利于上下游产业联动发展,扩大产业链协同发展的规模效益,并通过高附加值产品实现自身利益最大化。现阶段的发达国家农业跨国公司正是多年来各类农业组织不断横向合并且垂直一体化发展的结果。

自19世纪末20世纪初垄断资本主义形成以来,尤其是第二次世界大战以来,美国等发达国家逐步拥有了上述组织集中的内部化所要求的条件,不断推动其农业组织走向垄断化道路。

(三) 相关制度支撑的改革与完善

制度是一种稀缺资源。制度稀缺的原因主要有三个:一是源于制度安排的非专利特征;二是因为制度比技术手段更具"资产专用性";三是因为制度供给受制于一国的经济发展水平、制度创新环境等因素。稀缺性决定了制度对于经济发展方式转变的重要意义,发达国家均把制度建设作为促进农业经济发展的首要之举。

1. 不断提升制度的有效性

有效制度能够为组织提供一种适应外部不确定性的适应性效率。组织加上有效的制度,就能在不确定的世界和复杂的环境里生存和发展。诺思提出的适应性效率在新制度经济学的发展中具有深刻影响。适应性指的是制度规则对经济随时间演进的方式的适应性。考察适应性效率的功效就是促进优胜劣汰,在奖励成功的同时,淘汰效率低下的组织及其活动,有助于一个社会去学习、去获取知识、去诱发创新、去承担风险(王玉海,2005)。有效制度主要通过两种方式为组织提供适应性效率。一是有效制度允许组织进行分权决策。有效制度能够为组织提供一种创新机制,鼓励组织成员积极探索解决经济问题的各种途径。二是有效制度能够保护产权,消除组织的错误,并分担组织创新的风险。任何组织在不确定的世界和激烈的竞争环境里都有可能犯错误,组织拥有消除错误的机制和制度安排并发挥其作用尤为重要。

2. 不断强化制度对经济发展的保障作用

发达国家注重制度与组织、制度与技术的交互作用,制度持续跟进,在制度变迁过程中不断增强对经济发展的制度保障。一方面,在稀缺经济和竞争环境下,制度和组织的交互作用是制度变迁的关键,而组织和企业家追求价值最大化的活动决定了制度变迁的方向;另一方面,制度变迁的源泉是相对价格的变化和偏好的变化。相对价格的变化包括技术的变化、信息成本的变化以及要素价格比率的变化等。其中,技术的变化直接影响制度的产生或变革。

3. 不断强化制度对经济增长的激励作用

发达国家通过制度的创新与完善来强化制度对经济增长的激励作用。诺思认为,在不增加要素投入的情况下,只要强化制度创新就能促进经济增长。有效率的组织通过制度化的设施来加强激励作用。作为一个激励的标杆,财产所有权把个人努力不断引向一种社会性的活动,使得个人收益率不断接近社会收益率。因此,有效的制度安排是经济增长的重要保障。发达国家正是通过制度创新来保持制度的经济价值及其有效性,加强外部性的内部化,不断夯实制度激励的根基。

二、发达国家农业经济发展方式转变能力成长的机理分析

基于前文分析,可以总结出发达国家农业经济发展方式转变的内在机理,即"技术垄断+组织强大+制度完善"三者耦合作用,促进农业经济发展方式转变能力不断成长,从而促进农业经济发展方式实现深层次转变。

"技术垄断+组织强大+制度完善"三者耦合作用给发展方式带来了质的影响。如果说,单纯的技术垄断只是规避了技术溢出效应、增加了技术收益机会,单纯的组织强大只是减少了组织交易成本、提升了组织规模效益,单纯的制度完善只是降低了交易成本和交易风险,那么三者的耦合作用,即在组织的专业化分工将技术的潜在收益机会转化为组织的专用性技术资产后,异质化的产品(或技术)在组织制度完善与支撑的基础上就会成为组织实施价格歧视的利器,提高行业进入门槛,阻止其他组织进入。异质化产品的生物特性,加之独特的加工、包装、保鲜、运输和销售模式,共同发展成为行业进入壁垒,市场份额就开始向具有"技术垄断+组织强大+制度完善"优势的公司聚拢。此外,"技术垄断""组织强大""制度完善"这三者都具有逐利的特征,这一共同点进一步促进三者之间的耦合作用。技术垄断之前,组织内部化的农业集中已在强化;技术垄断后,尤其是种子(种苗、种畜)的垄断制度化之后,就会进一步加剧组织内部化的农业集中,而组织的集中及其不断强大还能促进强大后的组织建立起更加有效的制度体系。

由此可见,"技术垄断+组织强大+制度完善"三者耦合作用,彼此强化,不断推动组织能力成长、技术能力成长以及制度能力成长,从而实现农业经济发展方式转变能力的整体性成长,促进农业经济发展方式的深层次转变(邓家琼,2010)。

三、发达国家农业经济发展方式转变能力成长的发展启示

农业是国民经济基础,产业重要性非同一般。作为一个农业生产和农产品消费大国,我国农业的短板较为明显,即农业技术创新研发水平和能力严重不足、农业经营组织规模小且分散、农业制度创新滞后。伴随我国扩大对外开放战略的实施及其步伐的加快,我国农业在技术、组织、制度等多方面均面临发达国家农业跨国公司的严峻挑战。因此,我国可从发达国家借鉴如下发展经验:

(一)保障粮食安全

保障粮食安全是农业的重要使命。我国政府在引进外资、促进本国农业发展的过程中,须以前瞻性眼光将企业的发展壮大作为农业战略及农业产业结构调整的重要依托,实施科学的产业布局和区域布局,不断提高粮食的综合生产能力。

(二)加强农业技术自主创新

加强农业生产技术、农业机械技术等多方面创新,尤其要提高农业的命脉——种子的自主创新水平。全球农业种子市场竞争日趋激烈,特别是伴随"智慧农业"生产中农场主从生产者向管理者的转型,大农资一体化进程加快。美国种业巨头孟山都与嘉吉、先正达、杜邦公司达成战略联盟,通过收购气候公司(Climate Corporation)打造了庞大的农资一体化服务体系,并进军农业大数据服务新领域。2009年,这4家企业在世界农资领域的行业集中度超过50%,其内生外延增长速度远超过业内平均水平。全球种业的双寡头垄断模式给我国种业安全带来了严峻挑战。我国种业发展需要各级政府与种子企业共同努力,政府应慎重选择种子开放领域和种子开放程度。地方政府应在尊重种子技术创新规律及作物生长规律的前提下,建立和完善区域农业种子研发中心,切实推进种子技术研发、推广及扩散的一体化,努力实现种子潜在收益的内部化。

(三)加强农业组织建设

农业产业链的非生产环节具有需求价格弹性大、产业附加值高的特点。发达国家的农业跨国公司在农业生物科技、动物医药、种子、食品制造和零售等多环节的高度集中给中国的涉农组织(企业)带来警示。在全球化背景下,我国涉农组织(企业)的有力竞争对手是发达国家势力强大的农业跨国公司。因此,中国的各类农企尤其是农药化肥上市公司、食品加工上市公司以及农林牧渔上市公司,在夯实自身核心技术基础上,应围绕主营业务、着眼于国际视野,进行适度的兼并、重组、再造和优化,不断提升组织的国际竞争力。

(四)加强农业制度建设

有效的制度安排是经济增长的关键。我国需高度重视农业制度建设,通过制度创新与完善来提升制度的经济价值及有效性,促进外部性的内部化,从而打造农业产业发展的制度根基。在促进农业适度规模化经营背景下,在发展"龙头企业+农户(基地)"等多种产业化模式的同时,重点完善利益分享机制,避免农户(基地)成为龙头企业利益合约分享机制下的受损者或风险和损失的承担者。

第四章 我国农业经济发展方式转变能力成长与能力缺口研究

第一节 我国农业经济发展方式转变能力成长状况分析

改革开放 40 年多来,我国农业发展取得巨大成就。回顾梳理并总结成就是理解农业经济发展方式转变能力成长的逻辑起点。我国农业的巨大发展与进步,解决了 14 亿人口的吃饭问题,为我国经济平稳较快发展和社会和谐稳定奠定了坚实基础。在人口增加、水资源紧缺、耕地减少等多重瓶颈约束下,农业技术能力的成长、组织能力的成长以及制度安排能力的成长在我国农业经济发展方面发挥了积极的促进作用及强大的支撑作用。

一、技术能力成长状况分析

改革开放 40 多年来,我国农业技术能力成长主要表现在农业科技整体实力进入世界前列、农业科技发展实现三大转型、农业科技创新体系日臻完善、农业科技带动生产力水平大幅提升这四个方面。

(一)农业科技整体实力进入世界前列

农业科技创新取得了一系列原创标志性成果。根据相关资料,1978—2015 年,国家对农业科技(S&T)的投入由 7.2 亿元增至 550 多亿元,增长了 75.39 倍。其中,农业 R&D 投入由 1978 年的 1.4 亿元增至 2015 年的 260 亿元,增长了 184.71 倍。就农业科研机构课题经费而言,

第四章　我国农业经济发展方式转变能力成长与能力缺口研究

全国在"十三五"期间共投入610.19亿元,比"十二五"增加了51.23%。①在国家研发投入的支持下,我国农业科技自主创新全方位展开,并取得了若干标志性成果。

1. 农业科技创新全方位展开

这主要体现在七个方面:一是粮食和经济作物新品种大增。2011—2015年,我国成功培育了3700多个粮食和经济作物新品种,其中玉米高产突破了大面积1100千克/亩、小面积1400千克/亩的难关。"十三五"时期,我国作物基因组学与农业生物技术育种研究迈入国际前列。二是畜禽水产品种培育取得了明显进步。我国培育了大通牦牛、南阳牛、巴美肉羊、高山美利奴细毛羊、北京鸭、大恒肉鸡等新品种。近年来,我国成功挖掘出一批优异种质资源和基因,基本完成了猪、牛、羊等动物的基因组测序以及玉米、水稻、小麦等主要农作物的基因图谱绘制测序工作,构建了中国荷斯坦牛分子育种技术体系。三是在海洋渔业方面,开展了集约化养殖技术、海水养殖技术、营养评定等健康养殖研究以及远洋渔业开发技术研究,取得了一定成效。四是在重大生物灾害防控方面,攻克了监测预警与检测、控制等关键技术。五是在农用生产机械方面,创制了多功能联合收获技术与装备等农机装备、大马力拖拉机及复式作业技术与装备。六是在农产品加工方面,创新了农产品安全危害控制及检测、农业生物制造与食品精细加工、现代物流关键技术和装备等农产品加工技术。七是农业专利大幅增加。2014—2016年,我国农业发明专利的申请数量名列世界第一,同时在种植和播种技术、园艺、肥料和饲料几个领域相对技术优势排名世界第一。中国有16家机构进入世界前五十重要专利权人排名,其中中国科学院名列第二,中国农业科学院名列第四。②

2. 标志性成果覆盖多个领域

一是杂交水稻选育。早在20世纪60年代,袁隆平率先突破了三系杂交水稻育种。在此基础上,我国水稻科学家又育成了一系列三系杂交

---

① 周怀宗.我国农业科技进步贡献率突破60%[EB/OL].[2021-11-20]. https://finance.eastmoney.com/a/202111202187928687.html.
② 我国农业科技进步贡献率达57.5%[N].人民日报,2018-09-26.

水稻、超级杂交水稻、两系杂交水稻等新品种。2009年，全国杂交水稻种植面积占总水稻面积的57%，平均每公顷产量为7200千克，比常规水稻每公顷产量多出135千克。① 近年来，我国又选育出"两优培九""国稻1号""协优9308""国稻6号"等一批居世界领先水平的"超级稻"新组合。目前，经农业农村部认定的"超级稻"品种超过80个，推广面积日益扩大。杂交水稻的广泛应用为解决粮食不足的问题做出了巨大贡献，成为21世纪解决世界饥饿问题的法宝。

二是"矮败小麦"育种。"矮败小麦"及其高效育种技术是我国拥有全部自主知识产权的创新成果。从20世纪80年代起，中国农业科学院作物科学研究所经过连续大群体测交筛选和细胞学研究，研制出世界上独有的"矮败小麦"，跳出传统"人工去雄授粉"方法，便利地用于杂交育种、轮回选择和分子育种。经过近30年的系统研究，建立了"矮败小麦"高效育种技术体系，较常规育种效率提高百倍以上，大大降低了育种成本。目前该项成果累计推广面积1230万公顷，增产小麦56亿公斤（刘秉华、杨丽，2007）。这一小麦育种方法被诺贝尔奖获得者、"绿色革命之父"博洛格（Norman E. Borlaug）称为"小麦育种的革命"。

三是转基因抗虫棉育种。从1991年起，以中国农业科学院生物技术研究所为代表的生物科学研究单位，开展了转基因抗虫棉研究，培育出了国产转基因抗虫棉花新品种，使我国成为继美国之后第二个拥有转基因抗虫棉知识产权的国家。此后，又在世界上首次研制成功转基因抗虫棉、双价转基因抗虫棉，成功培育比亲本增产25%的三系杂交抗虫棉。1997年，我国正式批准转基因抗虫棉商业化生产，广泛开展育种工作。截至2012年，国产抗虫棉种植面积占全国抗虫棉种植总面积的95%以上（施中英，2014）。转基因抗虫棉的成功研制，支撑了中国棉花产业的发展，取得了重大的社会经济效益。

四是重大动物疫病疫苗研制。2005年，中国农业科学院哈尔滨兽医研究所成功研制了国际最新型H5亚型基因重组禽流感灭活疫苗及配套

---

① 袁隆平. 转基因水稻商业化种植需慎重[EB/OL]. [2009-05-27]. https://news.ifeng.com/mainland/200905/0527_17_1176687_1.shtml.

第四章 我国农业经济发展方式转变能力成长与能力缺口研究

诊断防制技术(陈化兰,2006);2006年,该所又成功研制了禽流感、新城疫重组二联活疫苗,这是世界上首个推向应用的 RNA 病毒活载体疫苗。[①] 2007年,高致病性猪蓝耳病新疫苗在我国研制成功。上述疫苗的成功研制及应用,显著降低了畜禽死亡率,提高了畜产品质量安全,促进了我国畜禽养殖业的稳定发展。

五是双低油菜育种。双低油菜即低硫苷、低芥酸含量的油菜。以中国农业科学院油料作物研究所为代表的科研单位,成功选育出以"华杂四号"为代表的一批"华杂系列"和以"中双9号"为代表的一批"中双系列"双低油菜新品种,综合品质和产量均达到世界先进水平。其中,"中双9号"是全球首次实现"一菜两用"零突破的品种。目前,我国油菜生产已基本实现"双低化",实现了由产量型向优质高产型的质的飞跃。

(二)农业科技发展实现三大转型

《"十三五"中国农业农村科技发展报告》显示,"十三五"时期我国农业科技支撑引领实现了以下三方面的转型:

一是从"一农"向"三农"转变。支撑目标任务从保障重要农产品有效供给以及国家粮食安全的"农业"生产领域,扩展到促进农民增产增收、加快脱贫攻坚的"农民"领域,并进一步扩展到改善农村人居环境、建设生态宜居的"农村"领域。

二是从"数量型"向"质量型"转变。"十三五"时期,主要农作物良种实现了基本全覆盖,主要畜种核心种源自给率超过75%,品种对增产贡献率达到45%;全国农作物耕种收综合机械化率超过71%,农产品加工业与农业产值之比达到2.2∶1。2020年,全国农产品质量安全例行检测合格率比2015年提高0.7个百分点,达到97.8%。农产品质量安全水平稳定向好。

三是从"资源消耗型"向"内涵式发展"转变。新开发的旱作节水技术使每毫米降水的粮食生产量由0.4千克增加到0.6千克以上,生态农业

[①] 我国研制出世界首个禽流感——新城疫重组二联活疫苗[J].中国动物保健,2006(1):29.

技术减少坡耕地水土流失量50%以上,新型肥料减少硝态氮流失60%以上,减少氧化亚氮排放量45%以上。"十三五"期间,国家启动实施了"化学肥料和农药减施增效综合技术研发"重点专项,中央财政为此投入23.29亿元,支撑了"化肥农药零增长"的行动计划,三大粮食作物的化肥和农药利用率明显提高(均超过40%);全国农田灌溉水有效利用系数从0.53提高到0.57,农作物秸秆综合利用率达到86.7%。①

(三)农业科技创新体系日臻完善

一是不断创新农业科技体系治理方式。为提升资源聚集能力,"十三五"期间全国启动了四川成都、广东广州、江苏南京、湖北武汉、山西太谷5个国家现代农业产业科技创新中心,打造"农业硅谷"和区域经济增长极。为提升原始创新能力,构建了学科群体系,具体包括42个综合性重点实验室、269个农业科学观测实验站、335个专业性重点实验室。为提升科企间的融合能力,创建了51个科技创新联盟,其中16个标杆联盟已经进入实体化运行。为提升转化支撑能力,实施引领性技术集成示范、特聘农技员服务、重大技术协同推广等三大计划;为提升服务产业能力,增设产地环境污染管控与修复、土壤与养分管理等共性岗位,从而架起体系间桥梁;将原有谷子、糜子、高粱等7个体系整合为3个体系,同时新增绿肥作物、藻类、特色蔬菜、中药材4个体系;为提升自主创新能力,中国农业科学院及全国24个省(市、自治区)均设立了科技创新工程类专项。

二是绿色、智能、低碳、环保成为农业技术创新的重要取向。伴随着新一轮产业革命和科技革命的兴起,新材料技术、新能源技术与信息技术、生物技术一起渗透到农业与农村领域,加速了农业技术高新化、智能化的进程。2014年11月,中美达成温室气体减排协议,中国承诺到2030年前停止增加二氧化碳排放。这一承诺将倒逼节能、减排、绿色、低碳等农业新技术快速发展,从而促进农业结构转型升级。

三是农业科技需求由分散的点状需求向系统的整体需求转变。伴随

---

① 周怀宗.我国农业科技进步贡献率突破60%[EB/OL].[2021-11-20]. https://finance.eastmoney.com/a/202111202187928687.html.

第四章　我国农业经济发展方式转变能力成长与能力缺口研究

土地流转的不断提速,原来以家庭为主的分散经营日益转向机械化、规模化、集约化的现代农业经营,促使对农业科技的需求由点状需求向整体的系统科技解决方案需求转变。新型农业主体对农业科技成果需求强烈,对"规模性技术""资本替代技术"的需求旺盛,科技成果转移和产业化的速度明显加快(马爱平,2016)。

四是农业科技创新链与产业链结合日益紧密,创新资源整合力度不断增强。按照良种良法配套、增产增效并重、生产生态协调、农机农艺结合的基本要求,围绕农业产业链、部署创新链、提升价值链的目标,构建以市场为导向、企业为主体、产学研用相结合的技术创新体系是未来我国农业科技创新模式发展的重要方向。

（四）农业科技带动生产力水平大幅提升

农业科技进步贡献率逐年提升。在科技进步作用下,我国农业科技进步贡献率由2012年的53.5%升至2017年的57.5%;自主选育品种面积占比达95%,主要农作物良种基本实现全覆盖,畜禽水产供种能力持续提升。[①] 2020年,我国农业科技进步贡献率突破60%。[②]

农业科技进步带动农业生产力水平不断提升,农村生活明显改善。1978—2015年,我国第一产业GDP从1018.5亿元增至60862.1亿元,粮食产量从30476.5万吨增至62143.9万吨。即使引入人口增长因素,人均粮食产量也实现了大幅提升,从316.6公斤增至452.1公斤。2016年,农民人均可支配收入突破了1.2万元。2012—2016年,农村恩格尔系数从37.5%降到32.2%,贫困地区农民收入年均增长超过10%,持续高于全国农村平均水平,年均减少贫困人口超过1300万人。2017年,农作物耕种收的综合机械化水平达到67%,比2001年提高33.42个百分点,年均提高1.97个百分点。其中,机耕水平、机播水平、机收水平分别年均提高1.97个百分点、1.65个百分点、2.30个百分点(Du and Xiao,

---

① 我国农业科技进步贡献率达57.5%[EB/OL].[2018-09-26]. https://www.gov.cn/guowuyuan/2018-09/26/content_5325347.htm.

② 周怀宗.我国农业科技进步贡献率突破60%[EB/OL].[2021-11-20]. https://finance.eastmoney.com/a/202111202187928687.html.

2019),尤其是农业机械服务范围覆盖了产前、产中、产后各个环节,农业机械作业领域由大田农业延伸到了设施农业,由粮食作物延伸到经济作物。从种植业到养殖业,再到农产品加工业、流通业,各领域的机械化率均显著提升。2019 年,全国粮食总产量 66384 万吨(13277 亿斤),农业生产力水平显著提高。① 农业在 GDP 中的比重逐年下降,但农产品加工业在 GDP 中的比重却不断上升,整个农业产业链在不断延长。

二、组织能力成长状况分析

农民合作经济组织是我国农民继家庭联产承包责任制之后的又一伟大创造。改革开放 40 年来,农业组织能力成长主要经历了三个发展阶段,各类农民合作经济组织不断发展壮大,为促进我国农业经济发展、改善农村民生做出了突出贡献。

(一)农民合作经济组织从无到有,逐渐走上内涵式发展道路

农民合作经济组织是农民适应商品经济、市场经济的产物。作为从传统农业向现代农业转变的重要载体,农民合作经济组织在改革开放以来不断发展、创新,成为推动我国农村经济社会发展的重要动力。合作经济组织的基础性因素是农民与土地这一最基本生产资料联系的紧密程度。据此划分,并考虑相关法律出台的情况,农民合作经济组织的发展大体经历了三个阶段:

1. 1978—1993 年:初期发展阶段

农民合作经济组织在这一时期开始起步并逐渐发展起来。实行家庭联产承包责任制,农民名义上有了生产经营自主权,但在粮食等主要农产品统购、派购制度下以及 1985 年取消统购、派购制度后设立的"国家定购"制度下,国家通过村级组织管理着农民对土地的使用,农民生产经营的自主权很小。1984 年中共中央《关于一九八四年农村工作的通知》提

---

① 陈炜伟,于文静.2019 年全国粮食生产实现丰收[EB/OL].[2019-12-06]. https://www.gov.cn/xinwen/2019-12/06/content_5459068.htm.

第四章 我国农业经济发展方式转变能力成长与能力缺口研究

出,为完善统一经营和分散经营相结合的体制,一般应设置以土地公有为基础的地区性合作经济组织;农民还可不受地区限制,自愿参加或组成不同形式、不同规模的各种专业合作经济组织。此后,各类农民合作经济组织逐步发展起来。20世纪80年代,一些地区的养鸡、养猪、养兔等产业较大规模地发展起来,应农民学习技术之需求,农村专业技术协会(研究会)等合作组织开始发育,成为农业社会化服务体系的新生力量。

2. 1993—2007年:加快发展阶段

1992年,中共十二大提出建立社会主义市场经济体制。1993年出台的《关于当前农业和农村经济发展的若干政策措施》提出:为了稳定土地承包关系,在原定的耕地承包期到期之后,再延长30年不变,并提倡在承包期内实行"增人不增地、减人不减地"。这些政策大大提高了农民在承包地上进行投入的积极性。在"菜篮子工程"带动下,20世纪90年代,各种农产品的供给都逐渐充足,出现了区域性、季节性过剩。1998年,实现了"总量平衡,丰年有余"。在这种形势下,农民开始自觉主动地联合以应对市场的不确定性及风险。数据显示,截至1998年底,我国各类农村专业技术学会及服务组织达到12万个,会员农户超过620万,占全国农户总数的3.5%(孔祥智,2018)。从服务内容看,与技术交流、指导、培训和信息传播相关的协会占53%,从事产前、产中、产后服务的组织占38%;还有9%的协会创设了科研或经济实体,已经接近于当前的农民专业合作社,成为农业社会化服务体系中的重要新生力量(孔祥智,2018)。截至2007年6月《农民专业合作社法》出台前,全国共有15万家比较规范的农民专业合作社(孔祥智,2018)。农民专业合作社在农业生产中的作用也越来越大。

3. 2007年至今:内涵式发展阶段

"内涵式发展"就是要抓住事物的本质属性,强调事物"质"的发展。《农民专业合作社法》自2007年7月1日起开始施行,农民合作社由此具有了合法身份,农民合作社"质"的建设进入新纪元。2007年10月1日起,《物权法》开始施行,使得土地承包权由债权转化为物权,进而成为农民的财产权,这不仅有助于保护农民的合法财产权益,而且成为促进合作社发展的基础性动力。2008年召开的中共十七届三中全会提出要赋予农民更加充分而有保障的土地承包经营权,现有土地承包关系要保持稳定并长久不变。这一政策对农民而言,就是一颗"定心丸",农村土地流转速度及比例大幅提高,各种农民专业合作社迅速成长。

农民专业合作社逐渐走上内涵式发展道路。据统计,2007年底,全国在工商系统登记的农民专业合作社共2.64万家。截至2016年底,我国家庭农场达到87.7万家,农民合作社达到179.4万家,农业产业化组织超过38.6万个,龙头企业达到12.9万家。其中,农民专业合作社组织形式不断丰富、产业链条不断延伸、行业领域不断拓展、引领牵动作用不断增强,入社农户占全国农户总数的44.4%。50%以上的合作社提供产加销一体化服务,2万多家合作社创办加工实体,4万多家合作社通过"三品一标"农产品质量认证,7万多家合作社注册商标,8万多家合作社实施标准化生产,还有2万多家合作社开设社区直销店、开展"农社对接"。全国农业产业化组织以合作、股份合作、订单合同等方式带动畜禽饲养量占全国的2/3以上,辐射带动种植业生产基地占全国农作物播种面积的6成,辐射带动农户1亿多户,户均年增收3000多元。全国涌现出了一批年销售收入超百亿元的大型龙头企业。各类龙头企业所提供的农产品占主要城市"菜篮子"产品供给的2/3以上,占全国农产品市场供应量的1/3。上述各种新型经营主体不断壮大,多种形式适度规模经营面积占比超过30%。①

农民专业合作社的发展活力和带动能力不断增强,服务农户的水平大幅提升。截至2020年6月底,全国县级以上示范社增至16万家,入社成员年均收入比非成员农户高出近1/3。农民合作社为成员提供经营服务总值超过9600亿元,半数以上的农民合作社提供产加销一体化服务,4万多家农民合作社开展电子商务,1.3万家农民合作社发展休闲农业和乡

---

① 我国新型农业经营主体数量达280万个[N].农民日报,2017-03-08.

第四章 我国农业经济发展方式转变能力成长与能力缺口研究

村旅游。各地农民合作社加快联合合作步伐,联合社达1.3万家,覆盖农民合作社15.6万多家;联合社的社均收入为113万元,是单体农民合作社的3.7倍。农民合作社充分发挥辐射作用,带动全国近一半的农户发家致富,其中普通农户占比达95.4%;特别是贫困地区的72万家农民合作社直接吸纳带动51.2万个建档立卡贫困户发展乡村产业。① 据农村农业部相关数据,截至2021年4月底,全国范围内依法登记的农民合作社数量进一步升至225.9万家,县级以上示范社近16万家,联合社超过1.4万家。合作社已经成为带动农户进入市场的有效载体。

(二)农民合作经济组织形式不断创新,实现各领域全覆盖

我国农民经济合作组织的发展路径不同于发达国家,产生了多种创新型农民合作社。我国的农民合作社是在农业产业化龙头企业对全国农业有了总体布局的基础上开始发展的。由于我国农民的分化水平及兼业化水平均高于发达国家,农民合作社的发展路径具有鲜明的中国特色。我国的农民合作社原则主要体现在《农民专业合作社法》中,是罗虚代尔原则的具体化和国别化。这些创新型农民合作社均在一定程度上促进了土地生产率及劳动生产率的提高,促进了我国农业经济发展,同时也是中国农民对世界合作社运动的重要贡献。这些创新型的农民合作社主要包括以下四种:

1. 农机合作社

农机合作社在我国出现,其主要原因有两方面:一是"农机手"为了更好地服务客户;二是"农机手"联合起来以共同应对市场风险。20世纪90年代后期,有越来越多的省区市开展跨区农机作业,如山东、河南等。为适应地方政府农机部门加强管理的需求,多地成立了农机合作社。特别是在土地流转比例较高的浙江等省区市,种粮大户、家庭农场等纷纷与农机大户联合组建农机合作社。农机合作社使得"农机手"有了稳定的作业

---

① 郭芸芸等.2021中国新型农业经营主体发展分析报告[EB/OL].[2021-12-20]. http://tuopin.ce.cn/news/202112/20/t20211220_37187491.shtml.

来源,种粮大户和家庭农场则不需要自己购买农机,降低了固定费用。农机合作社的合作环节主要是农机作业。较为深入的合作则是合作社购买农机,组建农机服务队,为本合作社成员服务,同时也对外提供服务。与其他农民专业合作社相比,农机合作社更强调入社的股份,因为合作社股份构成较为复杂,包括农机、土地、资金等;在管理方式上,农机合作社强调"民办、民管、民受益"。

2. 土地股份合作社

土地股份合作社是成员以承包土地折价入股为主而组建的合作社。土地股份合作社都采取土地和资金混合股份的形式。与《农民专业合作社法》所界定的标准合作社相比,土地股份合作社有其独特之处:第一,土地股份合作社通常出现在发达地区,由经济强村的村委会牵头组建,所有村民以承包地入股,虽然强调入社自愿、退社自由,但村民选择的余地很小。第二,成员以承包土地折价入股后就不再独立从事生产经营活动。合作社是对成员承包的土地提供流转服务或统一经营,而非对某一成员的经营提供具体服务。第三,土地股份合作社一般通过成员代表大会或成员大会的方式决定重大事项。在分配方面,土地股份合作社通常采取"按股分红"的方式,即按承包地流转价格折合的资金分配,或者保底分红,或者把承包地入股以流转价格(或经过商定后的其他价格)作为交易量来分配盈余,其实质是扩大了交易量的范畴。土地股份合作社鲜明地体现了对合作社理论发展的创新价值。

3. 农村社区股份合作社

农村股份经济合作社是以资产为纽带、股东为成员的综合性(社区性)农村集体经济组织,由乡镇(街道)原村经济合作社根据社员代表大会讨论决定,将集体经营性净资产折股量化改制而成。20世纪80年代后期,山东省淄博市周村区成立了中国最早的农村社区股份合作社。从2015年开始,农业部门在全国29个县(区、市、旗)试点农村集体产权制度改革工作。据统计,截至2016年底,全国农村集体经济组织的各类账面资产达2.86万亿元,拥有土地等资源性资产66.9亿亩,平均每个村账面

第四章　我国农业经济发展方式转变能力成长与能力缺口研究

资产约 500 万元,东部地区平均每个村达上千万元。① 2016 年 12 月发布的《关于稳步推进农村集体产权制度改革的意见》提出,从 2017 年开始,用 3 年左右时间基本完成农村集体资产清产核资工作。2020 年,农业农村部公布了耗时 3 年摸清的全国农村集体资产情况。数据相关资料,全国共有集体土地面积 65.5 亿亩,共有账面资产 6.5 万亿元。其中,经营性资产 3.1 万亿元,非经营性资产 3.4 万亿元。集体所属全资企业超过 1.1 万家,资产总额是 1.1 万亿元。从地域分布来看,东部地区资产占总资产的 64.7%,中部地区资产占 17.7%,西部地区占 17.6%。从资产集中度来看,村级、乡镇级、组级资产分别占 75.7%、11.2% 和 13.1%。从资产经营收益来看,有 10.4% 的村收益在 50 万元以上,主要是城郊村、城中村和资源充沛的村庄。② 依据中共中央、国务院 2016 年发布的《关于稳步推进农村集体产权制度改革的意见》,2021—2025 年的主要任务是构建农村社区股份合作社。

农村社区股份合作社具有如下特点:一是成员同质性。社区股份合作社的成员与集体经济组织的成员的身份是重合的,成员按份共有,强调人人有份,成员间的地位差距很小。二是社区封闭性。即使出现股权转让,也局限在组织内部,这种封闭性特征已经影响到了合作社的运行效率。一些实力雄厚的合作社已经开始聘请外部职业经理人承担经营管理工作,但"外部人"与"内部人"的有效合作需要长时间磨合。三是决策民主性。由于持股均衡,农村社区股份合作社能够通过"一人一票"进行决策,而其他的农民专业合作社做不到。四是分配均衡性。由于没有交易量,社区股份合作社完全按照股份进行分配。因为各成员的持股份额比较接近,所以盈余分配较为均衡。

---

① 力争三年基本完成集体资产全面清产核资[EB/OL].[2017-01-04]. https://www.gov.cn/xinwen/2017-01/04/content_5156188.htm#1.

② 全国农村集体家底,摸清了[EB/OL].[2020-07-13]. https://www.gov.cn/xinwen/2020-07/13/content_5526193.htm.

4. 企业领办合作社

企业领办合作社是中国农业领域的又一项创新。20世纪90年代初期，山东省潍坊市推行"贸工农一体化"（后被称为农业产业化）；20世纪90年代中后期，农业产业化的做法开始在全国范围内推广。农业产业化这种合作模式的核心是"公司＋农户"，即通过农业产业化龙头企业带动基地农户发展生产。该模式通过在企业与农户之间建立合作社，将外部交易关系内部化，建立起风险共担、利益共享的机制，帮助农户建立起稳定的农产品市场营销渠道。值得肯定的是，一些企业为了与农户建立稳定的产销关系，有的投资兴建种植、养殖终端并租赁给农民使用，有的吸收农民入股，有的在销售产品后给农民二次分红等等。这在一定程度上向着合作社化的方向演进，同时也说明企业在专用资产投资发展到一定阶段后，需要拥有稳定的原料来源，与农户建立紧密的利益关系是企业长远发展之计。企业领办合作社日益成为农业龙头企业的首选策略。企业家与农民共同推进的这一制度创新，也是中国对世界合作社运动的一大贡献。

（三）农民合作经济组织多功能性日益突出，作用日益强大

农民合作经济组织在促进农民增收致富、推动现代农业建设等诸多方面发挥的作用日益强大。其中，"中国新型农民合作社500强"（下文简称"农民合作社500强"）颇具代表性。为助力我国农民合作社高质量发展，农民日报社连续四年开展中国"农民合作社500强"评选活动，基于规模经营、规范化经营、诚信经营、惠农带农等四个方面的考量，最终评选出2021年"农民合作社500强"。其多功能性主要体现在以下方面：

1. 经济实力增强，成为农业产业化经营的重要依托

"农民合作社500强"的社均资产及营业收入稳步提高。2019年，"农民合作社500强"的社均资产总额为1737.2万元，2020年升至1978.2万元，同比增长13.9%；东部地区的社均资产总额领先全国，达到2272.3万元，而中西部地区的社均资产总额分别为1873.5万元、1699.5万元。2020年，"农民合作社500强"的社均营业收入达2385.5万元，较2019年提高8.7%（见表4-1）。其中，农业经营性收入是各合作社收入的重要来

第四章 我国农业经济发展方式转变能力成长与能力缺口研究

源,占比高达89.2%。

表4-1 农民经济合作组织的综合能力指标

能力	能力指标	全国			地方		
		2020	2019	增长率	东部	中部	西部
经济实力指标	资产总额(万元)	1978.2	1737.2	13.9	2272.3	1873.5	1699.5
	营业收入(万元)	2385.5	2195.2	8.7	2726.0	2411.7	1877.8
	营业成本(万元)	2029.6	1884.1	7.7	2329.5	2050.4	1585.4
	合作社盈余(万元)	283.5	251.2	12.9	297.0	326.1	211.1
	利润率(%)	15.3	15.2	—	14.2	16.3	15.8
服务能力指标	登记注册农户数(户)	288	271	6.1	256	335	273
	服务农户数(户)	3005	2593	15.9	3797	2354	2719
	电子商务销售额(万元)	352.3	287.5	−9.1	254.3	431.4	269.2
	当年参与科技培训次数(次)	19	16	15.9	28	16	11
	当年参与科技培训人数(人)	791	717	10.3	698	679	1058
与农户利益联结指标	农资优惠幅度(%)	15.4	10.1	—	20.0	10.1	14.9
	销售产品占产出量之比(%)	83.8	84.6	—	83.8	84.2	84.2
	长期雇佣人数(人)	56	51	11.1	41	63	68
	短期雇佣人数(人)	139	208	−32.9	119	150	148
	盈余返还额(万元)	188.9	174.9	8.0	182.7	223.9	153.6
	成员账户年均收入(万元)	4.5	3.7	22.4	5.6	3.8	3.8

资料来源:《2021中国新型农业经营主体发展分析报告》。

2. 服务能力增强，成为小农户与现代农业有机衔接的重要载体

"农民合作社 500 强"所拥有的产前、产中、产后全过程统一服务能力及带动能力处于全国前列。2020 年，"农民合作社 500 强"的社均登记注册农户为 288 户，社均服务农户数达 3005 户。其中，东部地区的社均服务农户数达到 3797 户。新品种新技术试验示范及相关培训是"农民合作社 500 强"的主要业务。2020 年，社均参与科技培训 19 次，社均参与培训人数 791 人。农产品电商是"农民合作社 500 强"带动更多农户致富的重要抓手。2020 年，"农民合作社 500 强"的社均电商交易额达到 352.3 万元（见表 4-1）。其中，中部地区合作社电商发展迅速，社均电商交易额高于平均水平 22.4%。

3. 利益联结加强，成为农民增收致富的重要抓手

"农民合作社 500 强"通过盈余返还、股金分红等多种方式强化与农民的利益联结。一是在农资供应方面，"农民合作社 500 强"立足规模经营优势，与上游供应商谈判，有效降低了农业生产成本。2020 年，社均购买农资近 900 万元，统一购买价格比市场价格低 15.4%（农资优惠幅度）。其中，东部地区合作社争取到的优惠幅度更大，为 20.0%。二是在农产品销售方面，"农民合作社 500 强"努力让农民获得更多经营性收入。2020 年，销售产品占产出量的 83.8%。三是在促进农村劳动力转移就业方面，"农民合作社 500 强"长期持续提供就业岗位。2020 年，社均长期雇佣人数为 56 人，短期雇佣人数达 139 人。四是在促进农民增收方面，各合作社确保所有成员特别是贫困户成员能够共享合作收益。合作社通过"一人一票"、按交易量（额）返还盈余的制度设计，增加成员的家庭收入。2020 年，"农民合作社 500 强"平均盈余返还额为 188.9 万元，比 2019 年上涨 8.0%。其中，中部地区盈余返还额达到 223.9 万元，比平均水平高 18.5%。合作社成员个人账户年均收入为 4.5 万元，比 2019 年提高 22.4%。其中，东部地区合作社个人账户收入高达 5.6 万元。①

---

① 郭芸芸等.2021 中国新型农业经营主体发展分析报告[EB/OL].[2021-12-20]. http://tuopin.ce.cn/news/202112/20/t20211220_37187491.shtml.

4. 规范化水平不断提高,引领农民合作社向高质量发展

2017年12月修订的《农民专业合作社法》自2018年7月1日起施行。2019年6月,财政部、农业农村部印发了《农民专业合作社解散、破产清算时接受国家财政直接补助形成的财产处置暂行办法》。2019年9月,中央农村工作领导小组办公室、农业农村部等11个部门和单位联合印发了《关于开展农民合作社规范提升行动的若干意见》,把农民合作社发展质量作为农村工作绩效评价的首要标准。2019年11月,全国农民合作社发展部际联席会议修订印发了《国家农民合作社示范社评定及监测办法》,在全国范围内开展国家、省、市、县级农民合作社示范社的"四级联创"。"农民合作社500强"在组织结构、财务管理、收益分配、制度章程等方面均发挥了典型示范作用。在"农民合作社500强"中,国家级和省级示范社占28.4%。其中,中部地区国家级示范社占比达29.7%(见表4-2)。合作社盈余分配制度是合作社发展规范与否的重要评判标准。"农民合作社500强"普遍实行按股分红和按交易额分红相结合的盈余分配制度,并建立了成员账户。"农民合作社500强"已成为我国农业合作社由数量增长向质量提升的中坚力量。

表 4-2　国家级或省级示范社情况

	总数	国家级		省级	
		数量	比例(%)	数量	比例(%)
东部	191	28	14.7	25	13.1
中部	172	51	29.7	19	11.0
西部	137	16	11.7	3	2.2
全国	500	95	19.0	47	9.4

资料来源:《2021中国新型农业经营主体发展分析报告》。

5. 规模优势明显,成为政府推动农业现代化的有力抓手

推进农业现代化,规模经营要先行。一方面,"农民合作社500强"在推动适度规模经营方面发挥了重要作用。2020年,"农民合作社500强"通过以土地入股、土地流转等方式扩大播种面积,平均每家合作社的播种面积比2019年提高25.4%,达到7863.3亩。其中,东北地区合作社播种

面积最大,平均播种面积为 10727.5 亩。另一方面,农民合作社 500 强在服务规模化方面作用突出。截至 2020 年底,全国农业社会化服务组织有 90 万余个,农业生产托管服务面积超 16 亿亩次。①

三、制度能力成长状况分析

1978 年以来,标志我国农业农村制度能力成长的四次重大变革分别是:农村家庭联产承包责任制的确立、农产品购销体制的改革、农村税费制度的改革以及农村集体土地"三权分置"改革。这些变革对我国农业农村经济及社会发展产生了深远影响。

(一)农业农村制度能力成长的过程

1. 农村家庭联产承包责任制拉开了中国农业农村制度改革的序幕

中国改革最早发端于农村,而农村改革始于农村家庭联产承包责任制。1978 年 11 月,安徽凤阳小岗村的 18 位农民实行土地大包干,自此,中国农村开始了以家庭联产承包责任制为主的经营体制改革(马晓河,2017)。1978 年,十一届三中全会通过了《中共中央关于加快农业发展若干问题的决定(草案)》,总结了农业发展的经验教训,为农村经济体制改革创造了政治条件。1979 年秋,小岗村农业大丰收,全村粮食、油料等产量以及生猪饲养量超过以往任何一年。小岗村的成功产生了强烈的示范效应。安徽省许多农村纷纷搞起了包干到户(王耕今,1989)。与此同时,全国各地农村也相继实行了多种形式的包产到户。1980 年 9 月,中央印发了《关于进一步加强和完善农业生产责任制的几个问题》,首次以文件形式肯定了农民群众自发创造的以包产到户为主的生产责任制,带动多个省区农村推广包产到户。1982 年 9 月,党的十二大对以包产到户为主的农业生产责任制改革给予肯定。1983 年 1 月,中共中央印发《当前农村经济政策的若干问题》的文件,高度评价了这种新型生产责任制。至 1983 年末,全国已有 1.75 亿农户参加了包产到户,包产到户在所有责任制中

---

① 郭芸芸等.2021 中国新型农业经营主体发展分析报告[EB/OL].[2021-12-20]. http://tuopin.ce.cn/news/202112/20/t20211220_37187491.shtml.

第四章　我国农业经济发展方式转变能力成长与能力缺口研究

的比重达到 97.8%（马晓河等，2018）。1986 年，《关于一九八六年农村工作的部署》提出统一经营与分散经营相结合的双层经营体制。1993 年，中共中央、国务院《关于当前农业和农村经济发展的若干政策措施》指出，在原定耕地承包期到期后，再延长 30 年不变。2008 年，十七届三中全会首次提出现有土地承包关系要保持稳定并长久不变。2016 年 10 月，中共中央办公厅、国务院办公厅《关于完善农村土地所有权承包权经营权分置办法的意见》提出，农村土地实行集体所有权、承包权、经营权"三权分置"。十九大报告中强调，农村第二轮土地承包到期后，将再延长 30 年。

上述发展脉络表明，改革开放以来我国一直坚持土地集体所有权不变、不断稳定和扩大土地承包权的原则，未来将进一步完善和放活土地经营权。

2. 农村土地制度改革对我国农业农村经济及社会发展影响深刻

首先，以包干到户为主的家庭联产承包责任制，从根本上确立了农产品供给的激励机制。农民在拥有了土地经营权后，生产积极性倍增，农业土地生产率和劳动生产率大大提高。农产品加工业发展、城镇食品需求都迈向市场通道。

其次，农业剩余不断增加，农民收入显著提高，农民生活得以改善。1978—1985 年，农民纯收入增长了 1.69 倍，消费增长了 1.73 倍；与此同时，农村储蓄大幅增长，1978 年农村居民储蓄 55.7 亿元，1985 年升至 564.8 亿元，1990 年增至 1841.6 亿元。12 年间，农村储蓄增长了 32 倍（马晓河，2017）。

最后，农村家庭联产承包责任制赋予农民身份自由，为改革开放后的产业结构转型创造了条件。实行土地承包以后，务农的用工量大幅度减少了，农业劳动效率提高了。数据显示，与 1981 年比，1990 年五类主要农产品生产所需劳动力大幅减少（见表 4-3）。过去被计划经济掩盖的农村剩余劳动力由此从隐性转为显性。农村剩余劳动力带来的潜在人口红利给我国经济结构转型创造了有利条件（马晓河，2017）。实践证明，改革开放 40 多年来，我国采取的以投资为引领、劳动密集型产业为主导的出口导向型发展模式，主要得益于农村家庭联产承包责任制带来的利好条件，使潜在的人口红利转化为经济增长的强大动力。

表 4-3　1981—1990 年我国主要农产品用工量变化

品种	1981 年			1990 年			节约劳动量（万日）
	亩用工（日）	播种面积（万亩）	总用工量（万日）	亩用工（日）	播种面积（万亩）	总用工量（万日）	
粮食	22.27	172437	3840172	14.7	170199	2501925	1288406.7
油料	22.1	13701	302792	18.1	16350	295935	65400
棉花	54.2	7777.5	421541	44.26	8382	370987	317.4
糖料	43.6	480.5	64550	34.7	2518.5	87392	22414.6
烟叶	73.2	880.5	64453	54.42	2013	109548	37803.6
合计		196276.5	4693508		199462.5	3365787	1497342.3

资料来源：马晓河(2017)。

3. 农村土地产权制度改革的深化

农村家庭联产承包责任制存在一定的短板。作为我国农村体制改革的一项重大举措，农村家庭联产承包责任制极大地促进了农村经济发展，但这种制度设计强调的是发挥人的积极性，若干层面的物的积极性未能发挥出来，如农业规模化经营、机械化操作、农村水利基础设施建设等方面的发展受到限制。此外，在长期征收农村土地过程中，农民作为集体土地的实际占有者，未能完全公平分享土地增值收益，不仅限制了农村土地流转以及规模化经营，而且限制了城市人才、技术、资本向农村的流动。

"三权分置"有效弥补了农村家庭联产承包责任制的短板。这种新的制度安排是继家庭联产承包责任制后我国农村又一次重大制度创新，对于破除城乡二元结构、维护农民合法权益、促进农业农村经济发展具有深远意义。一方面，"三权分置"有助于促进土地要素合理流转，有助于提升农业规模生产和经营效益，有助于提高农业产业竞争力。"三权分置"把农民土地承包经营权分为承包权和经营权，允许承包权和经营权分置并行，顺应了农民保留土地承包权，同时流转土地经营权的意愿。"三权分置"通过赋予新型经营主体更多的土地权能，促进了土地经营权在更大范围优化配置，有助于机械化、规模化、自动化的大农业生产方式进入农村，同时为先进的农业科技及市场主体服务"三农"创造了条件，能够大大提

第四章 我国农业经济发展方式转变能力成长与能力缺口研究

升资源利用率、土地产出率和劳动生产率。另一方面,"三权分置"赋予农民获取土地增值收益的权利,这是促进城乡统筹发展的关键举措。这项新的制度安排细化了农村土地产权,使得集体、承包农户、新型经营主体能够共享土地权利,引领小农户加入规模经营的过程中,促进农业发展、农民增收、农村富裕,有助于提升城镇化发展的质量。

(二)农产品购销体制改革

我国农产品购销体制改革的重点目标是保障粮食安全、推动以粮食为主的农产品市场化。自农村实行家庭联产承包责任制以来,农业生产力水平有了大幅度提升。粮食总产量从1978年的3亿吨增至1984年的4亿吨,增速超过以往任何时期。① 但是僵化、低价、低效的统购统销制度,降低了农民将余粮卖给国营机构的意愿。粮食增产、农业丰收使农产品购销体制改革成为迫切的现实需求。我国农产品购销体制改革主要经历了以下五个阶段:

第一阶段:用合同定购取代粮食统购。1985年1月,中共中央、国务院出台《关于进一步活跃农村经济的十项政策》,其中指出:"从今年起,除个别品种外,国家不再向农民下达农产品统购统派任务,按照不同情况,分别实行合同订购和市场收购"。自此,我国农产品购销体制开始从统购、统销走向"双轨制",即政府通过一定的行政手段直接控制部分粮食购销,另一部分粮食购销由生产者、消费者、经营者自主进行,由市场机制调节,实行完全的商品交换。1999年,市场调节的粮食占流通总量的比重由1984年的12.7%升至62.9%;与此同时,国家统购粮食占粮食流通总量的比重由1984年的87.3%降至37.1%(马晓河,2018)。

第二阶段:实行粮食市场自由购销。1992年10月,党的十四大提出建立社会主义市场经济体制的目标,直接冲击了粮食购销双轨制。1993年2月,国务院出台的《关于加快粮食流通体制改革的通知》指出,按照统一政策、分散决策、分类指导、逐步推进的原则,在二三年内争取全部放开

---

① 中国经济做对了什么——改革开放40年回顾与思考[EB/OL].[2018-05-28]. http://www.chinado.cn/?p=6249.

粮食价格。自此,粮食购销逐步摆脱双轨制,开始走向国家宏观调控下的市场自由购销体制,初步实现了运用市场机制来配置生产资源和调节粮食供求。

第三阶段:初步推动粮食市场化改革。1998年5月,国务院出台《关于进一步深化粮食流通体制改革的决定》,提出加快国有粮食企业改革,按保护价敞开收购农民余粮、顺价销售、资金封闭运行。2004年中共中央、国务院出台《关于促进农民增加收入若干政策的意见》,强调实现购销多渠道经营。为了有效应对我国加入WTO后国际农产品对国内农产品的冲击,国家出台了良种补贴、粮食直接补贴、农资综合补贴、农机具购置补贴等多种补贴政策,逐步形成了专项补贴与综合补贴相结合的农业支持政策体系(谭智心、周振,2014)。数据显示,中央财政的这四项重大补贴资金从2002—2012年间的1亿元增至1653亿元,十年累计安排补贴7631亿元。其中,2006—2012年间,中央财政补贴从300亿元增至1653亿元,翻了五倍多(马晓河等,2018)。2004—2013年间,四种农业补贴均大幅增加(见图4-1)。

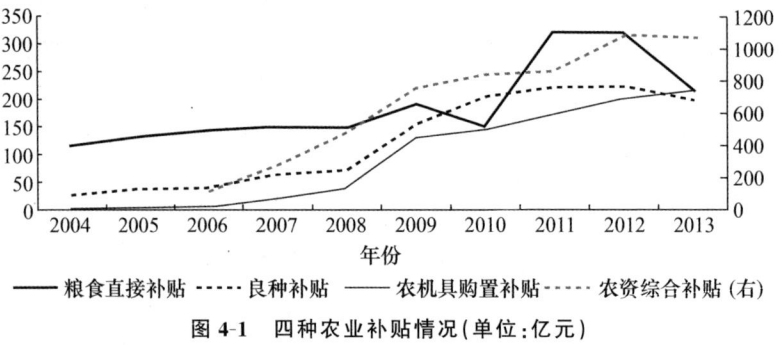

图4-1 四种农业补贴情况(单位:亿元)

资料来源:农业四补贴政策十年简要回顾[EB/OL].[2021-10-26]. https://www.renrendoc.com/paper/172973308.html.

第四阶段:全面推动粮食市场化改革。2004年,国家开始实施粮食最低收购价政策;2006年,国务院出台的《关于完善粮食流通体制改革政策措施的意见》指出,粮食流通体制的改革要从推进国有粮食购销企业改革、转换企业经营机制入手,培育和规范粮食市场,加快建立全国统一开放、竞争有序的粮食市场体系。自此,粮食购销市场进入了全面市场化时期。政府不断减少对农产品市场的直接干预,逐步实现了由市场引导农业生产决策和农业资源配置(黄季焜,2010)。

第五阶段:深入推进农产品市场化改革。2014 年,《关于全面深化农村改革加快推进农业现代化的若干意见》提出,完善粮食等重要农产品价格形成机制,在坚持市场定价原则的基础上,不断推进农产品价格形成机制与政府补贴脱钩的改革,逐步确立农产品目标价格制度。伴随粮食最低收购价和临时收储价的逐步提高,国外农产品不断挤占国内市场,产量、进口量、库存量"三量齐增"的问题越来越突出。2016 年,《关于落实发展新理念加快农业现代化实现全面小康目标的若干意见》提出,率先对玉米的价格形成机制和补贴制度进行改革,取消玉米临时储备政策,实行"价补分离"。由此可见,大豆、棉花、玉米购销体制改革取得了良好效果。下一步改革覆盖范围将进一步扩大,农产品市场化程度将随之进一步提高。

概括而言,农产品购销体制改革成为推动我国农业农村经济发展以及市场经济改革的重大引擎。第一,农产品市场化改革给农业农村带来了质的变化。农民利益在发展市场经济的过程中得到保护,农民人均纯收入逐年提高,2014 年开始突破万元大关;伴随农产品购销体制改革的深入,农民的务农积极性日益提高,农产品种类不断丰富,粮食生产出现了"十三连增",有力地保障了国家粮食安全。第二,农产品购销体制改革早于其他领域的市场化改革。第三,我国一直在探索使用"有形之手"与"无形之手"协调农产品供求关系的有效方式,农产品购销体制改革为国民经济其他行业在宏观调控下进行市场化改革提供了价值借鉴及成功经验。

(三)农村税费制度改革的成效

1. 农业税逐渐减少直至全面取消

农民税费负担沉重,引致农村税费改革。20 世纪 90 年代初的财税体制改革导致财权和事权之间严重失衡,出现了越是基层政府财权越小、事权越大的矛盾。为减少自身财政负担,地方政府向农民转嫁支出,乱收费、乱集资、乱摊派现象严重,农民负担沉重。1990—2000年,农民税费负担总额从469亿元增长到1359亿元,农民人均负担增长了3倍(陈锡文等,2009)。沉重的税费负担损害了农民的生产积极性,不少地方出现弃耕撂荒现象。为此,2000年,中央在安徽省首先展开了农村税费改革试点(见中共中央、国务院《关于进行农村税费改革试点工作的通知》)。试点的主要内容包括:取消城乡统筹、农村教育集资和屠宰税,逐步取消统一规定的劳动积累工和义务工,调整农业税政策和农业特产税政策,改革村提留征收使用办法。安徽农村税费试点改革,不仅成功地为农民减轻了负担、规范了农村税费征管形式,而且促进了农村经济改革的深层次推进以及农村社会的稳定。

农村税费改革持续深化。2002年,农村税费改革试点扩大到河北、黑龙江等16个省和自治区,2005年底又进一步扩大到28个省区市。十届全国人大常委会宣布,自2006年1月1日起全面取消农业税。据原农业部统计,2006年全国农民直接负担的税费总额为282.8亿元,人均30.95元,分别比2000年下降了77.55%和78.11%(见表4-4)。

2. 城乡公共服务均等化

取消农业税后,地方政府财政出现困难,提供"三农"公共服务的能力亟待加强。2009—2011年,地方财政中的农林水事务支出占地方财政支出的比重由10.5%下降到10.3%,国家财政中的农林水事务总支出占国家财政支出的比重维持在9%,而同期城市市政公用设施建设的固定资产投资总额占国家财政支出的比重为13.4%。[①] 公共服务投入的差距直接导致城镇公共品供给优质、结构均衡,而农村公共品供给质量不高、总量不足。为此,党的十七大报告强调,实现基本公共服务均等化,缩小区域发展差距,促进生产要素跨区域合理流动。

---

① 2009年中国城市建设统计年鉴[M].北京:中国计划出版社,2010.

表 4-4　2000—2006 年农民税费负担情况

年份	农民直接承担的税费总额（亿元）	（一）人均税费（元）	其中：1. 农业税收（亿元）	2. 村提留乡统筹（亿元）	3. 社会负担（亿元）	4. 以资代劳（亿元）	（二）劳均两工/一事一议筹劳（个）
2000	1259.60	141.42	34.23	66.20	34.68	6.31	16.3
2001	1200.90	134.93	35.18	60.19	35.06	4.50	16.2
2002	1030.50	115.80	46.70	41.20	23.70	4.20	10.5
2003	869.30	96.60	45.60	29.50	19.10	2.40	88.3
2004	581.70	64.40	22.20	23.20	17.60	21.40	2.1
2005	324.20	35.70	1.30	19.20	14.10	1.06	1.3
2006	282.80	30.95	0.00	15.86	14.09	0.99	1.24

资料来源：原农业部相关统计资料。

党的十七大以来，城乡公共服务均等化主要从以下三个层面展开：

一是实行农村基本医疗保险、基本养老保险，建立农村基本社会保障制度。继 2006 年新型农村合作（下文简称"新农合"）医疗试点后，2009 年"新农合"被确定为农村基本医疗保障制度。2010—2017 年，各级财政对"新农合"的人均补助标准由 120 元/人提高到 450 元/人，对于解决农民因病返贫、因病致贫问题起到了积极作用。继"新农合"试点之后，2009 年起新型农村社会养老保险开展试点，将此前的"五保"对象等农村特困群体列为财政供养对象，探索建立"个人缴费、集体补助、政府补贴"相结合的新型农村社会养老保险制度，并覆盖广大农民群体，使农村向社会化养老制度迈出重要一步（卜晓军，2010）。

二是加强农业农村基础设施建设。2008 年底，国家实施了"四万亿"投资计划，重点投向农村水、电、路、气、网、房等民生工程和基础设施。此外，西部大开发、建设社会主义新农村等重大战略的实施，进一步加强了农村公共基础设施建设。

三是解决农村公共卫生、文化、基础教育等供给短缺问题。2006—2007 年，国家先后免除西部、中部和东部地区农村义务教育阶段学生学杂费，实现九年制义务教育，城乡一体化的公共服务供给制度体系初步形成

(曹俊杰,2016)。2017年,国务院发布的《"十三五"推进基本公共服务均等化规划》指出,健全国家基本公共服务制度,强化公共资源投入保障,提高共建能力和共享水平,总体实现基本公共服务均等化。

3. 农村税费制度改革的经济意义和政治意义

从经济层面看,农村税费改革从根本上解决了农民经济负担过重问题,缩小了城乡二元社会的经济差距,对我国全面推进现代化建设具有深远影响。

从政治层面看,农村税费制度的改革催生了城乡公共服务均等化,不仅从宏观收入分配制度上理顺了国家、集体和农民之间的权利和义务关系,保障了农民通过土地制度改革获得的权益不再受侵犯,而且融洽了党群、干群关系,为协调工农关系、统筹城乡发展发挥了极为重要的促进作用。建立农村社会保障制度,有效遏制了公共服务城乡二元差距扩大的趋势;加强农业农村基础设施建设,改善农村人居生态环境,为弥补农业农村现代化短板创造了条件;建立和完善农村公共服务体系,农民的医疗卫生水平大幅提升,农村人口综合素质提高,将为中国迈向现代化强国提供有效的人力资本支撑。

第二节 我国农业经济发展方式转变能力缺口状况分析

农业经济发展方式转变注重劳动、资本、土地、自然资源等直接性的生产要素,同时也强调知识、技术、组织、制度、创新等间接性的服务要素。各类直接性的生产要素通过不同的组合形成差异性的实物产品和服务产品,并借助各种间接性的服务要素形成的交易机制完成供给与需求的转换,最终满足消费者的需求。在此过程中,知识、技术、组织、制度等成为农业经济发展方式转变能力的主要构成要素。现阶段,在创新驱动背景下,经济发展能力聚焦于技术能力、组织能力以及制度能力这三大能力。这三方面的能力缺口值得研究并提出弥补之策。

第四章　我国农业经济发展方式转变能力成长与能力缺口研究

一、技术能力缺口状况分析

我国现已进入农业科技创新驱动发展的加速推进期,总体上讲农业科技创新驱动发展初有成效。但是我国农业科技基础比较薄弱,科技创新过程中的许多矛盾成为痼疾,瓶颈约束更加突出,深入实施农业科技创新驱动发展战略面临诸多挑战。

(一)农业科技自主创新能力不强

1. 自主创新意识不强,农业科研原创性成果不多

如前文所述,改革开放40多年来我国农业科技进步显著,其中居于世界领先水平的有超级杂交水稻、禽流感疫苗、主要农作物基因组学等重大技术项目研发;与国际同步的有优质丰产栽培、粮食作物种质资源发掘与新品种培育、生物农药及缓控释肥研发、重大植物病虫草害及动物疫病防控等。与此同时,在多功能农业装备、农林生态安全、农业精准作业、现代奶业等多个领域,与国际的差距明显缩小。

但从整体来看,现阶段我国农业科技水平与发达国家相比还有相当大差距。具体而言,科技自主创新实力薄弱、核心技术匮乏,农业劳动生产率偏低。多数研究仍属于"模仿式""跟踪式"或"转化式"研究,在前沿理论和技术方面受制于人,导致在某些发达国家以技术壁垒等手段遏制我国农业发展时陷入被动。究其原因,我国多数农业科技创新主体自主创新意识薄弱,特别是多数农业企业缺乏战略眼光,对自主创新重要性的认识不够,自主创新的积极性和主动性不高,未形成自己的核心技术优势,长期依赖政府扶持和外部创新成果。

与主要国家相比,农业人均生产率低。2018年,我国人均农业增加值约为4900美元,不仅远低于资源禀赋较高的欧美发达国家,也低于同在东亚地区且人均资源同样稀缺的日韩两国;与同为新兴经济体的俄罗斯和巴西相比,差距也很大(见表4-5)。

表 4-5　主要国家农业人均生产率(2018 年)

	农业就业人口(万人)	农业增加值(亿美元)	人均农业增加值(万美元/人)
法国	50	420	8.40
荷兰	22	149	6.76
丹麦	8	54	6.75
美国	450	2070	4.60
德国	62	252	4.06
英国	45	147	3.27
日本	220	572	2.60
韩国	145	318	2.20
以色列	10	18	1.80
俄罗斯	650	664	1.02
巴西	890	855	0.96
中国	19852	9782	0.49
印度	44500	4095	0.09

资料来源:老龄化趋势下的中国农业:现状和对策[EB/OL].[2020-03-06]. https://www.163.com/dy/article/F70LVNCT05328NJB.html.

2. 自主创新投入不足,农业基础科技资源配置水平低

我国农业科研投资强度远低于发达国家水平。农业科研投入强度是衡量一国农业科技自主创新能力水平的关键指标。只有当一个国家的农业科研投入强度达到 2% 以上时,这个国家才可称为农业自主创新国家。据统计,近年来我国农业科研支出规模持续增加,2014 年比 2003 年增长了 4.8 倍,但是我国农业科研投资强度仍处于 0.11% 至 0.20% 之间,而发达国家一般为 3%—5%(钱福良,2017)。

我国农业基础科技资源配置水平低。农业基础科技资源主要指自主创新中所需要的人力、物力、财力等。由于农业科技创新主体内部的研发资源投入不足、缺乏连续性,外部融资瓶颈制约,有限的科技资源难以实现集成使用。一是在农业科技管理体制条块分割的情况下,造成农业科技资源配置比例不合理。近年来,我国农业科技投入结构出现比重失衡的状况,重产前、产中环节,轻产后环节,科研投入主要集中在粮食等主要农产品的生产领域,而加工、物流等领域的研发投入明显不足。二是各种

第四章 我国农业经济发展方式转变能力成长与能力缺口研究

科技资源要素水平不高。我国农业基础研究、科技基础性工作研究以及前沿高技术研究投入占农业科研经费的比例低,具有国际影响力的战略科学家及高精尖技术方向的研究人员短缺,自然资源、农业生物种质资源等数据积累和开发不足(薛亮等,2013)。就农业科技创新人才而言,由于农业科研工作周期长、回报低,难以吸引并留住科技骨干人员,造成人才队伍不稳定。人才队伍薄弱的负效应日益显现,一方面难以实现持续性研究,阻碍科研成果的顺利转化;另一方面造成低效率、低水平重复创新,难有自主创新成果出现(张玺,2015)。三是缺乏强大的科研基础支撑。美欧等发达国家很早就开始了农业基础性长期研究工作,持续观测60年以上的长期定位实验站有30余个,其中7个甚至有百年以上的观测历史。1843年建立的英国洛桑实验站,曾对世界化肥工业的兴起和发展以及科学施肥制度的建立起到革命性的推动作用。而我国农业科学实验站的建设始于20世纪中期,起步晚,数量少,水平低,定点观测、数据采集等长期性基础工作薄弱。

(二)农业科技创新转化和应用机制不健全

1. 农业科技成果转化率低

农业技术进步可以拓展农业生产的可能边界,优化生产要素组合,并将技术成果转化为现实的生产力,从而提高农业产业的核心竞争力(王雅鹏等,2015)。但是,现实中的农业科研考核受制于传统的科技成果考核体制,偏重科技成果的学术价值,而忽视了科技成果的生产可行性以及对市场的应用价值,导致农业科技活动与市场需求、市场活动脱节。现阶段,我国农业科技供给和需求两端的信息严重不对称,这种信息不对称直接导致农业科技活动出现逆向选择,制约了农业科技成果的顺利转化,使得农业科技成果的市场化进程和产业化进程双双受阻。据统计,在我国每年产生的农业科技成果中,只有不到40%的成果能够实现转化,而最终能够进入规模生产的不足20%,远远低于发达国家平均80%的成果转化率(钱福良,2017)。

2. 市场化动力不足

导致市场化动力不足的原因主要有三:一是农业科研和技术开发通

常由公共研究机构来完成,其成果缺乏转变为现实生产力的内在动力,造成农业科技成果供求不平衡。二是农业科技创新成果的推广效率及应用效率不高,没有把创新成果的关键技术运用在关键的生产领域和生产环节,使得技术创新的消化吸收不到位,不仅导致农业科技创新成果转化率低下,而且影响了技术成果的采用和推广。三是"产学研"合作创新及转化机制不健全。由于"产学研"合作创新的公共技术服务平台还不完备,"产学研"之间的信息不对称现象较为突出。"产学研"的各方主体虽都具有较成熟的管理体制,但彼此间缺乏沟通与协调。在农业科技创新成果转化与应用阶段,由于相应的基础设施建设不足、相应的手段和方法比较落后,农业科技成果转化和应用途径经常出现阻碍。

(三)农业科技创新政策和管理体系不完善

1. 农业科技创新投入结构不合理,基础研究投入占比偏低

2006年以来,我国农业科研经费投入的年均增幅均超过20%。但是,经费支出结构存在明显的不合理现象,农业基础研究投入尤为薄弱。《中国科技年鉴》的数据显示,我国农业科研经费中用于基础研究、试验研究、应用研究的经费比例约为0.5∶8.5∶1,而同期发达国家的这三项经费的支出比例为1∶1∶3左右。据统计,2013—2014年间,我国的国家自然科学基金资助项目中,农业类项目占项目总数6.36%,其经费支出占这两年自然科学基金项目总经费支出的5%左右;2014—2015年间,我国的国家级重点基础研究计划新增项目中,农林类项目仅占8.65%,其经费支出占这两年重点基础项目研究总经费的8%左右(赵静,2019)。

2. 持续有效的资金支持机制尚未形成,成果可靠性受限

当前,我国的科技计划基本上采取竞争性投入机制,通常以五年左右为一个周期。国家自然科学基金项目的资金支持周期为四至五年,国家"863"计划"973"计划、科技支撑计划等项目的资金支持周期均为五年。各类农业科技创新项目或活动,在获得国家资金支持五年后,须重新参与竞争以获得国家资金的继续支持。但基于农业科技创新活动的一般规律,农业基础研究和应用研究通常需要十年以上的时间才能取得成果(赵静,2019)。当前的竞争性资金资助模式以及短周期的限制,导致农业科

第四章　我国农业经济发展方式转变能力成长与能力缺口研究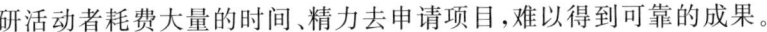

研活动者耗费大量的时间、精力去申请项目,难以得到可靠的成果。

3. 区域协同创新支持机制尚未形成,科研主体分工不明确

基于科技创新活动的一般规律,农业科技创新活动应设有区域协同机制。国家级的科研机构主要从事农业基础研究及应用研究等,省级科研机构主要从事应用研究、区域农业应用基础研究,地市级科研机构主要从事农业开发研究、推广示范等(傅晋华,2016)。这样的区域分工协作体系有助于提高农业科技创新活动效率。目前,我国不同层次机构和科研人员在不同环节上的分工不够明确,重复分工的现象严重。正因为缺乏区域协同机制,国家与地方在农业科技创新活动方面存在较多"抢地盘""争饭碗"的情况(赵静,2019)。

4. 政府宏观调控政策乏力,创新政策体系不健全

政府尚未充分发挥在技术创新过程中的引导、调控和保障作用,不协调、不配合问题依然存在。由于政府采购政策、保险政策等对农业技术创新关注不够,财政政策对农业技术创新支持力度不够,政府的政策体系对农业技术创新尚未形成有效的激励合力。

二、组织能力缺口状况分析

实现农业经济发展方式深层次转变,需要加快构建现代农业产业体系、生产体系及经营体系。这种现代农业经济体系要求农业生产组织具备专业化生产、规模化经营的能力,同时还要求具备参与市场化配置资源及社会化分工协作的能力。现阶段,我国各类新型农业生产经营组织虽然数量增加较快,但质量堪忧,存在诸多发展短板。截至2019年底,在我国依法注册的农民合作社达到220.1万家,农民合作社的服务范围覆盖了50%左右的农户。但农民合作社运行普遍不规范,成员规模过小;经营管理能力弱,缺乏懂专业的带头人;产权结构不合理,大股东控制问题突出;虚假注册、投机注册、空壳农民合作社问题严重(国家工商总局个体司促进农民专业合作社健康发展研究课题组等,2018)。除此之外,我国农业产业现状、市场环境、政策机制等方面都存在制约农业合作组织发展的

障碍性因素。

(一)发展的前提条件不充分

农业生产经营规模化及专业化是农业合作社发展的前提条件。发达国家的农业合作组织是在家庭农场实现了规模化、专业化经营之后发展起来的。家庭农场是多数发达国家的农业生产经营主体,美、法、荷等国家通过家庭农场的兼并和土地的集中首先实现了土地规模化经营,进而通过专业化、集约化经营实现了资本规模化。经营规模大,市场风险也大,所以许多家庭农场需要联合起来抵御各种风险,并分担合作社的组织、管理和运行成本;同时,生产经营的专业化也为合作社发展创造了条件。早在2001年,荷兰专业化家庭农场占比已超过90%;2016年,美国专业化经营的中等及以上规模的家庭农场创造了全国75.8%的农业产值(周慧秋等,2018)。现阶段,我国农业规模化经营面积占比小,农业规模化经营主体素质总体偏低,规模化及专业化生产的条件不足,制约了农业合作组织的广泛发展。

首先,分散型小农户经营依旧占主流,我国还未从根本上改变小农户经营的总体状况。截至2016年底,我国拥有家庭农场、农民专业合作社、农业产业化龙头企业等新型农业经营主体280万个,新型职业农民超过1270余万人。① 截至2017年9月,我国农业产业化组织达到41万余个,通过技术培训、订单带动、服务联结、股份合作等方式辐射带动农户1.27亿户。② 虽然这些农业组织及新型职业农民已成为带动农业增效、农村致富的主要力量,但相对于我国2.3亿农户的庞大产业群体而言,专业大户、家庭农场、农业产业化组织所占比例尚小,尤其缺乏能够在产业精细化分工、信息化配置资源、规模化经营基础上聚集势能、发展具有地方特色的农业产业集群的组织体系。数据显示,全国2.3亿农户中,有2.1亿农户平均承包耕地不到8亩;截至2017年底,全国土地流转累计4.79亿

---

① 我国新型农业经营主体数量达280万个[N].农民日报,2017-03-08.
② 我国农业产业化组织超过41万个 辐射带动农户1.27亿[EB/OL].[2017-09-16]. http://www.ce.cn/xwzx/gnsz/gdxw/201709/16/t20170916_26028207.shtml.

第四章 我国农业经济发展方式转变能力成长与能力缺口研究

亩,占家庭承包经营总面积的35.1%。通过流转形成30亩以上的大户1052.1万家,其中50亩以上的356.6万家(孔祥智,2018)。截至2021年底,全国家庭承包耕地流转面积已超过5.55亿亩(王斌来等,2022)。

其次,农业适度规模经营主体占比尚小,使得农业规模化及专业化生产无法在短期内大范围实现。截至2016年底,经农业部门认定的家庭农场有41.4万户,户均经营面积11.33公顷(等于169.95亩),总经营面积469.2万公顷(相当于7038万亩),仅占全国总耕地面积3.8%(周慧秋等,2018)。2017年底,在纳入全国统计调查范围的54.9万个家庭农场中,耕地经营规模为500—1000亩且从事粮食生产的家庭农场占6.5%,1000亩以上的从事粮食生产的家庭农场仅占2.2%。① 第三次全国农业普查结果显示,2017年我国农业生产经营单位和规模农业经营户的耕种面积占全国实际耕种面积的28.6%。② 截至2019年底,全国家庭农场数量超过70万个,规模耕种面积的占比小幅提高。③ 截至2020年底,全国家庭农场数量超过300万个(刘慧,2021),大规模的农业专业化生产依然受限。

最后,农业规模化经营主体素质总体偏低,从根本上制约农业生产规模化经营。在农村社保尚不完善、城市工商业及农村中非农产业快速发展等多重作用下,我国兼业农户比重较大,而比重较小的专业农户中多为中老年劳动力,这也在一定程度上影响农业规模化经营的深度扩展。《新型农业经营主体发展指数调查(四期)报告》(2017)数据显示,家庭农场、种养大户、合作社、龙头企业成员中,高中及以上学历人数占比分别为7.70%、5.88%、25.22%和25.27%。各类农业规模化经营主体亟待提升农业科技知识及技能水平,这是从根本上改变中国农业劳动生产率仅为世界平均水平1/2的根本路径,同时也是促进农业适度规模经营的

---

① 2017年家庭农场发展情况[J].农村经营管理,2018(10):21.
② 粮食生产再获丰收 2017年全国总产量61791万吨[EB/OL].[2018-01-18]. https://baijiahao.baidu.com/s?id=15899149726100176788&wfr=spider&for=pc.
③ 孔祥智.新型农业经营主体和服务主体高质量发展规划(2020—2022年)解读一:促进新型农业经营主体和服务主体的高质量发展[EB/OL].[2020-03-25]. https://www.chinacoop.gov.cn/news.html?aid=1223976.

关键。

(二)内在的需求条件不足

根据发达国家经验,农业合作组织大多集中在资产专用性强或价格波动频繁的经济作物种类及养殖业(如水果蔬菜、生鲜乳肉等),这是农业合作组织早期发展的内在需求条件。在美国和荷兰,最早的农业合作社分别是1810年成立的乳制品合作社及1886年成立的乳酪合作社。此外,就粮食、油籽类生产而言,虽然资产专用性不强,但是由于较依赖国际市场,价格波动频繁。因此,美、法等国的粮食、油籽生产者自发联合起来以规避市场风险,大量合作社由此产生。

在我国,农产品经营类型及市场条件尚不足以激发农业合作组织的大量产生及发展壮大。基于粮食供给及粮食安全的需求,我国农业生产长期以粮食作物种植为主。2015年,我国粮食(括谷物类、薯类及豆类)种植面积占当年全国总耕地面积的84%(周慧秋等,2018)。2017年,我国粮食播种面积16.83亿亩,占全国总耕地面积仍在80%以上。由于我国粮食出口量不大(2015年为164万吨,2017年粮食出口量为280万吨),①国内粮食市场基本处于完全竞争状态,主要农产品(如稻米、小麦等)的价格比较稳定,加之我国大宗农产品期货市场发展相对滞后,组建农业合作组织的内在需求不够强烈,相关合作组织数量较少。在2012年原农业部评出的600家"全国农民专业合作社示范社"中,粮食类合作社只占总数的5%,而果蔬类、种养类和种养混合类合作社约占总数的71%。虽然果蔬类、种养类和种养混合类合作社的占比较大,但催生其发展壮大的市场条件尚未成熟,加之较低的规模化及专业化水平,未能形成在国内外市场具有较大影响力的农业合作组织。

(三)外在的支持性条件不足

法律规范、资金支持、智力支持等是合作社持续健康发展的必要条

---

① 2017年中国粮食进出口数据统计分析[EB/OL].[2022-08-10]. http://www.360doc.com/content/22/0810/14/79754478_1043258549.shtml.

第四章 我国农业经济发展方式转变能力成长与能力缺口研究

件。发达国家长期给予农业合作社多方支持。一是在法律支持方面，1922年，美国《卡帕-沃尔斯坦德法》承认农业生产者自愿地为共同利益组建协会的权利，并为其提供有限的反托拉斯豁免（李健等，2013）。1926年，美国通过了《合作社销售法》，进一步为农业合作社提供反托拉斯豁免条款。1937年，美国联邦通过了《农业营销协定法》，以促进农业合作社建立自我销售秩序。1967年，美国国会通过的《农业公平交易法》首次承认了农民自愿加入农业合作社的强烈需求，准予农业生产者通过内部协商给农产品定价（苑鹏、刘凤芹，2007）。二是在信贷支持方面，20世纪初，美国颁布第一部《农业信贷法》，并专门组建联邦土地银行、中间信贷银行等金融机构，为农场主提供中长期贷款服务。现如今，美国已拥有覆盖全国的农场信贷系统为农场主、农业合作社提供金融后盾服务。贷款机构由1家农业信贷银行与3家农场信贷银行组成（黄祖辉、梁巧，2014）。基金公司通过在证券交易中筹集资金向农业合作社提供贷款服务。服务公司为农业合作社提供人力资源管理、设备租赁和综合解决方案等服务；农户们可在抵押贷款公司购买抵押担保证券（袁忠文等，2018）。三在智力支持方面，向合作社免费提供教育培训与信息咨询等服务，提高了合作社的自我发展能力。美国政府设立合作社发展中心，提供教育培训等服务，并帮助农民组建合作社；法国各级政府负责向合作社提供国内外市场动态信息及相关政策法规；瓦赫宁根大学是国际知名的科研机构，也是荷兰最好的农业大学，设立了专门的合作社研究推广机构，为合作社发展提供全方位的智力支持。

相比之下，我国农业合作社起步晚，支持性及规范性政策虽取得了一定效果，但总体上而言，政策滞后现象严重，亟待完善。2017年修订的《农民专业合作社法》确立了联合社法人地位，允许合作社开展内部信用合作等，这给农民合作社的发展增添了动力。但是综合农协、社区性的经济合作社等未被纳入调整范围，仍需加快丰富和完善相关法律法规和政策支持。对于虚假合作社，尽管增加了一些限制性条款，但精细化监管还不到位。此外，我国虽然出台了若干贷款贴息、农业机械购置补贴等合作社政策，但由于中小合作社在信息获取、权利关系等方面存在劣势而难以受益,合作社政策"扶强不扶弱"的局面急需扭转。

综上可见,上述组织能力缺口致使我国农业发展主要处于生产要素投入和技术驱动的层面,而未上升到组织带动式的"规模经济"发展层面(许开录,2011)。在这种情况下,我国的农业合作组织与已经实现了"规模经济"的发达国家农业合作组织相比,市场竞争力差距悬殊,在全球农业产业链利益分配中面临"被边缘化"的风险。荷兰的农业合作社占全国合作社总数80%以上;日本农协几乎把每个村庄的农户都组织起来,农协经营所有农作物并为农户提供"从摇篮到坟墓"的一切帮助;美国的农业合作社所加工及出口的农产品分别占农产品总量的80%、农产品出口总量的70%左右。一些农业合作组织特别是涉农企业发展成为农业跨国公司(详见第三章第二节)。这些跨国公司凭借其在核心技术、资本实力、市场营销、管理经验、信息网络等方面的优势,日益进入我国农业产业链,在种业、农产品或农资批发、农产品加工销售、农业金融等战略性环节聚积能量,易于形成对我国农业产业链的"控制效应"(姜长云、杜志雄,2017)。因此,加强我国农业合作组织建设迫在眉睫。

三、制度能力缺口状况分析

改革开放40多年来,我国农业制度建设成就卓著,但现行制度在若干方面仍然存在缺位、错位及滞后等问题。主要表现在以下方面:

(一)制度缺位问题

1. 农地转用区位选择制度的欠缺

农地转用区位的选取尤为重要,其决策过程需要考虑公平与合理两大原则的要求。伴随经济社会发展以及人口数量的递增,农地使用变更不可避免。农地转用不仅造成农地数量的减少,而且可能严重冲击农业生态,所以农地转用须谨慎。美国土地评价与立地分析体系(LESA)就是一个范例。它通过土地评估、区位评估两种方法,分别对农地所处的自然及社会经济条件进行评估,运用"权重"计算及统计等方法,进行等级划分,以此作为农地转用区位选取的依据(刘瑞平、全芳悦,2004)。而《中华人民共和国土地管理法》(下文简称《土地管理法》)虽明文规定建设用地

第四章 我国农业经济发展方式转变能力成长与能力缺口研究

占用土地,涉及农用地转为建设用地的,应当办理农用地转用审批手续,但未明确规定具体的转用审批条件及程序,有关农地转用区位选择的内容也未规定,这是不少优质农地流失的制度根源。

2. 农业环境标准制度的欠缺

区别于其他产业,农业受地理、气候等自然条件的限制比较大。政府制定环境方面的指导性技术路线,有助于指导农民在生产过程中对产品质量安全、规格标准进行全面控制,以实现环境保护的目标。例如,20世纪70—80年代,日本开始重视农业环境问题,倡导发展有机农业、循环型农业;20世纪90年代,日本提出并大力推进环境保全型农业,政府专门设置了环境保全型农业对策室,负责环境保全型农业的推广。为此,日本对持续农业生产方式规定了3大类12项持续农业生产技术指标,对特别栽培农产品和有机农产品的化肥和农药的使用数量及方式予以明确具体的规定,设立检查认证制度,使其农产品生产具有统一的技术标准和质量安全保证。

我国农业环境标准制度建设工作与发达国家相比有较大差距。据统计,截至2007年9月,原国家环境保护总局发布的现行有效环境保护标准共计1026项,其中与农村环境保护相关的仅有18项。[①] 2010年,原国家环境保护部(下文简称原环保部)发布《农药使用环境安全技术导则》《农村生活污染控制技术规范》两项有关国家环境保护标准的公告,成为此方面工作的有益补充。修订后的《中华人民共和国环境保护法》自2015年1月1日起实施,其中强调了政府、农业从业者,尤其是从事畜禽养殖和屠宰的单位和个人,应积极发挥保护农村生态环境的主体作用。2017年9月,原环保部和原农业部联合发布《农用地土壤环境管理办法(试行)》,并于2017年11月1日起施行,这在较大程度上弥补了相关制度建设的短板。

3. 与环境资源保护有关的农业补贴制度的欠缺

由于"经济人"的逐利性及环境资源的公共产品属性,农民通常在农

---

① 国家环境保护标准名录(截至2007年9月11日)[EB/OL].[2015-03-12]. https://www.doc88.com/p-2902408342387.html.

业环保方面投入较少,这就需要政府通过资金支持来引导农民的生产决策行为。美国《2002年农业安全与农村投资法案》包含了诸如农业资源保护项目、水质改善项目、环境质量激励计划等大量有关自然保护的激励项目,对接受或坚持保护行为的生产者予以补贴。2002年,欧盟出台了共同农业政策的新改革方案。该方案十分注重补贴体系的环境效益,对未遵守食品安全规定以及环境与动物保护的农民取消直接生产补贴,对坚持在5年以上时间采用"农业—环境承诺"的农民给予补贴。

  我国的农业补贴体系中缺少关于环境资源保护的制度设计。我国以往长期采取的通过补贴流通渠道间接补贴农民的方式,并不包含对农业生态环境效益的补偿。加入WTO前,95%以上的"绿箱"资源都用于国营粮食企业的亏损补贴和政府部门的直接花费,几乎没有什么剩余资源可以直接转移支付给农业生产者(钱克明,2003)。2000年开始实施的"退耕还林补贴",具有一定的"生态补偿"功能。对种植生态林、经济林和草的农民,按照有关规定(主要是造林成活率达到一定要求),可分别领取补助8年、5年和2年。这种补偿有限年数的政策规定,旨在鼓励农民退耕,而非补偿退耕农民的生态贡献。2004年起开展的"三补一免",即良种补贴、粮食直补、农机补贴和免农业税,由于农民的基数大,最终落在每一个农民身上的补贴利益较少(陈波、王雅鹏,2006);由于补贴目标的界定并不清楚,有些租种粮食的农民没得到补贴,而一部分不种粮食的农民得到了补贴(钱克明,2005)。这就意味着补贴没有在激励农业环境资源保护、内化农地外部生态环境效益方面发挥真正的作用,而是异化成为一种带有身份属性的"福利化"补助了。2017年,作为我国农业补贴向环保转型的关键之年,出台了轮作休耕补贴、高标准农田补贴、退耕还林还草补贴、草原生态保护补贴等多项政策,这在一定程度上弥补了我国与环境资源保护相关的农业补贴制度的缺口。

  4. 政府参与的农业保险制度的欠缺

  农业是高风险性产业,需要"安全网"。当农业生产遭受自然灾害、发生损失,尤其是发生连年损失时,会造成农民生产、生活乃至整个农村经济的波动,甚至影响社会稳定。因此,政府提供农业保险等"安全网"尤为

第四章 我国农业经济发展方式转变能力成长与能力缺口研究

重要。美国经验表明,农业保险相比其他救灾方法更有效、更公平、更透明。托马斯·思德纳(2005)认为农药的应用对缺少保险制度和安全制度的环境中的风险可能是一种理性的反应。这意味着农业保险等"安全网"的构建有助于遏制农民的短期行为。

我国农业保险起步晚,缺少财政补贴及政策支持,市场规模曾一度萎缩。我国农业保险始于1982年,当时由中国人民保险公司垄断经营,政府相继出台多项政策支持农业保险发展,并且完全负担经营成本。伴随家庭联产承包责任制的建立,农业保险的有效需求不断增加。1992年,在市场经济体制逐步建立的背景下,政府采取商业化经营的原则,对农业保险参与主体几乎没有任何财政补贴和政策支持,农业保险处于自主探索、自由发展的状态中。较低的有效需求加上较高的供给价格造成"供需双冷",致使农业保险市场规模一度萎缩,制度安排成为当时制约农业保险发展的主要因素。2004年,政策性农业保险试点开始,此时政府的作用是进行监管并对参与主体提供财政支持,这是一种在政府监管下由商业保险公司经营农业保险的制度安排。在财政补贴、保费补贴等优惠政策的激励下,保险公司经营农业保险的积极性大大提高,同时农户保费负担明显下降;为抵御不断加大的农业风险,农户对农业保险的需求进一步提升。此时,政府在财政补贴以及监督中付出了成本,农业保险由保险公司经营,专业的经营管理模式使经营成本不断下降,政策性农业保险制度激励农业保险市场不断发展壮大。2019年《政府工作报告》指出,扩大政策性农业保险改革试点是政府重要工作任务之一,农业保险及其制度建设迎来重大机遇期。

(二)制度错位问题

1. 农地"一权多主"对产权保护性功能的消解

从产权经济学角度讲,产权的保护是有成本的,所以财产的保护有赖于建立排他性的产权制度,有赖于形成明确的产权主体。但在"一权多主"的情况下,保护成本由保护者独自承担,而利益却由多个主体分享,于是不可避免地产生"搭便车"现象,产权就失去了保护。

我国农村土地所有权主体虚位。我国《宪法》和《土地管理法》都明确规定了农村土地归农民集体所有,但该规定实质上是模糊的,因为"农民集体"的含义并不明确。按照《中华人民共和国村民委员会组织法》的规定,村民小组、村委会都不能成为农村集体土地的所有者。这就造成了农地所有权主体的虚位。而现实中,村民小组、村委会、乡政府,甚至一些集体经济组织都成为集体土地的支配者,行使着所有人的权利,导致"一权多主"现象出现,村干部和乡干部最终成为农村集体土地的实际支配者及最大受益者,乡村干部"寻租"成为一种较为突出的现象。

2. 农地产权关系不清对农民不合理环境行为的反向激励

土地产权制度是影响农民行为的决定性因素。俞海等(2003)认为,明晰的产权可以提供激励以解决自然资源利用中的外部性问题。对土地而言,产权的不稳定性和不完整性将会导致资源的退化。我国现行农地产权制度的缺陷,导致农民生态环境行为的短期化以及农业生态环境的恶化。前些年,由于土地产权相对不明确,农民难以形成长期拥有土地的意识,只求土地短期增产,造成化肥农药过量施用,土地肥力普遍下降。林地产权安排不当也引起林农砍树卖钱、不投资育林等破坏生态现象。习近平总书记在党的十九大报告中提出实施乡村振兴战略,明确指出保持土地承包关系稳定并长久不变,第二轮土地承包到期后再延长30年,给广大农民吃了"定心丸",有助于农业生态资源环境的长期保护。

3. 现行环境法律制度在农村的弱适用

我国的环境立法基于城市化的工业社会背景。现代环境问题发端于现代工业污染,并集中于城市,所以现有的环境法律,尤其是环境污染控制的相关法律,主要反映城市环境改善的需求,难以满足新农村建设的需要。例如,抓源头预防和过程预防的清洁生产制度主要是以政府和企业为对象,而非针对农民的清洁生产行为(杨慧,2010)。《中华人民共和国固体废物污染环境防治法》直接将农村生活垃圾污染环境防治排除在外,交由地方性法规自行规定,而各地固体废物管理的立法中关于农村生活垃圾污染防治的规定也并不多见。

(三)制度创新滞后问题

一是涉农产权和要素市场建设制度创新滞后。农业资源和要素的流

第四章 我国农业经济发展方式转变能力成长与能力缺口研究

动及优化配置受限,延缓了小规模兼业农户的分化及新型农业经营主体的成长。

二是涉农科技制度创新滞后。科技创新链条上的主体间的衔接、互动、协作不够,涉农科技的供给与需求之间难以实现有效对接,导致科技创新成果有效植入农业产业链、供应链的难度加大,成果转化能力的提升愈加迟缓。

三是农村人力资源开发利用制度创新滞后。我国缺乏面对加快构建新型职业农民队伍的现实需求,促进知识型、技能型、创新型农业经营者成长发育的制度性供给,培训机构及服务平台建设滞后,使得农业向价值链高端攀升的智力支持裹足不前。

四是农村金融制度创新滞后。伴随新型农业经营主体的不断涌现,农业适度规模化、产业化经营所需的金融服务日益增多且更加细化,不仅要求在服务范围上覆盖农业产业链的各环节,在服务领域上从融资进一步拓展到保险、证券、期货等各金融领域,而且在服务方式上要求提供全方位、更为便捷的网络化信息服务。现有的农村金融服务不足以满足上述新需求。农村信用社、农村合作银行、农村商业银行等主要农村金融机构改革步伐缓慢,资本市场中直接融资有限,股票市场和债券市场发育不充分,各类农业经营主体不仅融资难、融资贵,而且投资积极性受到抑制,很大程度上制约了农业新技术成果的转化及应用,也延缓了新业态的发育以及新模式的成长(姜长云、杜志雄,2017)。

第三节 三大能力成长耦合促进农业经济发展方式转变的案例分析

在创新驱动成为经济发展主引擎、农业竞争更趋激烈的背景下,智慧农业、创意农业以及组织化、规模化、市场化的现代农业,由于在技术能力、组织能力、制度能力等方面成长较快,较好实现了农业经济发展方式转变。上海、广东、湖南及山东的现代农业分别成为全国以及我国南部、中部和东部农业的发展先导,这些地区的经验值得研究、学习和借鉴。

一、上海建设"都市型智慧农业示范区"

上海的多重经济优势是其发展智慧农业的坚实基础。多年来,上海一直拥有较多优势条件,如地理位置优越、交通便利、工农业基础雄厚、科研院所多、人才多、劳动力素质高、政策支持多等。2019年,全国各省市GDP排名中,上海以38155.32亿元位居第一。这是自1978年以来,上海第42次在中国城市GDP排名中位列第一。① 2019年,上海第一产业增加值103.88亿元,在全国各省市亦居前列。根据农业农村部测评,现阶段上海农业现代化评价指数、都市农业发展指数均居全国第一,农业科技进步贡献率也居全国第一。② 多年来,上海已经走出一条高效、生态的"都市型"现代农业发展之路。作为农业物联网区域试点省市之一,上海按照有利于改善农产品品质、有利于提高农业生产率的要求,全面推进物联网技术在都市现代农业中的集成示范与综合应用。

(一)上海"都市型智慧农业"在全国具有示范引领作用

一是粮食作物"产加销"应用示范性强。早在2014年底,上海已建成10余万亩物联网综合应用示范基地,辐射周边农田20万亩,实现了水稻生产、加工、流通、销售等各环节的数据贯通。研究显示,农企采用物联网管理,可减少管理及投入成本60元/亩,其中生产管理成本减少5%(30元/亩),化肥、农药等生产资料投入减少5%(15元/亩),水稻产量提高2%(增收15元/亩)。10万亩水稻每年可为农企节省600万元管理成本及投入成本(叶有灿,2015)。

二是绿叶蔬菜物联网综合管理应用示范性强。上海在覆盖全市的200多家蔬菜园艺场中,广泛采集绿叶菜生产过程的农事操作及投入品使用信息,建立起规范的电子田间档案,并通过电子标签、条码等信息技术,

---

① 最新!2019年各城GDP最新出炉!上海稳居第1[EB/OL].[2020-03-26]. https://www.sohu.com/a/383340682_120344256.

② 上海市统计局,国家统计局上海调查总队.2019年上海市国民经济运行情况[EB/OL].[2020-01-21]. https://tjj.sh.gov.cn/tjxw/20200121/0014-1004396.html.

第四章 我国农业经济发展方式转变能力成长与能力缺口研究

实现绿叶菜生产阶段的可追溯。

三是动物及动物产品检疫监督、信息管理应用示范性强。在全市范围内，各生猪养殖场通过使用植入式电子耳标，对能繁母猪（约17.5万头）实行电子身份证管理，确保病死母猪不进入食品链。

四是农业投入品监管信息平台应用示范性强。上海针对全市范围内的种子、种苗等进行植物检疫监管，已建立农药、肥料、种子、植检等相关资料数据库，积极开展高毒、限用及推荐农药的在线监管试点应用。

五是公共服务平台应用示范性强。依据"组装集成建平台，推广平台促应用"的发展思路，上海已建立农业物联网公共服务平台，该平台包括农业综合数据中心，应用管理系统、综合展示系统及远程指挥调度系统。该平台现已完成包括上海地产蔬菜农残检测管理系统、上海蔬菜质量安全追溯平台、绿叶菜市场价格信息监测系统等37个业务系统与平台的资源整合，较好实现了全市农业信息资源的共建共享以及平台系统的互联互通。上海市内各区域试点工程形成的共性技术和解决方案，可依托公共服务平台，向全市的农民合作社、农业企业、家庭农场提供技术服务。平台还利用其汇聚的海量关联数据及数据挖掘技术，构建专家系统、决策模型和专家知识库，向各类新型农业经营主体提供基于数据分析的农业信息咨询服务，有效降低了物联网技术的应用门槛（叶有灿，2015）。

六是都市型绿色农业示范性强。上海积极扩大绿色农产品种植面积，推进畜牧业及渔业健康养殖，大力增加绿色农产品供应。截至2019年11月，上海累计培育绿色农产品企业582家，绿色农产品955个，地产绿色农产品认证率超过20%，位列全国第一。上海启动了金山、崇明两个生态循环农业示范区建设，同时加强了嘉定华亭、奉贤庄行、金山吕巷、崇明绿华、闵行马桥、松江泖港这六个绿色生态示范镇的创建工作，全市的农药、化肥使用量分别比2015年下降34.6%和26.7%。作为在全国率先创建主要农作物全程机械化示范省（市）之一，上海打造了8个蔬菜机械化生产基地，实现了机械化作畦、播种、移栽，劳动生产率提高80%。上海城郊140余万亩稻田里，播种着"沪软1212""银香38""沪早香软1号"及"松香早1号"等优质品种，这些品种构成了全国唯一的国庆稻、中晚熟粳稻产业体系。① 由于采用水稻精量穴直播等技术,2021年上海水稻种植综合机械化程度已达到96%。② 由于农机与农艺相融合,上海的都市型绿色农业更具特色。

(二)三大能力成长耦合促进上海"都市型智慧农业"大发展

1. 上海农业技术能力成长状况

物联网核心技术创新方面,上海已具有一定数量的自主知识产权。一是成功研发出系列动物电子标识产品,使保险在投保、核保、出险报案、无害化处理以及理赔各环节实现了全程信息化管理。二是成功研发出移动式农情采集与指挥调度终端设备,能够对接多种农业传感设备,实时进行图像音频传输,实现了农情信息迅速获取、专家远程诊断及远程指挥调度。三是成功研发了集成式大田环境监测传感网络设备,现已应用于奉贤庄行、金山廊下、崇明长江农场等10余个农情监测点和示范基地。四是探索小型无人机在保险勘查理赔上的应用,解决了人力成本高、定损难等问题,现已在崇明、青浦等区域开展技术试验;与此同时,积极拓展无人机在农业生产作业中的应用,提高了农业生产精准化和智能化水平。

物联网软件研发方面,上海已获明显成效。一是构建了农业物联网专家系统,将水稻、蔬菜等病虫害预测预警、诊断防治等集成到上海农业物联网公共服务平台,通过平台提供相关决策服务。二是构建了有机蔬菜质量溯源系统,使得有机蔬菜生产实现了全过程监管及可追溯。三是构建了集约化养殖全程智能控制系统,对水产养殖环境、饲喂及疫病防治进行智能控制,实现了对水产养殖全过程的监管及可追溯。四是构建了农产品冷链物流过程监测与预警系统,实现了对冷藏环境的温湿度、车门开关情况、车辆停靠时间、车辆行驶路线、车辆油耗情况等的全程监管(叶有灿,2015)。

都市型绿色农业技术创新方面,上海居于全国前列。"沪软1212"大

---

① 上海:农业科技创新的"排头兵"[J].农业工程技术,2019(8):62-64.
② 上海加大农机投入力度:水稻生产综合机械化水平达到96%[EB/OL].[2021-03-15]. https://www.sohu.com/a/455765110_162758.

第四章　我国农业经济发展方式转变能力成长与能力缺口研究

米获得首届全国优质稻(粳稻)品种食味品质鉴评金奖;含有上海祥欣基因的商品猪在全国上市商品猪中占比1/10;小孢子育种技术走出上海,帮助全国的麦类育种者实现了高效育种;"锦字"系列黄桃品种帮助沂蒙山革命老区等落后山区的果农实现了优质高产的梦想;"江海21号"大闸蟹给全国水产养殖户带来致富福音;上海欣灏珍禽育种有限公司成功培育出全国第一个山鸡新品种"申鸿七彩雉"。上海市农科院连续取得若干食用菌技术的新突破,解决了蘑菇菌种制作技术瓶颈,使得菌种不再长期依赖进口;成功研发出猪牛粪代料栽培蘑菇及木屑代替原木栽培香菇技术,有效促进了全国蘑菇生产及香菇生产;国内外首次突破银耳半人工栽培的落后方式,在银耳段木人工栽培试验上取得重大进展,制成银耳生产菌,从而成为中国食用菌产业的打造者。上海市农业机械研究所与上海交通大学等单位联合攻关,在借鉴意大利蔬菜机械技术基础上,成功研发了三种绿叶菜生产成套装备(包括蔬菜作畦机、播种机及自走式叶菜收割机),自动驾驶和割台自动仿形功能在全国居于领先水平。

2. 上海农业制度能力成长状况

上海高水平的农业科技贡献率源于其完善的制度体系。"十二五"期末,上海农业科技进步贡献率达到70%,走在全国前列。"十三五"期末,上海农业科技进步贡献率仍居全国第一。这主要归功于上海在改革开放40多年来出台了若干促进农业科技进步的政策法规,具体包括《上海市促进农业科技进步若干规定》《关于推进科技兴农项目的实施意见》《上海市科技兴农项目及资金管理办法》等。其中,《上海市促进农业科技进步若干规定》是全国第一个强调农业科技创新与进步的地方性法规。

上海农村产权制度改革持续深化。上海全市农村集体总资产5675亿元。截至2019年底,村级产权制度改革全面完成,镇级产权制度改革完成85%。全市已形成在村党组织领导下,村民委员会自治管理、村集体经济组织自主经营、村务监督管理委员会监督的新型组织治理机制。截至2019年10月底,全市有534家新型集体经济组织对2018年度收益进行了分红,涉及成员206.67万人,分红总额25.9亿元,人均分红1253元,农民财产性收入逐年增长。

上海在全国率先建立了统一的城乡居民养老和医疗保险制度、特困人员供养标准以及最低生活保障标准。

3. 上海农业组织能力成长状况

在制度法规的支持下,上海形成了包括投入机制、立项机制、分工协作及联合攻关机制在内的科技兴农运行机制。借助于此机制,上海现已形成由创新团队、综合试验站、技术示范点、各类农业企业、新型农业经营主体参与其中的10大现代农业产业技术体系,培育出了以华维节水科技集团、上海左岸芯慧电子科技有限公司等为代表的农业物联网高科技企业。①

上海农业物联网工程技术研究中心成果较多,产学研用相结合的农业物联网产业技术体系发挥了积极作用。以华东师范大学何积丰院士为组长的技术专家组负责实施方案的组织推进,开展农业物联网技术的研发、集成、示范和推广,已获得6项专利、8项软件著作权(叶有灿,2015)。

为有效解决农业物联网产业发展的技术瓶颈,上海设立了农业物联网产业技术创新联盟。该联盟依托农业高校和科研院所,以行业龙头企业及重点骨干企业为核心,整合农业物联网产业技术创新资源,以研发重要技术标准和共性关键技术为目标,推动产业技术创新,加快成果共享与转化,为上海智慧农业发展做出了积极贡献。

加强农村基层组织体系建设,培育新型职业农民。一是选派200名优秀干部到经济相对薄弱村担任"驻村指导员",发挥农村基层党组织的战斗堡垒作用。二是加大农村集体"三资"监管力度,有力防范农村基层组织的微腐败。三是实施"阳光工程"。全市1281个村均采取开放式集中办公,有903个村已完成村务及财务公开信息化平台建设。四是积极创建评选市级文明村镇,开展18个全国民主法治示范村培育试点。五是加快培育新型职业农民、家庭农场、农民合作社、龙头企业等新型农业经营主体,加快农村富余劳动力非农就业转移,促进农民增收致富。适度规模经营的理念逐渐深入人心,截至2018年底,全市农村承包地流转率达

---

① 上海:农业科技创新的"排头兵"[J].农业信息化,2019(8):62-64.

第四章 我国农业经济发展方式转变能力成长与能力缺口研究

85%,位居全国前列。① 全市家庭农场经营水稻种植面积超过51%,45岁以下中青年占家庭农场经营者总数的23%。2019年前三季度,全市农村常住居民人均可支配收入为27498元,同比增长9.4%。2021年,全市农村常住居民人均可支配收入达到38521元,同比增长10.3%。②

二、广东:建设"南部创意农业产业集群"

(一)创意农业的兴起、内涵及其多重优势

1. 创意农业的兴起及其内涵

创意农业作为一种新兴农业业态,已成为世界各国转变农业经济发展方式的一条有效途径。借助于创意产业的思维逻辑和发展理念,人们有效地将科学技术和文化要素融入农业生产,进一步拓展农业功能,提升农业附加值,从而促使创意农业于20世纪90年代后期在世界许多国家逐步发展。

创意农业以市场为导向,利用科技、文化、社会、人文的创造力,围绕农村的生产、生活、生态资源,对农业生产、加工、运输、销售、服务等产业及对农业的休闲、观光、度假、体验、娱乐等功能进行创意、设计和改造、提升,使农业各环节联结为完整的产业链条,形成彼此良性互动的产业价值体系;同时形成创意农产品、创意农业文化、创意农业活动和农业景观,不断满足城市居民日益增长的消费需求,从而转变农业发展方式、提高农业综合效益、增加农民就业机会、促进农民增收等。创意农业是一种新型的农业生产、经营和生活方式(刘丽伟,2011)。

2. 创意农业具有促进农业经济发展方式转变能力成长的多重优势

创意农业的多重优势来源于多层面的自主创新:一是技术方面,技术的核心是创新,创意农业主体通过自主创新挖掘文化创意元素,使得技术创新与文化创意相耦合,共同促进农业经济发展方式转变能力成长,有效

---

① 上海市实施乡村振兴战略工作领导小组办公室.关于2018年上海实施乡村振兴战略情况总结和2019年工作设想的汇报[R].2019-01-14.
② 2021年上海市国民经济运行情况[EB/OL].[2022-01-21]. https://tjj.sh.gov.cn/xwfb/20220207/7b9427c3f9d2433d9f612498d655ba4f.html.

地带动农业生产从"报酬递减"向"报酬递增"转变。二是组织方面,创意农业主体努力提高农业企业自主创新能力,改善组织结构,向成长型、竞争性企业发展,向农业产业集群方向发展。三是制度与政策方面,创意农业主体通过完善自主创新激励机制,制定相关支撑制度与政策(包括竞争性农业企业制度、产学研合作机制、自主创新制度与协同机制,培育自主创新的文化环境等),为农业经济发展方式转变提供制度保障。

(二)广东创意农业发展的成功案例:陈村花卉产业集群

陈村花卉产业集群经历了"农贸集市—广场市场—路边花市—花卉世界"的创新发展过程。在此过程中,陈村花卉产业链条将技术创新作为第一生产力,同时嵌入文化创意元素,并积极发挥组织及制度的强大作用,在技术能力、组织能力、制度能力成长的过程中实现了资源优化配置,农业经济发展方式随之发生相应转变,切实做到了农业增效、农民增收,实现了农村发展。

1. 广东陈村镇的总体概况

陈村镇位于广东省佛山市顺德区,陈村区域面积50.7平方千米,常住人口21.43万人,户籍人口9.97万人,下辖7个村委会和8个居委会。近些年来,陈村镇委、镇政府坚持科学发展观,经济、生态及社会效益显著,已获得"中国花卉之都""中国花卉第一镇""中国花木之乡""世界盆景赏石园艺博览之都""中华花卉美食名镇""国家级生态乡镇""中国机械装备工贸名镇"等荣耀称号。2018年,陈村实现本地生产总值230.11亿元,工农业总产值439.36亿元,全社会固定资产投资80亿元,全镇居民储蓄余额181.24亿元。伴随广佛同城、顺德北部片区一体化发展步伐的加快,陈村将坚持开放创新,全力打造生态优美的"花乡·智城"。

2. 花卉文化及文化创意成为陈村花卉产业发展的内生动力

陈村花卉文化底蕴深厚,历史悠久。陈村镇位于珠江三角洲冲积平原上,种植业发达,尤以花卉苗木种植而闻名,自古被誉为"百花村""千年花乡"。陈村的养花历史可追溯至汉代。① 明末清初,陈村成为岭南最大花乡。清代康熙年间《顺德县志》有载:"汉有扶荔之宫,宋有异花之献,置堠传送,皆自南海。意即斯乡(陈村)"(邹锡兰,2007)。"户以花为业,村以花出名",花文化深深植根于陈村的每一寸土地。陈村花农技艺高超,数百年前就创造出各种石山盆景、人物盆景等。20世纪80年代以来,陈村在农贸集市、广场市场的基础上,连续举办了30余届"陈村迎春花市"。每届花市均从不同的角度展现出陈村至深的文化底蕴与文化创意,花卉销路大开。陈村在花卉科研、生产、销售、会展、培训、观光旅游等环节植入创意理念,价值乘数效应显著。

陈村镇成功打造"中国花卉第一镇"。2013年,陈村农地总面积为17670亩,其中广义的花卉种植面积为16475亩,占农地总面积的93.24%。据不完全统计,陈村直接从事花卉业种植、经营的人数达12800人,种植户人均年纯收入11225元,超过了广东省乃至全国的平均水平。近年来,陈村花卉种植面积不断扩展,已经接近2万亩,并且在高明、云浮、南海等周边地区开辟外延花卉种植基地约7万亩,每年花卉出口总值3000万美元,花卉交易额达30亿元。2017年,陈村出口花卉苗木1.8亿株,增长68.7%,出口金额5000万美元,同比增长17.2%。其中,陈村蝴蝶兰正式进入美国市场,在全国率先打开北美高端市场,传统品种如国兰、年桔、盆景等的市场地位得到巩固并提升。

3. 陈村花卉产业集群的形成与发展

OECD把农业产业集群定义为"一组在地理上相互临近的以生产和加工农产品为对象的企业及互补机构,在农业生产基地周围,由于共性或互补性联系在一起而形成的有机整体"(朱春江等,2012)。陈村花卉产业集群经历了产业集聚、扩张、升级与转型等发展阶段。在此过程中,陈村的技术、组织、制度三方面能力不断成长,推动陈村花卉产业集群日益走向成熟。陈村花卉产业集群的形成与发展包括四个阶段。

第一阶段:产业集聚阶段(1999—2000年),组织能力不断成长。1999

---

① 陈村不仅有花香,也有缕缕书香[EB/OL]. [2020-08-31]. https://www.shundecity.com/a/2020/240579.html.

年 2 月,"陈村花卉世界"作为专业市场建成后,宽容开放的"文化生态"吸引了 280 余家企业进驻,其中 40% 企业来自陈村本地,30% 企业来自广东以外其他省份,其余 30% 企业来自海外,初步形成了企业的空间集聚,并为众多的花卉企业提供了交流和贸易平台(陈之荣、杨锐等,2012)。同年,花卉世界网(www.flowerworld.com.cn)的开通,使得集群可以整合网络资源,帮助陈村花卉企业在瞬息万变的信息社会中把握先机。

第二阶段:产业扩张阶段(2001—2003 年),技术能力不断成长。技术创新是陈村举办多届国际性、地区性大型展会的有力支撑。2001 年第五届中国(国际)花卉博览会的召开对于陈村集群演化发展具有重要意义,不仅加强了产业联系,而且提升了陈村在国际花卉界的品牌效应。许多大型花卉公司开始裂变,其中一些技术骨干脱离原公司,成立新公司,或成为原公司客户,或成为其竞争个体。知识、信息与技术伴随人才的溢出而溢出,使得集群内部的网络关联更为复杂。2003 年的多个大型展会,进一步促进了集群内部的分工协作及网络发展,劳动力得到高效配置,集群发展进入快车道。

第三阶段:产业升级阶段(2004—2006 年),技术、组织、制度三方面能力共同成长。2004 年,"陈村花卉世界"建立了子市场——综合批发市场;2005 年,开始建设艺术品市场及兰花生物科技园,并致力于将兰花生物科技园打造成为全球热带兰种苗供应中心;同年,国通物流城正式运营,其检验、检疫、海关等"一条龙"服务为陈村花卉业搭建起进出口的"绿色通道"。该物流城作为全国首家农业保税区项目,是中国大陆唯一允许从日本等国家和地区进口带土入关的罗汉松、九里香等昂贵盆景的关口。2006 年,"陈村花卉世界"正式启动了中国盆景大观园项目,其发展目标是成为中国盆景艺术流派最丰富的精品收藏中心。上述子市场及项目建设,帮助陈村花卉产业进一步实现了产业的高附加值及集群价值。

第四阶段:产业转型阶段(2007 年至今),技术、组织、制度三方面能力成长耦合促进陈村花卉产业大发展。原陈村花卉世界有限公司一直是政府下属企业。2006 年底,"陈村花卉世界"开始体制改革,从中分化出物业管理有限公司,将国有资本——土地彻底剥离出去,注入了民间资本的贸

第四章 我国农业经济发展方式转变能力成长与能力缺口研究

易股份公司部分,经营更具活力;同时,陈村经过10余年的发展,土地存量有限,无法满足集群继续发展的土地需求,正在实施"飞地扩张"战略。2013年,陈村在顺德周边的南海、高明、番禺、肇庆、湛江、新兴等地拥有的外延花卉种植基地达7万余亩。与此同时,陈村进一步实施"资源整合"战略,努力打造"两个平台"和"一个文化之都"。

一是打造进出口平台。在技术创新不断夯实陈村花卉品种的市场地位的基础上,陈村已连续举办了多届中国国际植物展览会,与之相关的信息、物流、网络建设等渐趋成熟。陈村依托佛山跨境电子商务产业园、佛山国通B型保税物流中心、国畅供应链管理、德邦物流等项目的带动作用,积极打造现代物流总部基地。同时,以金锯、力源、顺联机械城为主体的现代物流集聚区逐步成型。在此基础上,陈村花卉世界正大力完善相关进出口流程,不仅帮助国内花卉企业出口,还帮助国外企业解决进入中国的清关、仓储和物流事宜,争取实现进出口相关链条的无缝链接。

二是打造旅游和会展平台。2012年,陈村花卉世界成功申报国家4A级旅游景区,花卉旅游文化产业亮点纷呈。在成功举办第五届中国花卉博览会、2006年中国盆景赏石博览会、中国国际植物展览会等若干国家级和国际型展会的基础上,陈村会展平台的影响力日益增强。2016年佛山食品农产品展暨ICEE中国国际跨境电商展和顺德农业嘉年华盛况空前。2017年广东(陈村)花卉旅游文化节携手荷兰郁金香协会,举办荷兰"国泰"郁金香展,参展人数突破15万,大大促进了花卉文化与旅游业、餐饮业的跨界融合。

三是打造"中国南部的花卉文化之都"。陈村花卉下一轮发展的突破口,在于突破仅限于花卉种植、营销上的狭隘式"花卉产业",通盘整合资源,实现产业深层次融合。陈村不仅要把那些已经走出去的陈村园艺企业作为外延品牌纳入"陈村花卉"大品牌旗下,而且要科学设定陈村旅游观光线路,全盘整合相关资源,把陈村的文化底蕴、花卉产业与城镇建设结合起来,将陈村50.7平方千米的镇域范围打造成为"中国南部的花卉文化之都"。

4. 技术能力成长助力陈村保持华南花卉总部经济地位

陈村运用技术创新不断为消费者创造新价值。技术创新实质是指通过科技为消费者创造新价值,而不仅仅是开发新产品。1983年,陈村在全国率先成立了镇级花卉研究所。1999年以来,由陈村镇政府投资建立的陈村花卉世界有限公司(简称"陈村花卉世界")肩负起推动陈村花卉企业开展技术创新,带动全镇花卉技术水平提升的重任。2002年,该公司组建了广东省花卉技术创新中心及顺德花卉研究开发中心;2010年,该公司与中国科学院华南植物园组建了"经济植物育成中心";同时,该公司与华南农业大学、美国维生园艺科技有限公司等国内外高校及科研院所开展产学研合作,在蝴蝶兰品种研发、兰苗栽培、病毒检测、组培扩繁等方面取得了重要突破。陈村以景观大树闻名业内,目前正在打造科技型种苗中心,给入驻企业配备现代化温室、组培室和冷库,帮助企业展示和销售,并与中山大学、华南大学合作开展凤梨、红掌以及阴生植物等方面的组培业务,为种苗培育提供科技支撑。

陈村运用技术创新改善营商环境,发展总部经济。为扩大花卉销售渠道,陈村积极发展电子商务。陈村精心打造的"中国兰花交易网"现已成为国内权威级的兰花网上交易中心,"花卉世界淘花网""花卉世界网""国通菜篮子"等电子商务平台不断升级。美国维生股份有限公司及国内外许多花卉大盘商已把总部设在陈村(邹锡兰,2007)。技术创新正助推陈村日益提升其总部经济地位。

5. 政府积极打造有利于三大能力成长的营商环境

"陈村花卉世界"的经营管理模式是我国农业生产经营体制改革领域的创举。它打破了以往由政府经营的模式,转而采用"政府搭台、商家唱戏、市场运作"的方式。政府的主要职能是营造软硬两重环境,充分发挥其服务管理职能,积极营造有利于技术、组织、制度能力成长的营商环境。

首先,政府扶持成立了多个行业协会,组织能力得以成长。陈村政府扶持成立了兰花协会、花卉种植者协会等行业组织,壮大并扩展其实力和职能,协助其构建资源共享与信息交流的大平台。各协会利用此平台,收集并发布国内外花卉产业发展新资讯,尤其是推介花卉新品种和种植新技术,深度传播花卉文化,激发花卉文化创意。

其次,政府构建大型花卉交易市场,技术能力及组织能力得以成长。1999年,由陈村镇政府投资建设的"陈村花卉世界"竣工并投入使用,总面积5000余亩。陈村花卉世界是一项"造龙工程",其龙头是管理服务公司,龙身是花卉世界园区内的600多家国内外著名花商与企业,龙尾则是全镇及周边地区的2000多家中小型花卉企业及10000多户花农。"龙头""龙身"及"龙尾"均能灵活运用技术创新及文化创意,使得陈村花卉世界经营的花卉种类多达6000余种,成为目前国内最大的花卉交易中心(刘启强,2013)。陈村花卉世界的发展目标是成为立足华南、面向全国、走向世界的文化、创新、贸易、会展及旅游中心。

最后,政府推动管理模式及服务模式创新,组织能力及制度能力得以成长。陈村花卉世界的管理模式主要体现为"公司＋企业＋花农、基地＋市场＋服务"。政府扶持龙头企业及基地发展,使之外接市场、内联花农,带头将技术创新及文化创意成果转化为创意花卉产品,开辟出花卉新市场。陈村的竞争力体现在为企业提供的"绿色通道""一站式"以及全方位的服务模式上,其配套的会展与管理运作系统以及政府部门和市场管理机构的高效服务水平,帮助众多国内外花卉公司不断提高其生产能力,日益扩大其创意花卉产品的市场份额,从而实现经济价值最大化。

三、湖南:建设"中部创意农业示范区"

在湖南创意农业发展过程中,技术、组织、制度与政策等均发挥了积极的带动作用,经济、生态及社会效益显著。近年来,湖南创意农业呈现出又好又快的发展势头。

(一)经济效益显著上升

创意农业带来的经济效益连年上升。2005年,湖南省具有一定规模的创意农业企业有5000余家,年收入30余亿元,接待休闲旅游人数2000余万人次;2010年,全省创意农业企业增至2万多家,年收入超60亿元,接待游客人数4200万人次,较2005年分别增长300％、100％、110％(刘军、盛姣,2013)。2012年,湖南省创意农业实现经营收入120多亿元,接待休闲观光人员 1 亿多人次,经营收入年均增长 20% 以上,创发展之新高。① 2017 年底,湖南省创意休闲农庄整合为 3811 家,其中星级休闲农业企业有 296 家,农家乐和民俗旅游接待户达到 15000 户,接待休闲观光者 7184 万人次,实现经营收入 89.5 亿元,带动种养基地 81.5 万亩,带动相关产业产值 100 多亿元,安置农民 24.2 万人。②

(二)文化创意深度嵌入

湖南创意农业通过与文化、旅游等产业融合,高品位打造精品农业文化。一是赋予创意休闲农庄硬件设施个性化、人性化的特征。如长沙市的"润泉山庄",山、水、别墅错落有序,人与自然亲密无间,水资源得到循环利用。二是给农庄添加丰富多彩的创意休闲项目,如垂钓、游泳、户外拓展、骑马、狩猎等。三是深度挖掘地方文化内涵。在利用地方优势农业资源基础上,充分发挥当地节庆活动、民俗风情的独特魅力来提升农庄的文化内涵,如长沙百里优质水产走廊、百里小水果走廊、百里茶廊、百里花卉苗木走廊等均具一定文化意蕴,特别是安化县的梅山文化生态山庄把梅山民族文化与当地的巫文化、农耕文化融合在一起,构建了独具特色的"梅山文化生态"。

(三)技术、组织、制度三方面提供保障

"科学技术是第一生产力"。湖南创意休闲农业中既存在传统的技术创新,也存在现代的科技创意。梯田、水车、风车、水磨等体现的是传统农业的技术创新,是山区农民阶梯造田和利用自然能的成果;精确农业、分子农业、智能温室等则是现代农业科技的最新体现。长沙的百果园将多种现代科技元素应用到创意休闲农业产业中,如采用温室大棚的生长环境、有机基质栽培、滴灌与喷灌、振频杀虫等现代农业生产技术,培育各具特色的有机农作物。

湖南于 2006 年成立了"湖南省休闲农业协会",并出台了相关政策及

---

① 湖南省 2012 年休闲农业实现经营收入 120 多亿元[N].湖南日报,2013-03-03.
② 袁正乔等.湖南休闲农业调研报告[EB/OL].[2011-10-14]. https://www.zgxcfx.com/Article/36584.html.

标准。具体包括《湖南省人民政府办公厅关于加快发展休闲农业的通知》《湖南省休闲农业庄园建设规范》和《湖南省休闲农业庄园星级评定准则》等。长沙市、衡阳市、岳阳市、邵阳市等市都成立了创意休闲农业协会,负责本市创意农业发展的相关事宜。

(四)产业集聚区初步形成

湖南现已形成四大创意休闲农业区域。一是以"长株潭"城市群为依托,以城市居民度假、休闲、娱乐、购物、农业教育等多功能为主的休闲农业区。二是以洞庭湖水乡为依托,以"渔家乐""花家乐"为特色的休闲农业区。三是以湘中南山水文化为依托,以休闲、健身、体验农事等为主的休闲农业区。四是以湘西奇异地貌和民族文化为依托,以原生态景观、民俗风情为主的休闲农业区。

湖南现已初步形成各具特色的创意农业产业集聚区。湖南各地根据自然资源禀赋及当地市场需求状况,不断调整、完善产业布局。如岳阳君山的野生荷花世界、鸟语林、乡村之恋等农庄围绕湖水、荷花、飞鸟、池鱼等形成产业集聚区;怀化"日月湖旅游度假村"集侗族文化歌舞艺术表演之大成,同时建设侗族文化特色建筑群,积极打造世界最大的侗族文化长廊。此外,还有一些地方集中开发,日渐形成点片相连的创意休闲农业产业集群,如长沙市的开福区、衡阳市的珠晖区、株洲市的天元区、岳阳市的君山区、邵阳市的隆回县、怀化市的鹤城区、常德市的武陵区、张家界市的永定区等均已形成集中布局的雏形,成为当地的重要产业。2018 年 11 月,在第十六届中国国际农产品交易会暨第二十届中国中部(湖南)农业博览会系列活动中,湖南省推介了 50 个创意休闲农业创新创意产品,发布了 20 条创意休闲农业与乡村旅游精品线路,多数都处在产业集聚区内,成为当地创意农业新的经济增长点。①

四、山东:建设"东部组织化、规模化、市场化农业示范区"

山东是农业大省,素有"全国农业看山东"之说。改革开放 40 多年

---

① 湖南省推介 50 个休闲农业创新创意产品[N].湖南日报,2018-11-04.

来,山东农业现代化建设成效显著,全省农业增加值居全国第一,农林牧渔业总产值接近万亿元大关。根据《山东省乡村振兴战略规划(2018—2022年)》,山东以占全国1.64%的国土面积、6.27%的耕地面积养育着占全国7.16%的总人口,提供了占全国7.76%的粮食、8.69%的棉花、9.24%的油料、13.52%的蔬菜、6.51%的水果、8.88%的肉类、7.65%的奶类、13.69%的水产品和19%的花生,农产品出口额占全国24%,农产品出口连续19年居全国第一。山东农业改革走在全国前列,创造了若干成功模式。如农工贸一体化、农业产业化经营就出自诸城、潍坊和寿光,形成了著名的"诸城模式""潍坊模式"和"寿光模式",为山东农业乃至全国农业发展提供了榜样。现阶段,山东积极实施乡村振兴战略,制定了提升农业组织化、规模化、市场化水平的发展目标,每个目标的实施策略都充分体现了技术、组织、制度三方面的能力成长,值得各地学习。

(一)发展农业"新六产",促进组织能力成长

山东省主要通过延伸整合产业链、发展农业"新六产"来提高农业组织化水平。《山东省乡村振兴战略规划(2018—2022年)》指出:山东粮食产量6年来连续稳定在900亿斤以上,山东规划到2020年建成高标准农田5982万亩,粮食生产能力达到1000亿斤;到2022年,农作物耕种收综合机械化率达到88%,农产品加工业产值与农林牧渔业总产值之比达到3.8∶1,农产品加工转化率达到70.5%。为此,山东制定了"新六产"型的全产业链发展规划,将各类新型农业经营主体及组织嵌入农业产业链的各环节,旨在实现"内涵式"的组织能力成长与进步。

一是延长、拓展产业链。深化农业产业化经营,加快推动农业"接二连三",发展"新六产",即鼓励农户搞多种经营,不仅从事农林水产业(第一产业),而且开展农产品加工(第二产业)、销售农产品及其加工品并提供相关服务(第三产业),以获得更多的价值增值("1+2+3"等于6,"1×2×3"也等于6)。在"新六产"发展过程中,注重发挥农业龙头企业在产业链分工与布局中的牵引作用;积极培育农商产业联盟、农业产业化联合体等新型产业链主体,着力打造产加销一体的全产业链式企业集群;大力开展农业"新六产"示范县创建,以带动形成一批百亿级、千亿级融合发展的

第四章 我国农业经济发展方式转变能力成长与能力缺口研究

农村产业集群;鼓励有条件的地方发展总部经济,促进产业链条向高端延伸。

二是打造、提升价值链。积极实施农产品加工业提升行动,创建一批农产品、林产品、水产品深加工示范基地,以实现农产品多层次、多环节转化增值。推进农业与旅游、教育、文化、康养等产业深度融合,开发农业多种功能及多重价值。

三是优化、融合供应链。促进传统流通网点向现代农资综合服务商转型,支持优势产区批发市场建设,打造区域性先进的冷链物流中心,鼓励商贸物流企业在农村地区经营布局;深入实施"智慧便利店进社区工程""品牌农产品进超市工程""乡村旅游后备厢工程",采用定制化消费模式,以实现产地与销地、生产者与消费者的有效对接。

四是积极发展多种形式的适度规模化经营。现阶段,山东全省农村土地承包经营权流转面积占家庭承包耕地面积的34%,土地经营规模化率超过40%。根据《山东省乡村振兴战略规划(2018—2022年)》所述,到2022年,土地经营规模化率超过50%,规模以上龙头企业达到1万家左右,家庭农场达到8万家,农民合作社超过20万家,农业社会化服务组织超过25万家。为此,山东省规划从数量和质量两个方面一齐发力:一方面,全力培育发展现代农业的主力军。鼓励大学毕业生、外出务工农民等回乡创办家庭农场;引导有一定规模的专业大户向家庭农场转型;支持家庭农场领办合作社;规范农民合作社发展,引导农民合作社创建省级、国家级农民合作社示范社;推动龙头企业集群集聚发展;不断改善小农户生产条件,维护小农户权益。另一方面,积极构建全程覆盖的农业社会化服务体系,全天候支持各类新型农业经营主体。首先,培育多元化的农业社会化服务组织,依托基层农技推广等公益性服务机构,在技术指导与培训、病虫害防控等方面做好服务。其次,鼓励有经济管理服务职能的部门,向农村延伸农资供销、农机作业与维修、土地托管、烘干储藏等服务职能,打造为民服务多功能平台;支持经营性服务组织提供农业生产的全程服务。再次,加快培育农产品电商平台企业和农村电商服务企业,鼓励并支持供销社基层网点、村邮站、乡村农家店等改造为农村电商服务点,推动农产品上线。最后,创新农村电商模式,支持新型农业经营主体积极对接电商平台,开展"鲁产名品"网络促销;加快与快递企业、农村物流网络的共享衔接。

(二)深化农业科技"展翅"行动,促进技术能力成长

现阶段,山东农作物耕种收综合机械化率已达到83%,农业科技进步贡献率达到63.27%。根据《山东省乡村振兴战略规划(2018—2022年)》所述,到2022年,农业高新技术企业达到1000家,形成一批年销售收入超100亿元的特色优势产业集群,农业科技进步贡献率达到66%左右,主要农作物、畜禽良种覆盖率达到98%以上,水产良种覆盖率达到55%以上,农村农产品网络零售额达到660亿元。为此,山东计划开展农业科技"展翅"行动:

一是大力提升农业科技创新能力。建设一批省级以上农业重点实验室和技术创新中心,打造具有国际竞争力的创新型领军企业;引进海内外高层次农业科技人才;探索建立"创新团队+基层农技推广体系+新型职业农民培育"的农业科技服务模式;围绕推进"全程、全面、高质、高效"的农业机械化,积极发展智能化、高端农机装备。

二是强化重大技术攻关和转化应用。超前部署农业前沿和共性关键技术研究,重点发展农业生物制造、农业智能生产、智能农机装备、设施农业等技术和产品;创新农产品优质高效安全生产技术,建立从农田到餐桌的全程质量控制技术体系。

三是积极推进种业自主创新,不断加强"智慧农业"建设。构建"育繁推一体化"的现代种业体系,建设种业强省;实施"互联网+"现代农业行动,推进物联网、云计算、大数据、移动互联等技术在农业领域的应用,打造智慧农业技术应用样板。协同推进农村"三网融合"工作,加快完善"12316三农服务热线""12396科技热线对农直播间"配套设施建设,实现"益农信息社"全覆盖。

(三)推进体制机制改革,促进制度能力成长

一是积极巩固和完善农村基本经营制度。农村承包土地经营权可以

依法向金融机构融资担保、入股从事农业产业化经营方向发展,从而促进农村土地灵活流转,在更大范围发展多种形式适度规模经营。

二是深入推进农村集体产权制度改革。推动资源变资产、资金变股金、农民变股东,多渠道开辟农民增收致富途径。分类推进农村集体资源性、经营性和非经营性资产改革,发展壮大村级集体经济,2020 年基本消除集体经济"空壳村"。

三是尽快完善财政对"三农"的支持政策。把农业农村作为财政保障和预算安排的优先领域,加大财政投入力度,创新投入方式;增量资金主要向资源节约型、环境友好型农业倾斜,提高农业补贴政策效能;建立覆盖各类涉农资金的"任务清单"管理模式,通过政府与社会资本合作、政府购买服务、担保贴息、以奖代补、民办公助等措施,引导更多金融资本和社会资本投向农业农村。

四是认真强化货币信贷政策工具的引导作用,加快完善针对"三农"的金融信贷保险体系建设。创新农村金融产品,推进农村金融服务网络建设,引导国家开发银行、国有商业银行、农业银行、邮政储蓄银行及全省农商行系统等加大对乡村振兴的金融支持;鼓励小额贷款公司、民间融资机构扩大"三农"资金投放;完善涉农融资担保体系,推广"政银保"模式,探索开展"财政+银行+保险+担保"业务;有序推进农村承包土地经营权、农民住房财产权抵押贷款试点;鼓励涉农企业通过股票、债券、私募股权等方式进行直接融资;创新地方特色农业保险,推进农村信用体系建设。

(四)加强市场化建设,促进技术、组织、制度方面能力共同成长

山东在全国率先推出了"齐鲁灵秀地、品牌农产品"的省级农产品整体品牌形象,并启动了农产品"双证制"管理。"三品一标"(无公害农产品、绿色食品、有机食品和农产品地理标志产品)企业及产品分别达到3561 家、7508 个。根据《山东省乡村振兴战略规划(2018—2022 年)》,到2022 年,"三品一标"产地认定面积占种植业食用产品产地面积 60% 以上,所有涉农县(市、区)创建成为省级以上农产品质量安全县(市、区)。为

此,山东计划加强"质量品牌型"的市场化建设,积极发挥技术、组织、制度方面的支持作用,以此促进三大能力共同成长。

一是加强农业标准化建设。健全食品安全和农产品质量全链条标准体系,创建国家蔬菜质量标准中心,建设果菜茶、畜禽、水产健康养殖等标准化生产基地。

二是推进"食安山东"建设。加强"从农田到餐桌"全过程监管;鼓励开发生产高效、低风险、低残留农药;健全农产品产地准出和市场准入制度,建立农产品质量安全追溯体系及农产品生产企业信用信息系统。

三是打造山东农业"金字"招牌。广泛开展山东农产品整体品牌形象塑造工程建设;加强"三品一标"认证管理及示范县、镇、村创建。

四是积极推动山东农业以高品质姿态"走出去"。充分发挥山东农业的开放优势,在全国率先形成全方位、宽领域、多层次的农业开放合作新格局;高水平建设出口农产品质量安全示范省。利用"互联网+外贸"等方式拓宽农产品出口渠道,培育一批具有国际竞争力的跨国农业企业集团;拓宽与共建"一带一路"国家的农业合作,在全球范围内布局产业链条。发展壮大大洋性渔业,发展南极渔业,加快推进远洋渔业海外综合性基地建设。积极打造"京津冀农业产业协同发展区",加强农业先进技术、蔬菜园艺、农业大数据等领域的国际合作。

五、上海、广东、湖南、山东农业发展启示

在强调促进"技术能力成长""组织能力成长"以及"制度能力成长"的同时,绝不可忽视我国农业经济发展方式转变能力成长是以这三方面能力成长为主的多方面能力的共同成长,如政府相关部门管理能力的成长、乡村社会治理能力的成长等都包括在内。上海、广东、湖南、山东等地农业农村发展的显著成就,其实质是上述诸多能力的共同成长。

从上海、广东、湖南、山东等四省市的农业实践可以总结出如下启示:

一是"环境友好型、公平效率型"转变方式被广泛接受并采用。绿色发展、城乡统筹、以城带乡的发展理念及政策,还有地方特色文化深度嵌

第四章　我国农业经济发展方式转变能力成长与能力缺口研究

入上述四省市农业经济发展的诸多环节,不仅实现了美丽乡村建设与城乡协调发展,更夯实了乡村的文化底蕴,打牢了乡村振兴的基础。

二是"效益型"及"科技型"转变方式取得了可观的经济绩效。上海"都市型智慧农业"在全国独占鳌头;广东陈村镇成为"中国花卉第一镇",多年保持华南花卉总部经济地位,湖南及山东的农业走上农业现代化发展的快车道。上海、广东、山东及湖南的农业绩效一直居于全国前列。

三是"组织化、规模化、市场化"转变方式涉及的领域不断拓宽。上海和山东现代农业经济体系的构建、湖南创意农业产业集聚区的形成以及广东陈村镇花卉产业集群的集聚、扩张、转型和升级,都是鲜明的例证。

总之,"环境友好型、公平效率型""科技型、效益型"及"组织化、规模化、市场化"是农业经济发展方式转变的重要取向,代表着农村生产力发展的新要求。上述转变方式不仅提升了农业对"绿色GDP"的贡献、增强了我国农业产业的国际竞争力,而且提高了农民的致富能力以及市民的幸福指数,使得城市和乡村、市民和农民双双受益。

第五章 三大能力成长耦合促进农业经济发展方式转变的实证分析

第一节 研究设计与描述性分析

一、农业经济发展方式转变能力之间耦合关系研究概述

第二章已论述农业经济发展方式转变的关键变量是"能力成长",包括技术能力、组织能力和制度能力。本节主要研究这三大能力的发展状况,并从耦合关系视角分析三大农业经济发展方式转变能力之间的耦合发展关系。本节围绕技术能力、组织能力、制度能力构建农业经济发展方式转变能力评价指标体系,运用熵值法、耦合度模型、耦合协调度模型对除我国港、澳、台地区之外2000—2017年全国及2012—2017年各省区市农业经济发展方式转变能力进行评价。通过分析发现,农业经济发展方式转变的三大能力之间总体上耦合程度较高,且呈现出逐年递增的发展趋势;耦合协调度的初始发展程度较低,但也呈现出逐年递增趋势。截止到2017年,全国的技术能力与组织能力、组织能力与制度能力、技术能力与制度能力均发展到高水平耦合阶段,且均达到了极度耦合协调水平。分省份评价结果表明,存在未能达到极度耦合协调水平的省份,如天津的技术能力与组织能力处于高度耦合协调水平;天津、辽宁、吉林、上海、浙江、重庆、云南、甘肃的组织能力与制度能力处于高度耦合协调水平;天津、河北、山西、辽宁、吉林、江苏、浙江、重庆、四川、云南、西藏、甘肃的技术能力与制度能力处于高度耦合协调水平。

本节分别使用全国2000—2017年农业经济数据及31个省、自治区、

第五章　三大能力成长耦合促进农业经济发展方式转变的实证分析

直辖市 2012—2017 年农业经济数据分析农业经济发展方式转变能力对农林牧渔总产值的影响。在排除由于通货膨胀引起经济增长后的回归结果表明,无论是在全国范围内还是各省之间,在农业发展方式转变能力的各个方面中,影响农林牧渔总产值的主要是技术能力,而且只有技术能力与组织能力协调发展才能更好地促进农林牧渔总产值提高。

基于对全国及各省农业经济发展方式转变能力耦合协调发展程度及其对农林牧渔总产值影响的分析,我们提出推动技术能力、组织能力和制度能力耦合协调发展,进而促进农业经济发展方式转变的框架性政策建议(第六章进一步提出较为具体的发展建议)。

二、农业经济发展方式转变能力之间耦合关系评价模型构建

(一)指标体系构建

1. 基本原则

农业生产是一个周期长、过程复杂的活动,农业经济发展方式转变能力是农民生活水平提高、国家农业经济发展的关键因素,是农业经济发展方式转变的基础。农业经济发展方式转变能力涉及农业经济发展方式转变的全过程,是多个主体、多个要素相互作用、相互影响的综合产物。想要研究农业经济发展方式转变能力并对其进行评价需要设立一套科学的评价指标体系。考虑到农业经济发展方式转变能力的复杂性和特殊性,本研究在设立指标体系时遵循以下几个基本原则:

一是指标体系的设立要有可操作性和实用性。由于农业经济发展方式转变能力涉及农业生产的各个方面,因此数据的选择一定要确保能够收集和量化。指标体系的设定要能反映农业经济发展方式转变能力的实际情况,具有可操作性和实用性的特点。

二是指标体系的设立要有系统性和科学性。农业经济发展方式转变能力作用于农业生产的全过程,衡量农业经济发展方式转变能力一定要从整体上把握,通过多组评价指标构建一个系统的体系。同时在兼顾系统性的前提下,保证准确、全面、科学地反映农业经济发展方式转变能力。

三是指标体系的设立要具有可比性和针对性。指标体系的设立要对

不同地区和不同时间的农业经济发展方式转变能力进行分析。有针对性地对不同农业经济发展方式转变能力类型和特点进行区分,才能更好地寻求提升农业经济发展方式转变能力的对策。

四是指标体系的设立要动静结合并具有创新性。指标体系的设立要考虑到农业经济发展方式转变过程中某一时期的能力水平,也要反映其未来发展趋势和动态发展过程,因此要动静结合。在总结已有指标体系设置的基础上,还要根据农业经济发展方式转变能力发展情况对指标设置进行创新,这样才会不断丰富农业经济发展方式转变能力指标体系的内容,完善对农业经济发展方式转变能力的评价。

2. 农业经济发展方式转变能力指标体系

本研究主要关注农业经济发展方式转变过程中的"技术能力""组织能力"与"制度能力"。根据指标体系构建基本原则,借鉴钱丽、肖仁桥(2012)、黄惠英等(2018)、罗小锋、袁青(2017)、杨鑫、穆月英(2017)、谷雨、苏炜(2015)、王娟娟(2014)等构建的农业经济发展方式转变能力指标体系,本节构建了如下农业经济发展方式转变能力评价指标体系,包括技术能力中的2个一级指标、12个二级指标;组织能力中的2个一级指标、7个二级指标;制度能力中的2个一级指标、6个二级指标(如表5-1所示)。

(二)数据来源及测度方法

1. 数据来源

国家层面原始数据来自2001—2018年《中国统计年鉴》,2001—2018年《中国科技统计年鉴》,2001—2018年《中国农村统计年鉴》,2001年、2003—2004年、2006—2008年、2010—2013年、2015—2018年《中国基本单位统计年鉴》,2001—2017年《中国民政统计年鉴》,2003—2018年《中国卫生健康统计年鉴》,国家统计局网站,商务部对外贸易司网站,中华人民共和国中央人民政府门户网站,中华人民共和国农业农村部官方网站。对于个别指标在某些年份的缺失值采用插值法进行补充。

第五章　三大能力成长耦合促进农业经济发展方式转变的实证分析

表 5-1　农业经济发展方式转变三项能力评价指标体系

发展方式转变能力	一级指标	二级指标
技术能力	技术投入因素	公有经济企事业单位农业专业技术人员
		耕地面积
		化肥施用量
		耕地灌溉面积
		农业机械年末拥有量
		农业机械总动力
		农村用电量
	技术产出因素	农林牧渔类专利申请数
		农林牧渔类专利授权数
		人均 GDP
		农林牧渔业总产值
		农村居民人均可支配收入
组织能力	农业经营主体	乡村人口比重
		农民专业合作社
		农林牧渔业法人单位数
	产业结构发展	第一产业增加值占地区生产总值比重
		第三产业增加值占地区生产总值比重
		粮经比（粮食作物和经济作物种植面积比）
		农产品对外贸易依存度（农产品进出口额/农业总产值）
制度能力	补贴、保障水平	公共财政支出中农林水事务支出
		农村最低生活保障支出
		参加新型农村合作医疗人数
		新型农村合作医疗补偿受益人次
	制度、政策公开程度	政府官方网站发布政府文件中涉农文件比例
		农业农村部官方网站发布三农咨询条数

省级层面原始数据来自 2013—2018 年《中国统计年鉴》，2013—2018 年《中国科技统计年鉴》，2013—2018 年《中国农村统计年鉴》，2013、2015—2018 年《中国基本单位统计年鉴》，2013—2017 年《中国民政统计年鉴》，2013—2018 年《中国卫生健康统计年鉴》，2013—2017 年《中国农

业机械工业年鉴》,2013—2014年《中国区域经济统计年鉴》,2013—2017年《中国社会统计年鉴》,2013—2017年《中国第三产业统计年鉴》,2013—2018年各省统计年鉴,国家统计局网站,商务部对外贸易司网站,各省人民政府官方网站,各省农业农村厅、省农委官方网站。对于个别指标在某些年份的缺失值采用插值法进行补充。

2. 测度方法

在测度我国农业经济发展方式转变三项能力发展情况及相互间的耦合度、耦合协调度之前,需要先确定各指标的权重。在比较多种方法后,本研究选用熵值法来确定农业经济发展方式转变能力的各指标权重,该方法主要通过求得各指标的信息熵来确定指标权重。本研究利用中国2000—2017年间各指标的变化来确定指标权重,其结果具有真实性、客观性和科学性。

首先,使用以上数据采用熵值法确定指标权重;其次,计算农业经济发展方式转变的三项能力得分(功效);再次,计算农业经济发展方式转变的三项能力之间的耦合度;最后,计算农业经济发展方式转变的三项能力之间的耦合协调。具体步骤为:

(1)对各年份的各个指标进行标准化处理,本部分采用Min-max标准化法,其公式为:

$$标准化数据=(原始数据-极小值)/(极大值-极小值)$$

(2)已知共有18年的标准化数据,技术能力共有12个测度指标,组织能力共有7个测度指标,制度能力共有6个测度指标,因此可形成三个原始矩阵。设有n个待评价对象,m个评价指标,其中x_{ij}为第i个样本第j个指标的数值。本研究中的n取18(2000—2017年共18年的数据),构建技术能力原始矩阵时$m=12$,构建组织能力原始矩阵时$m=7$,构建制度能力原始矩阵时$m=6$。

(3)计算指标比重(表示这个指标第i年所占比重):

$$P_{ij}=\frac{x_{ij}}{\sum_{i=1}^{18}x_{ij}}$$

第五章 三大能力成长耦合促进农业经济发展方式转变的实证分析

其中 $i=1,\cdots,n$；$j=1,\cdots,m$。

(4) 计算指标熵值：

$$e_j = -k\sum_{i=1}^{18}P_{ij}\ln(P_{ij})$$

其中 $i=1,\cdots,n$；$j=1,\cdots,m$；$k=\dfrac{1}{\ln 18}$。

(5) 计算指标权重：

$$w_j = \frac{(1-e_j)}{\sum_{j=1}^{m}(1-e_j)}$$

(6) 计算功效：

$$U_i = \sum_{j=1}^{m}x_{ij}w_j$$

(7) 耦合度函数，主要用于分析两个系统间耦合关系的强弱，耦合度计算公式参照高山（2018）的研究。技术能力、组织能力与制度能力是农业经济发展方式转变能力的综合考量，本研究认为技术能力 U_1、组织能力 U_2、制度能力 U_3 同等重要。农业经济发展方式转变能力间的耦合度函数如下：

$$C_{1,2} = 2 \times \frac{\sqrt{U_1 \times U_2}}{U_1 + U_2}$$

$$C_{2,3} = 2 \times \frac{\sqrt{U_2 \times U_3}}{U_2 + U_3}$$

$$C_{1,3} = 2 \times \frac{\sqrt{U_1 \times U_3}}{U_1 + U_3}$$

耦合度值介于 0 到 1 之间。当 $C=0$ 时，说明两个系统间的关联性极小；当 $C=1$ 时，说明两个系统间的耦合度达到最大。借鉴相关研究，可将耦合度值划分为以下四个区间段：当 $0<C\leqslant 0.3$ 时，存在低水平的耦合关系；当 $0.3<C\leqslant 0.5$ 时，处于颉颃阶段（指两者之间相互抗衡，不相上下）；当 $0.5<C\leqslant 0.8$ 时，处于磨合期；当 $0.8<C\leqslant 1$ 时，处于高水平耦合阶段（如表 5-2 所示）。

表 5-2　耦合度及耦合协调度判别标准表

耦合度值	耦合程度	耦合协调度值	耦合协调类型
$0<C\leqslant 0.3$	低水平的耦合关系	$0<D\leqslant 0.3$	低度耦合协调
$0.3<C\leqslant 0.5$	颉颃阶段	$0.3<D\leqslant 0.5$	中度耦合协调
$0.5<C\leqslant 0.8$	磨合期	$0.5<D\leqslant 0.8$	高度耦合协调
$0.8<C\leqslant 1$	高水平耦合阶段	$0.8<D\leqslant 1$	极度耦合协调

（8）耦合协调度函数

当多个区域间进行比较分析时，各区域的农业经济发展方式转变能力不可能完全一致，但两者的耦合度却可能相同，单纯地依靠耦合度模型无法全面有效地反映此种差异，使得分析结果具有一定的局限性。因此，为了更好地比较区域间两者交互耦合的协调程度，本节在利用耦合度函数的基础上，借鉴相关研究，构建了耦合协调度函数，函数形式如下：

$$D_{1,2}=\sqrt{C_{1,2}\cdot T_{1,2}},\quad T_{1,2}=\alpha U_1+\beta U_2$$

$$D_{2,3}=\sqrt{C_{2,3}\cdot T_{2,3}},\quad T_{2,3}=\alpha U_2+\beta U_3$$

$$D_{1,3}=\sqrt{C_{1,3}\cdot T_{1,3}},\quad T_{1,3}=\alpha U_1+\beta U_3$$

式中，D 为两个系统间的耦合协调度，C 为耦合度，T 则表示两者的综合协调指数，它体现了两者在何种耦合水平上的协调。α、β 为待定系数，二者的取值通常取决于各自在系统中的重要程度。因为技术能力 U_1、组织能力 U_2、制度能力 U_3 同等重要，所以 α、β 均为 0.5。与耦合度相似，也可将耦合协调度值划分为四个连续的区间：当 $0<D\leqslant 0.3$ 时，为低度耦合协调；当 $0.3<D\leqslant 0.5$ 时，为中度耦合协调；当 $0.5<D\leqslant 0.8$ 时，为高度耦合协调；当 $0.8<D\leqslant 1$ 时，为极度耦合协调（如表 5-2 所示）。

三、样本描述性分析及指标权重的确定

（一）样本描述性分析

1. 中国 2000—2017 年各指标描述性分析

在研究 2000—2017 年中国农业经济发展方式转变能力耦合关系时使用的原始数据描述性分析如表 5-3 所示。

第五章 三大能力成长耦合促进农业经济发展方式转变的实证分析

表 5-3　2000—2017 年中国农业经济发展方式转变能力测度指标的描述性分析

指标名称	样本量	样本均值	标准差	最小值	最大值
公有经济企事业单位农业专业技术人员(人)	18	704172.20	19883.46	666998.00	733474.00
耕地面积(千公顷)	18	128200.90	5211.45	121715.90	135163.00
化肥施用量(万吨)	18	5228.44	670.59	4146.00	6023.00
耕地灌溉面积(千公顷)	18	5940.85	491.10	5382.00	6785.10
农业机械年末拥有量(万台)	18	1933.33	371.00	1361.82	2316.96
农业机械总动力(万千瓦)	18	82795.56	19747.41	52574.00	111728.00
农村用电量(亿千瓦时)	18	6027.46	2416.09	2421.30	9524.40
农林牧渔类专利申请数(件)	18	28239.39	31019.95	3420.00	97707.00
农林牧渔类专利授权数(件)	18	13583.83	14482.67	1989.00	45960.00
人均 GDP(元)	18	28525.50	17239.76	7942.00	59660.00
农林牧渔业总产值(亿元)	18	62872.50	30378.13	24915.80	109331.70
农村居民人均可支配收入(元)	18	6332.69	3738.01	2282.10	13432.40
乡村人口比重(%)	18	52.33	7.03	41.48	63.78
农民专业合作社(户)	18	512134.60	678687.20	469.00	2050206.00
农林牧渔业法人单位数(个)	18	441517.40	559158.30	2023.00	1926771.00
第一产业增加值占地区生产总值比重(%)	18	10.48	2.16	7.51	14.68
第三产业增加值占地区生产总值比重(%)	18	44.50	3.65	39.79	51.56
粮经比(粮食作物和经济作物种植面积比)	18	2.30	0.20	1.88	2.50
农产品进出口额(万美元)	18	711.23	285.32	268.50	1109.60
农业总产值(亿元)	18	32740.83	16104.72	13873.60	58059.80

(续表)

指标名称	样本量	样本均值	标准差	最小值	最大值
公共财政支出中农林水事务支出(亿元)	18	7843.76	6413.21	1234.50	19088.99
农村最低生活保障支出(亿元)	18	411.74	411.92	5.53	1082.61
参加新型农村合作医疗人数(亿人)	18	4.62	3.48	0.00	8.36
新型农村合作医疗补偿受益人次(亿人次)	18	7.12	6.84	0.00	19.42
政府官方网站发布政府文件中涉农文件比例(%)	18	24.04	23.30	0.00	61.04
农业农村部官方网站发布三农咨询条数(条)	18	10945.83	5420.30	2550.00	20425.00

资料来源:2001—2018年《中国统计年鉴》,2001—2018年《中国科技统计年鉴》,2001—2018年《中国农村统计年鉴》,2001、2003—2004、2006—2008、2010—2013、2015—2018年《中国基本单位统计年鉴》,2001—2017年《中国民政统计年鉴》,2003—2018年《中国卫生健康统计年鉴》,国家统计局网站,商务部对外贸易司网站,中华人民共和国中央人民政府门户网站,中华人民共和国农业农村部官方网站。对于个别指标在某些年份的缺失值采用插值法进行补充。

由表5-3可以看出,公有经济企事业单位农业专业技术人员最小值为666998.00人,最大值为733474.00人,样本均值为704172.20人;耕地面积最小值为121715.90千公顷,最大值为135163.00千公顷,样本均值为128200.90千公顷。其他中国农业经济发展方式转变能力测度指标的基本特征具体见表5-3。

2. 各省份2012—2017年各指标描述性分析

在研究各省份2012—2017年农业经济发展方式转变能力耦合关系时使用的原始数据描述性分析如表5-4所示。

第五章 三大能力成长耦合促进农业经济发展方式转变的实证分析

表 5-4 2012—2017 年中国各省农业经济发展方式转变能力测度指标的描述性分析

指标名称	样本量	样本均值	标准差	最小值	最大值
公有经济企事业单位农业专业技术人员(人)	186	22067.18	12742.00	2853.00	56310.00
耕地面积(千公顷)	186	4355.81	3282.97	188.00	15864.10
化肥施用量(万吨)	186	191.47	150.41	5.00	716.10
耕地灌溉面积(千公顷)	186	2103.94	1658.25	115.50	6031.00
农业机械年末拥有量(万台)	186	741457.00	857288.90	8300.00	3877900.00
农业机械总动力(万千瓦)	186	3345.59	2988.76	112.70	13353.00
农村用电量(亿千瓦时)	186	283.51	415.56	1.00	1888.00
农业植物新品种权申请数(件)	186	58.27	66.06	0.00	421.70
农业植物新品种权授权数(件)	186	32.85	45.25	0.00	280.00
人均GDP(元)	186	52038.51	23783.55	19710.00	128994.00
农林牧渔业总产值(亿元)	186	3318.03	2318.38	118.30	9549.60
农村居民人均可支配收入(元)	186	11367.30	4298.37	4931.00	27825.00
乡村人口比重(%)	186	43.85	13.15	10.40	77.25
农机专业合作社(户)	186	1698.11	1917.20	11.00	9718.00
农林牧渔业法人单位数(个)	186	19350.04	15641.42	23.00	86771.00
第一产业增加值占地区生产总值比重(%)	186	9.91	5.02	0.36	24.92
第三产业增加值占地区生产总值比重(%)	186	45.61	9.24	30.94	80.56
粮经比(粮食作物和经济作物种植面积比)	186	2.83	3.60	0.64	23.45
农产品进出口额(万美元)	186	608852.80	831683.40	2007.50	4269734.00
农业总产值(亿元)	186	1764.48	1241.12	52.20	4929.90
公共财政支出中农林水事务支出(亿元)	186	489.65	236.15	45.15	1112.52

(续表)

指标名称	样本量	样本均值	标准差	最小值	最大值
农村最低生活保障支出（万元）	186	231989.50	197716.00	2.10	761337.00
参加新型农村合作医疗人数（万人）	186	2735.00	2301.70	12.20	13207.40
新型农村合作医疗补偿受益人次（万人次）	186	7165.84	10127.20	261.00	76333.13
政府官方网站发布政府文件中涉农文件比例(%)	186	12.20	14.18	0.00	63.64
农业农村部官方网站发布三农咨询条数（条）	186	69.33	185.18	0.00	2122.00

注：由于分省数据可得性因素，在分析各省农业经济发展方式转变能力时将全国农业经济发展方式转变能力测度指标体系中的"农林牧渔类专利申请数"指标替换成"农业植物新品种权申请数"；将"农林牧渔类专利授权数"指标替换成"农业植物新品种权授权数"；将"农民专业合作社"指标替换成"农机专业合作社"。

资料来源：2013—2018年《中国统计年鉴》，2013—2018年《中国科技统计年鉴》，2013—2018年《中国农村统计年鉴》，2013、2015—2018年《中国基本单位统计年鉴》，2013—2017年《中国民政统计年鉴》，2013—2018年《中国卫生健康统计年鉴》，2013—2017年《中国农业机械工业年鉴》，2013—2014年《中国区域经济统计年鉴》，2013—2017年《中国社会统计年鉴》，2013—2017年《中国第三产业统计年鉴》，2013—2018年各省统计年鉴，国家统计局网站，商务部对外贸易司网站，各省人民政府官方网站，各省农业农村厅、省农委官方网站。对于个别指标在某些年份的缺失值采用插值法进行补充。

由表5-4可以看出，公有经济企事业单位农业专业技术人员最小值为2853.00人，最大值为56310.00人，样本均值为22067.18人；耕地面积最小值为188.00千公顷，最大值为15864.10千公顷，样本均值为4355.81千公顷。其他各省农业经济发展方式转变能力测度指标的基本特征具体见表5-4。

（二）指标权重的确定

本节使用第二部分介绍的熵值法分别计算三项农业经济发展方式转变能力测度指标权重。

第五章 三大能力成长耦合促进农业经济发展方式转变的实证分析

1. 技术能力指标权重

技术能力指标权重如表 5-5 所示。

表 5-5 技术能力指标权重

	一级指标	指标权重	二级指标	指标权重
技术能力	技术投入因素	0.3633	公有经济企事业单位农业专业技术人员	0.0894
			耕地面积	0.2160
			化肥施用量	0.1128
			耕地灌溉面积	0.2054
			农业机械年末拥有量	0.1276
			农业机械总动力	0.1222
			农村用电量	0.1266
	技术产出因素	0.6367	农林牧渔类专利申请数	0.2678
			农林牧渔类专利授权数	0.2724
			人均 GDP	0.1484
			农林牧渔业总产值	0.1398
			农村居民人均可支配收入	0.1716

技术能力测度一级指标"技术投入因素"指标权重为 0.3633、"技术产出因素"指标权重为 0.6367，即在衡量各地区农业经济发展方式转变的技术发展能力时，相比技术投入因素，技术产出因素更加重要。在技术投入因素中，耕地面积和耕地灌溉面积两项指标所占权重较大，说明在目前发展条件下，土地要素依然发挥着重要作用。在技术产出因素中，农林牧渔类专利申请数和农林牧渔类专利授权数两项指标所占权重较大。

2. 组织能力指标权重

组织能力指标权重如表 5-6 所示。

表 5-6 组织能力指标权重

一级指标		指标权重	二级指标	指标权重
组织能力	农业经营主体	0.7971	乡村人口比重	0.1426
			农民专业合作社	0.4910
			农林牧渔业法人单位数	0.3664
	产业结构发展	0.2029	第一产业增加值占地区生产总值比重	0.2557
			第三产业增加值占地区生产总值比重	0.2734
			粮经比	0.1434
			农产品对外贸易依存度	0.3275

注:①粮经比=粮食作物种植面积/经济作物种植面积;②农产品对外贸易依存度=农产品进出口额/农业总产值。

组织能力测度一级指标"农业经营主体"指标权重为0.7971、"产业结构发展"指标权重为0.2029,即在衡量各地区农业经济发展方式转变的组织发展能力时,相比产业结构发展因素,农业经营主体更加重要。在农业经营主体中,农民专业合作社指标所占权重较大,说明在目前发展条件下,农民专业合作社在农业经营主体发展程度中发挥着重要作用。在衡量产业结构发展时,农产品对外贸易依存度指标所占权重较大,说明农产品对外贸易发展程度在产业结构发展过程中发挥重要作用。

3. 制度能力指标权重

制度能力指标权重如表5-7所示。

表 5-7 制度能力指标权重

一级指标		指标权重	二级指标	指标权重
制度能力	补贴、保障水平	0.4964	公共财政支出中农林水事务支出	0.2530
			农村最低生活保障支出	0.3036
			参加新型农村合作医疗人数	0.1842
			新型农村合作医疗补偿受益人次	0.2592
	制度、政策公开程度	0.5036	政府官方网站发布政府文件中涉农文件比例	0.7137
			农业农村部官方网站发布三农咨询条数	0.2863

制度能力测度一级指标"补贴、保障水平"指标权重为0.4964、"制度、

第五章 三大能力成长耦合促进农业经济发展方式转变的实证分析

政策公开程度"指标权重为0.5036,即在衡量各地区农业经济发展方式转变的组织发展能力时,相比补贴、保障水平,制度、政策公开程度更加重要。在补贴、保障水平中,农村最低生活保障支出指标所占权重较大,说明在目前发展条件下,农村最低生活保障支出在补贴、保障水平发展程度中发挥着重要作用。在衡量制度、政策公开程度时,政府官方网站发布政府文件中涉农文件比例指标所占权重较大,说明政府官方网站发布政府文件中涉农文件比例发展程度在产业结构发展过程中发挥着重要作用。

第二节 三大能力成长耦合促进农业经济发展方式转变的实证分析

一、中国农业经济发展方式转变能力耦合关系的测度与分析

(一)2000—2017年中国农业经济发展方式转变能力测度

使用前文测算出的指标权重及原始数据以及运用 Min-max 标准化方法所得的标准化数据,分别计算2000—2017年中国三项农业经济发展方式转变能力得分,具体数值如表5-8所示。

表5-8 2000—2017年中国农业经济发展方式转变能力测度

年份	技术能力	组织能力	制度能力
2000	0.05	0.21	0.00
2001	0.05	0.21	0.00
2002	0.08	0.20	0.01
2003	0.10	0.20	0.04
2004	0.14	0.20	0.06
2005	0.18	0.18	0.09
2006	0.21	0.18	0.14
2007	0.25	0.20	0.21
2008	0.27	0.21	0.51
2009	0.30	0.20	0.53
2010	0.35	0.21	0.53

(续表)

年份	技术能力	组织能力	制度能力
2011	0.44	0.24	0.63
2012	0.53	0.29	0.64
2013	0.61	0.31	0.76
2014	0.74	0.48	0.83
2015	0.85	0.57	0.88
2016	0.92	0.66	0.72
2017	0.98	0.77	0.81

由表5-8可以看出，2000—2017年我国三项农业经济发展方式转变能力测度值总体呈现逐年递增趋势。其中，技术能力增长速度较为均匀，组织能力在2002—2013年变化不大，2013年以后呈现出逐年递增趋势，制度能力在2000—2007年增长速度缓慢且发展水平较低。

为了更加直观反映2000—2017年我国三项农业经济发展方式转变能力发展状况，绘制变化趋势图如图5-1所示。

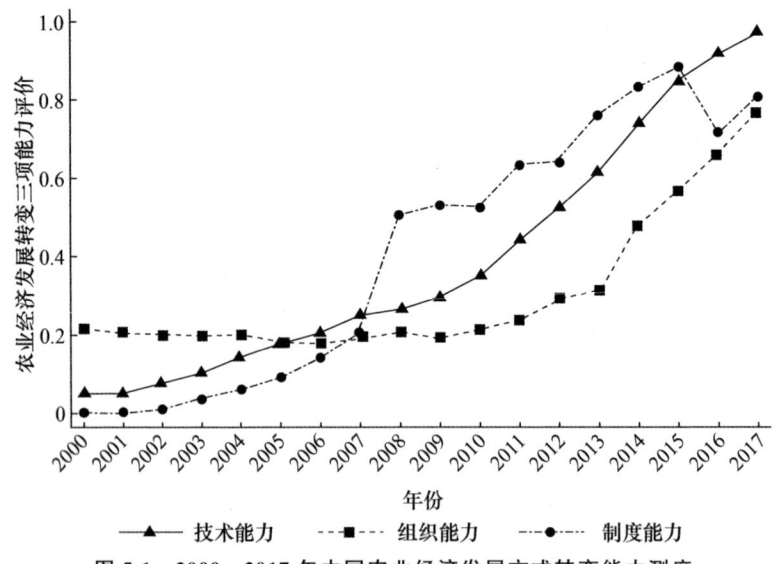

图5-1　2000—2017年中国农业经济发展方式转变能力测度

第五章　三大能力成长耦合促进农业经济发展方式转变的实证分析

由图 5-1 可以看出,技术能力呈现出逐年稳步递增的发展趋势,发展状况较好且无较大波动。

组织能力在 2000—2013 年稳定在低水平,未得到有效发展,2013 年以后发展迅速,可能的原因是 2013 年 12 月召开的中央农村工作会议上明确提出,加大农业投入力度,大力扶持专业大户、家庭农场、龙头企业、农民合作社等新型主体,把培养青年农民纳入国家实用人才培养计划,把加快培育新型农业经营主体作为一项重大战略。因此,2013 年以后农业经济发展方式转变的组织能力呈现明显提高趋势。

制度能力总体上呈现出逐年递增趋势,但在 2007—2008 年增长迅速,可能的原因是 2008 年中共中央、国务院《关于切实加强农业基础建设进一步促进农业发展农民增收的若干意见》中提出 2008 年,财政支农投入的增量要明显高于上年。从"公共财政支出中农林水事务支出"角度来看,2007 年的投入是 3404.7 亿元,2008 年的投入是 4454.01 亿元,增长率达到 30%。因此制度能力在 2007—2008 年呈现明显增长趋势。

(二)2000—2017 年中国农业经济发展方式转变能力耦合度测度

使用前文中的耦合度函数,分别计算 2000—2017 年中国三项农业经济发展方式转变能力耦合度得分,具体数值如表 5-9 所示。

表 5-9　2000—2017 年中国农业经济发展方式转变能力耦合度测度

年份	技术能力与组织能力	组织能力与制度能力	技术能力与制度能力
2000	0.79	0.21	0.41
2001	0.79	0.17	0.35
2002	0.90	0.43	0.64
2003	0.94	0.73	0.89
2004	0.99	0.84	0.91
2005	1.00	0.95	0.95
2006	1.00	0.99	0.98
2007	0.99	1.00	0.99
2008	0.99	0.91	0.95
2009	0.98	0.89	0.96

(续表)

年份	技术能力与组织能力	组织能力与制度能力	技术能力与制度能力
2010	0.97	0.91	0.98
2011	0.95	0.89	0.98
2012	0.96	0.93	1.00
2013	0.95	0.91	0.99
2014	0.98	0.96	1.00
2015	0.98	0.98	1.00
2016	0.99	1.00	0.99
2017	0.99	1.00	1.00

由表5-9可以看出，2000—2017年我国农业经济发展方式转变能力耦合度测度值总体呈现逐年递增趋势。技术能力与组织能力之间的耦合程度较高，2000—2001年处于磨合期向高度耦合阶段过渡阶段，2002—2017年处于高水平耦合阶段。组织能力与制度能力之间的耦合程度从2000—2001年处于低水平耦合阶段发展到2002年的颉颃阶段，2003年发展到磨合期阶段，到2004年以后处于高水平耦合阶段。2000—2001年技术能力与制度能力之间的耦合程度处于颉颃阶段，2002年发展到磨合期阶段，到2003年以后处于高水平耦合阶段。

为了更加直观地反映2000—2017年我国三项农业经济发展方式转变能力耦合度发展状况，我们绘制变化趋势图，如图5-2所示。

由图5-2可以看出，技术能力与组织能力耦合度发展状况较好且无较大波动。组织能力与制度能力之间的耦合程度在2000—2001年之间发展水平较低，2002—2003年之间调整迅速，到2004年以后稳定在高水平耦合阶段。技术能力与制度能力之间的耦合程度在2000—2001年之间发展水平较低，2002年之间调整迅速，到2003年以后稳定在高水平耦合阶段。

第五章 三大能力成长耦合促进农业经济发展方式转变的实证分析

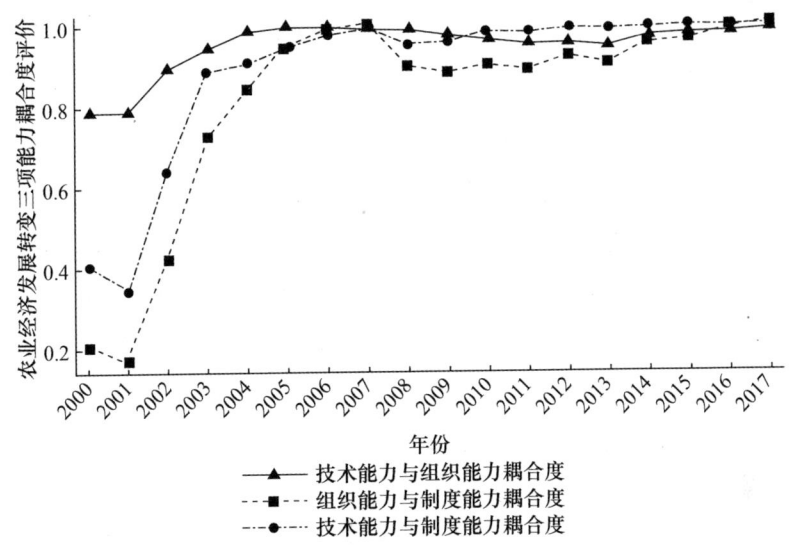

图 5-2 2000—2017 年中国农业经济发展方式转变能力耦合度测度

(三) 中国 2000—2017 年农业经济发展方式转变能力耦合协调度测度

当对中国 2000—2017 年的农业经济发展方式转变能力耦合度进行比较分析时，各年份的农业经济发展方式转变能力不可能完全一致。但两者的耦合度却可能相同，单纯地依靠耦合度模型无法全面有效地反映此种差异，使得分析结果具有一定的局限性。因此，为了更好地比较不同年份两者交互耦合的协调程度，本节在利用耦合度函数计算耦合度的基础上，借鉴相关研究，构建了耦合协调度函数计算耦合协调度。

使用前文中的耦合协调度函数，分别计算 2000—2017 年中国三项农业经济发展方式转变能力耦合协调度得分，具体数值如表 5-10 所示。

表 5-10 2000—2017 年中国农业经济发展方式转变能力耦合协调度测度

年份	技术能力与组织能力	组织能力与制度能力	技术能力与制度能力
2000	0.32	0.15	0.10
2001	0.32	0.13	0.09
2002	0.35	0.21	0.17
2003	0.38	0.29	0.25
2004	0.41	0.33	0.31
2005	0.42	0.36	0.36
2006	0.44	0.40	0.41
2007	0.47	0.45	0.48
2008	0.48	0.57	0.61
2009	0.49	0.57	0.63
2010	0.52	0.58	0.66
2011	0.57	0.62	0.73
2012	0.63	0.66	0.76
2013	0.66	0.70	0.83
2014	0.77	0.79	0.89
2015	0.83	0.84	0.93
2016	0.88	0.83	0.90
2017	0.93	0.89	0.94

由表 5-10 可以看出，2000—2017 年中国农业经济发展方式转变能力耦合协调度测度值总体呈现逐年递增趋势。技术能力与组织能力之间的耦合协调程度较高，2000—2009 年处于中度耦合协调阶段，2010—2014 年处于高度耦合协调阶段，2015—2017 年处于极度耦合协调阶段。组织能力与制度能力之间的耦合协调程度在 2000—2003 年处于低度耦合协调阶段，2004—2007 年调整为中度耦合协调阶段，2008—2014 年发展到高度耦合协调阶段，2015 年以后处于极度耦合协调阶段。技术能力与制度能力之间的耦合协调程度在 2000—2003 年处于低度耦合协调阶段，2004—2007 年调整为中度耦合协调阶段，2008—2012 年发展到高度耦合协调阶段，2013 年以后处于极度耦合协调阶段。

为了更加直观地反映 2000—2017 年我国三项农业经济发展方式转变能力耦合协调度发展状况，绘制变化趋势图，如图 5-3 所示。

第五章 三大能力成长耦合促进农业经济发展方式转变的实证分析

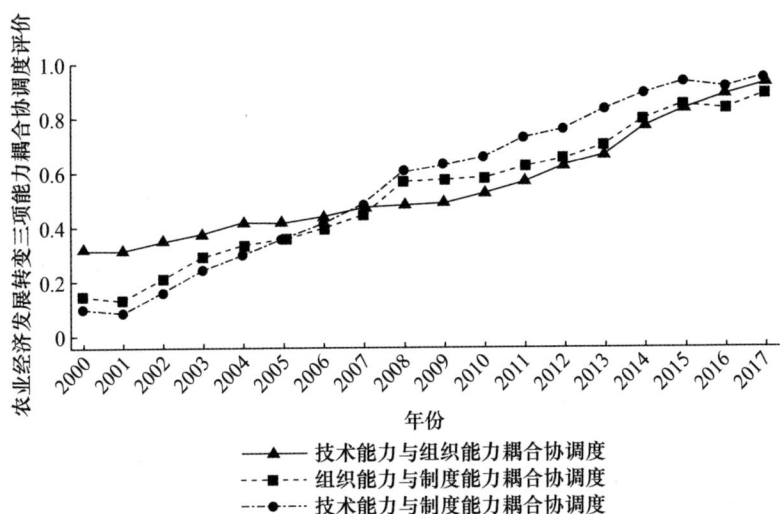

图 5-3 2000—2017 年中国农业经济发展方式转变能力耦合协调度测度

由图 5-3 可以看出,技术能力与组织能力耦合协调度较高且发展状况比较稳定。技术能力与组织能力之间的耦合协调程度在 2000—2001 年发展水平较低,2001—2017 年总体上呈现递增趋势。组织能力与制度能力之间的耦合协调程度在 2000—2001 年之间发展水平较低,2001—2017 年之间总体上呈现递增趋势。技术能力与制度能力之间的耦合协调程度在 2000—2001 年之间发展水平较低,2002—2017 年之间总体上呈现递增趋势,且发展较快。

二、中国各省区市农业经济发展方式转变能力耦合关系的测度与分析

本节使用上一节测算出的指标权重及原始数据、按照省份划分的运用 Min-max 标准化方法所得的标准化数据,分别计算除港、澳、台地区之外,2012—2017 年中国各省区市三项农业经济发展方式转变能力得分。

(一) 2012—2017 年中国各省区市农业经济发展方式转变能力测度

1. 各省区市技术能力测度

各省区市 2012—2017 年农业经济发展方式转变的技术能力测度值如表 5-11 所示。

表 5-11 2012—2017 年中国各省区市农业经济发展方式转变能力——技术能力测度

年份	2012	2013	2014	2015	2016	2017
北京	0.37	0.38	0.47	0.53	0.58	0.59
天津	0.33	0.34	0.63	0.57	0.58	0.55
河北	0.29	0.38	0.53	0.63	0.70	0.61
山西	0.20	0.42	0.42	0.74	0.50	0.62
内蒙古	0.04	0.25	0.49	0.69	0.82	0.85
辽宁	0.19	0.38	0.57	0.67	0.64	0.65
吉林	0.19	0.28	0.55	0.70	0.80	0.83
黑龙江	0.04	0.25	0.50	0.56	0.80	0.89
上海	0.41	0.37	0.37	0.56	0.74	0.77
江苏	0.21	0.27	0.45	0.53	0.74	0.78
浙江	0.24	0.39	0.53	0.53	0.66	0.78
安徽	0.17	0.35	0.37	0.53	0.74	0.77
福建	0.25	0.40	0.43	0.60	0.67	0.72
江西	0.28	0.21	0.50	0.53	0.71	0.80
山东	0.25	0.31	0.52	0.57	0.75	0.74
河南	0.17	0.29	0.47	0.70	0.74	0.81
湖北	0.19	0.27	0.49	0.58	0.78	0.83
湖南	0.04	0.23	0.57	0.63	0.79	0.89
广东	0.07	0.20	0.43	0.59	0.76	0.80
广西	0.12	0.33	0.40	0.69	0.76	0.88
海南	0.18	0.36	0.33	0.54	0.75	0.83
重庆	0.25	0.34	0.39	0.47	0.80	0.71
四川	0.18	0.33	0.50	0.54	0.84	0.76
贵州	0.27	0.19	0.56	0.64	0.78	0.81

第五章　三大能力成长耦合促进农业经济发展方式转变的实证分析

（续表）

年份	2012	2013	2014	2015	2016	2017
云南	0.27	0.40	0.49	0.58	0.63	0.73
西藏	0.01	0.52	0.28	0.44	0.55	0.61
陕西	0.20	0.24	0.45	0.60	0.74	0.79
甘肃	0.18	0.23	0.44	0.62	0.75	0.79
青海	0.13	0.29	0.52	0.76	0.58	0.83
宁夏	0.13	0.25	0.46	0.57	0.49	0.84
新疆	0.06	0.31	0.42	0.58	0.86	0.93

由表5-11可以看出，中国各省区市2012—2017年农业经济发展方式转变的技术能力测度值总体上呈现逐年递增趋势，但是发展速度存在差异。例如，北京市、天津市等地区各年发展状况相差不大，农业经济发展方式转变的技术能力进步缓慢。内蒙古、黑龙江、西藏、新疆等地区近年来农业经济发展方式转变的技术能力进步迅速。

为了更加直观地反映2012—2017年各省区市农业经济发展方式转变的技术能力发展状况，我们绘制变化趋势图，如图5-4所示。

由图5-4可以看出，各省区市农业经济发展方式转变的技术能力大都呈现逐年递增的发展趋势，但是发展速度存在显著差异。如上海市在2012—2014年技术能力未能有效发展，2015年以后呈现稳步发展趋势；云南省、内蒙古自治区各年技术能力发展趋势较好，逐年稳步提高；北京市技术能力进步缓慢；等等。

2. 各省区市组织能力测度

各省区市2012—2017年农业经济发展方式转变的组织能力测度值如表5-12所示。

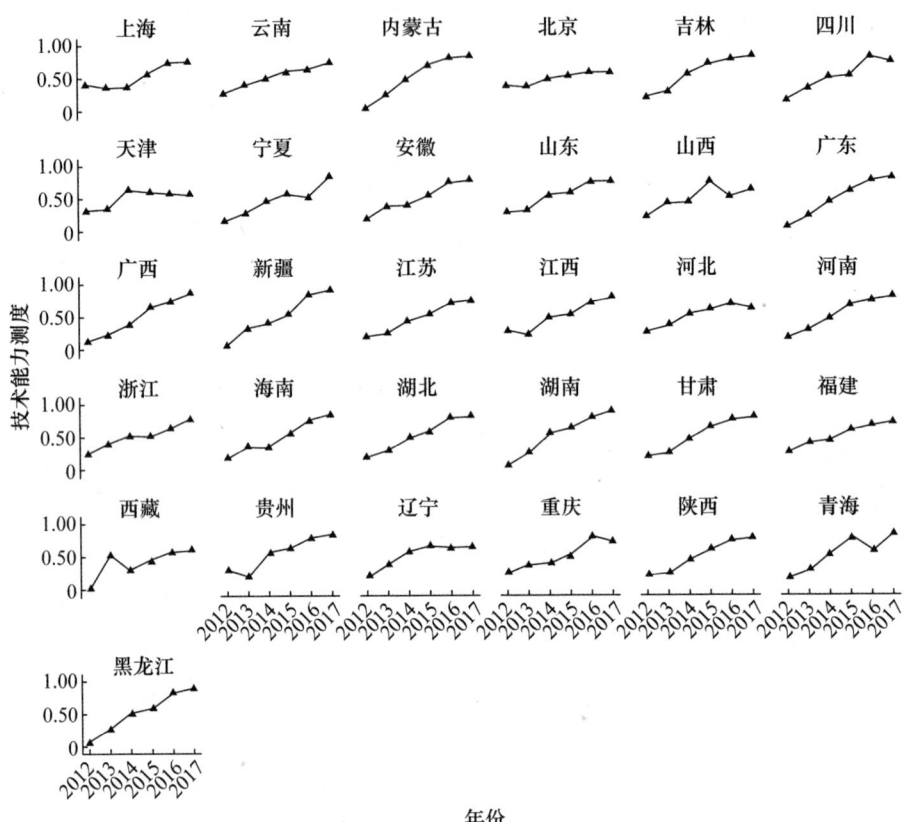

图 5-4 2012—2017 年中国各省区市农业经济发展方式转变能力——技术能力测度

表 5-12 2012—2017 年中国各省区市农业经济发展方式转变能力——组织能力测度

年份	2012	2013	2014	2015	2016	2017
北京	0.25	0.55	0.59	0.68	0.61	0.73
天津	0.26	0.38	0.37	0.70	0.53	0.61
河北	0.17	0.41	0.50	0.68	0.50	0.80
山西	0.44	0.28	0.40	0.67	0.56	0.74
内蒙古	0.15	0.39	0.43	0.65	0.62	0.82
辽宁	0.18	0.38	0.40	0.57	0.64	0.82

第五章 三大能力成长耦合促进农业经济发展方式转变的实证分析

(续表)

年份	2012	2013	2014	2015	2016	2017
吉林	0.23	0.59	0.50	0.66	0.67	0.68
黑龙江	0.24	0.46	0.51	0.54	0.50	0.65
上海	0.29	0.68	0.43	0.73	0.43	0.69
江苏	0.34	0.29	0.41	0.52	0.57	0.82
浙江	0.28	0.60	0.67	0.66	0.35	0.53
安徽	0.19	0.26	0.44	0.58	0.56	0.83
福建	0.23	0.50	0.53	0.58	0.67	0.83
江西	0.17	0.31	0.46	0.58	0.66	0.77
山东	0.23	0.39	0.48	0.66	0.55	0.78
河南	0.17	0.42	0.49	0.68	0.66	0.83
湖北	0.17	0.42	0.58	0.57	0.64	0.82
湖南	0.18	0.24	0.30	0.58	0.67	0.83
广东	0.26	0.39	0.54	0.64	0.61	0.80
广西	0.25	0.40	0.46	0.61	0.64	0.79
海南	0.23	0.39	0.36	0.79	0.40	0.65
重庆	0.32	0.48	0.56	0.59	0.74	0.75
四川	0.26	0.33	0.44	0.53	0.54	0.77
贵州	0.27	0.42	0.38	0.57	0.58	0.74
云南	0.20	0.37	0.36	0.55	0.65	0.74
西藏	0.27	0.46	0.46	0.55	0.80	0.72
陕西	0.26	0.36	0.38	0.62	0.73	0.79
甘肃	0.25	0.43	0.43	0.70	0.79	0.69
青海	0.42	0.31	0.56	0.63	0.64	0.86
宁夏	0.19	0.36	0.37	0.58	0.75	0.76
新疆	0.25	0.56	0.53	0.67	0.73	0.62

由表5-12可以看出,中国各省区市2012—2017年农业经济发展方式转变的组织能力测度值总体上呈现逐年递增趋势,但是发展速度存在差异。例如,北京市在2012—2013年间农业经济发展方式转变的组织能力发展迅速,而在2014—2017年间发展缓慢;天津市在2012—2015年农业

经济发展方式转变的组织能力进步迅速增长到最高点,而2016—2017年比照2015年出现退步;等等。

为了更加直观地反映2012—2017年各省区市农业经济发展方式转变的组织能力发展状况,我们绘制变化趋势图,如图5-5所示。

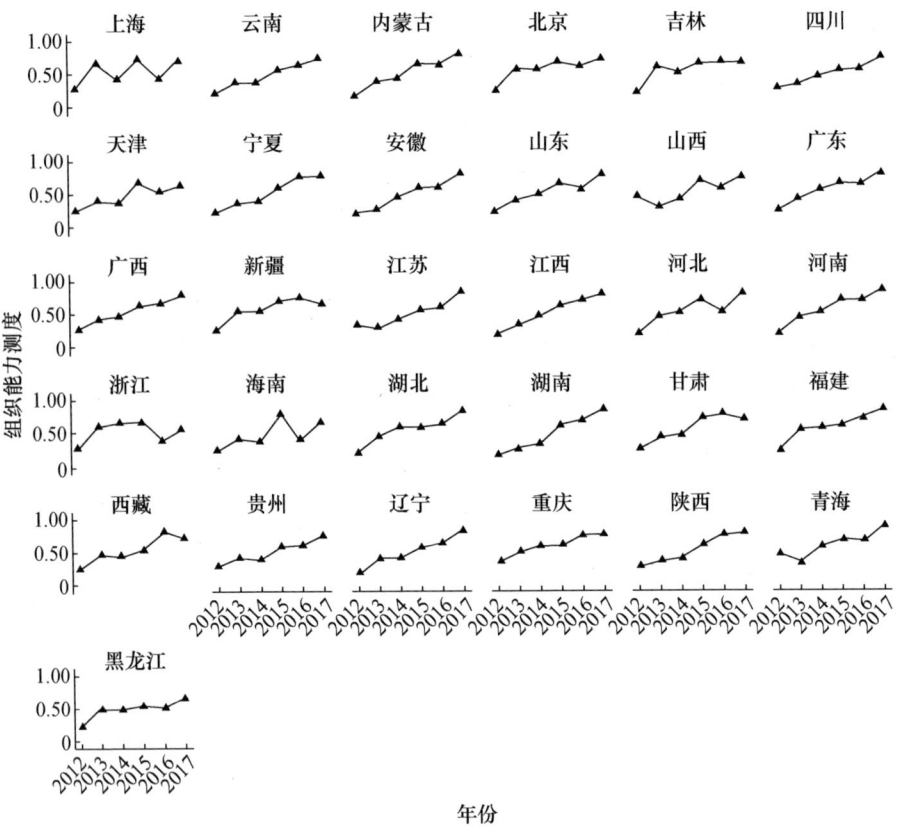

图5-5 2012—2017年中国各省区市农业经济发展
方式转变能力——组织能力测度

由图5-5可以看出,各省区市农业经济发展方式转变的组织能力大都呈现逐年递增的发展趋势,但是发展速度存在显著差异。如上海市在2012—2017年农业经济发展方式转变的组织能力呈现波动式发展趋势;

第五章 三大能力成长耦合促进农业经济发展方式转变的实证分析

云南省、内蒙古自治区农业经济发展方式转变的组织能力发展趋势较好，逐年稳步提高；北京市农业经济发展方式转变的组织能力在2012—2013年进步迅速，2014年以后进步缓慢；等等。

3. 各省区市制度能力测度

各省区市2012—2017年农业经济发展方式转变的制度能力测度值如表5-13所示。

表5-13　2012—2017年中国各省区市农业经济发展方式
转变能力——制度能力测度

年份	2012	2013	2014	2015	2016	2017
北京	0.21	0.51	0.25	0.45	0.44	0.87
天津	0.24	0.75	0.57	0.29	0.31	0.48
河北	0.11	0.59	0.36	0.39	0.43	0.58
山西	0.55	0.61	0.42	0.52	0.26	0.59
内蒙古	0.52	0.37	0.32	0.48	0.52	0.58
辽宁	0.56	0.39	0.37	0.57	0.42	0.50
吉林	0.40	0.59	0.20	0.47	0.69	0.41
黑龙江	0.48	0.28	0.61	0.61	0.35	0.76
上海	0.62	0.57	0.33	0.38	0.46	0.59
江苏	0.58	0.47	0.57	0.75	0.31	0.51
浙江	0.66	0.34	0.21	0.43	0.34	0.49
安徽	0.23	0.31	0.37	0.69	0.61	0.83
福建	0.15	0.39	0.62	0.72	0.79	0.76
江西	0.16	0.58	0.58	0.66	0.48	0.81
山东	0.41	0.45	0.52	0.46	0.51	0.86
河南	0.15	0.22	0.26	0.71	0.37	0.62
湖北	0.51	0.37	0.43	0.68	0.33	0.64
湖南	0.29	0.47	0.45	0.34	0.34	0.80
广东	0.47	0.43	0.38	0.65	0.50	0.61
广西	0.58	0.33	0.28	0.39	0.49	0.70
海南	0.43	0.67	0.73	0.40	0.32	0.91
重庆	0.41	0.36	0.26	0.54	0.37	0.44

(续表)

年份	2012	2013	2014	2015	2016	2017
四川	0.38	0.29	0.34	0.71	0.33	0.55
贵州	0.53	0.30	0.44	0.42	0.37	0.80
云南	0.20	0.36	0.38	0.68	0.30	0.51
西藏	0.12	0.24	0.24	0.72	0.30	0.64
陕西	0.51	0.34	0.51	0.35	0.70	0.74
甘肃	0.48	0.72	0.33	0.80	0.33	0.52
青海	0.18	0.40	0.53	0.30	0.73	0.87
宁夏	0.18	0.40	0.53	0.30	0.73	0.87
新疆	0.36	0.27	0.51	0.78	0.40*	0.95

由表5-13可以看出,中国各省区市2012—2017年农业经济发展方式转变的制度能力测度值总体上呈现递增趋势,但是发展速度存在差异。例如,北京市在2012—2013年间农业经济发展方式转变的制度能力发展迅速,而在2014年又呈现下降趋势,2015—2016年未能有效发展,2017年迅速提高到一个较高水平;天津市在2013年农业经济发展方式转变的制度能力达到最高点,而2014—2015年出现退步,2016—2017年出现小幅度提高;等等。

为了更加直观地反映2012—2017年各省区市农业经济发展方式转变的制度能力发展状况,我们绘制变化趋势图,如图5-6所示。

由图5-6可以看出,各省区市农业经济发展方式转变的制度能力大都呈现逐年递增的发展趋势,但是发展状况存在显著差异。如上海市在2012—2014年农业经济发展方式转变的制度能力呈现下降趋势,2015—2017年又缓慢提升至2012年的发展水平;云南省2012—2015年农业经济发展方式转变的制度能力发展缓慢,而2016年突然降至一个较低水平,发展波动较大;内蒙古自治区农业经济发展方式转变的制度能力发展趋势比较平缓,无太大波动,在2012—2014年间呈现小幅下降趋势,2015—2017年间又缓慢提升;北京市农业经济发展方式转变的制度能力在2012—2017年呈现波动上升的趋势;等等。

第五章 三大能力成长耦合促进农业经济发展方式转变的实证分析

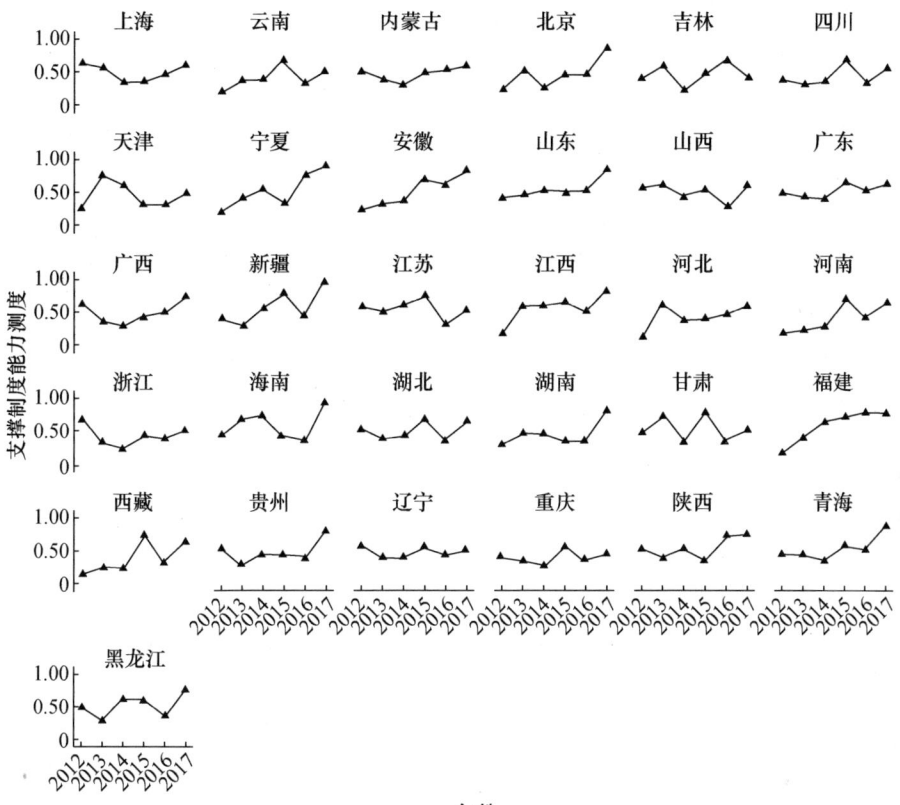

图 5-6 2012—2017 年中国各省区市农业经济发展方式转变能力——制度能力测度

(二)中国各省区市 2012—2017 年农业经济发展方式转变能力耦合度测度

使用前文中的耦合度函数,分别计算各省区市 2012—2017 年三项农业经济发展方式转变能力耦合度得分。

1. 各省区市技术能力与组织能力耦合度测度

各省区市 2012—2017 年农业经济发展方式转变的技术能力与组织能力耦合度测度值如表 5-14 所示。

表 5-14 2012—2017 年中国各省区市技术能力与组织能力耦合度测度

年份	2012	2013	2014	2015	2016	2017
北京	0.98	0.98	0.99	0.99	1.00	0.99
天津	0.99	1.00	0.97	1.00	1.00	1.00
河北	0.97	1.00	1.00	1.00	0.99	0.99
山西	0.92	0.98	1.00	1.00	1.00	1.00
内蒙古	0.84	0.98	1.00	1.00	0.99	1.00
辽宁	1.00	1.00	0.98	1.00	1.00	0.99
吉林	1.00	0.94	1.00	1.00	1.00	0.99
黑龙江	0.70	0.96	1.00	1.00	0.97	0.99
上海	0.99	0.95	1.00	0.99	0.96	1.00
江苏	0.97	1.00	1.00	1.00	0.99	1.00
浙江	1.00	0.98	0.99	0.99	0.95	0.98
安徽	1.00	0.99	1.00	1.00	1.00	1.00
福建	1.00	0.99	1.00	1.00	1.00	1.00
江西	0.97	0.98	1.00	1.00	1.00	1.00
山东	1.00	0.99	1.00	1.00	0.99	1.00
河南	1.00	0.98	1.00	1.00	1.00	1.00
湖北	1.00	0.97	1.00	1.00	0.99	1.00
湖南	0.78	1.00	0.95	1.00	1.00	1.00
广东	0.83	0.95	0.99	1.00	0.99	1.00
广西	0.93	0.97	1.00	1.00	1.00	1.00
海南	0.99	1.00	1.00	0.98	0.95	0.99
重庆	0.99	0.99	0.98	0.99	1.00	1.00
四川	0.98	1.00	1.00	1.00	0.98	1.00
贵州	1.00	0.92	0.98	1.00	0.99	1.00
云南	0.99	1.00	0.99	1.00	1.00	1.00
西藏	0.39	1.00	0.97	0.99	0.98	1.00
陕西	0.99	0.98	1.00	1.00	1.00	1.00
甘肃	0.99	0.95	1.00	1.00	1.00	1.00
青海	0.86	1.00	1.00	1.00	1.00	1.00
宁夏	0.98	0.98	0.99	1.00	0.98	1.00
新疆	0.79	0.96	0.99	1.00	1.00	0.98

由表 5-14 可以看出，我国各省区市 2012—2017 年农业经济发展方式转变的技术能力与组织能力耦合度总体水平较高。大部分省份、年份的

第五章 三大能力成长耦合促进农业经济发展方式转变的实证分析

农业经济发展方式转变的技术能力与组织能力处于高水平耦合阶段,只有个别省份、年份耦合度较低。如黑龙江、湖南、西藏、新疆在2012年农业经济发展方式转变的技术能力与组织能力耦合关系处于磨合期。其他各省、自治区、直辖市2012—2017年农业经济发展方式转变的技术能力与组织能力一直处于高水平耦合阶段。

为了更加直观地反映2012—2017年各省区市农业经济发展方式转变的技术能力与组织能力耦合度发展状况,我们绘制变化趋势图,如图5-7所示。

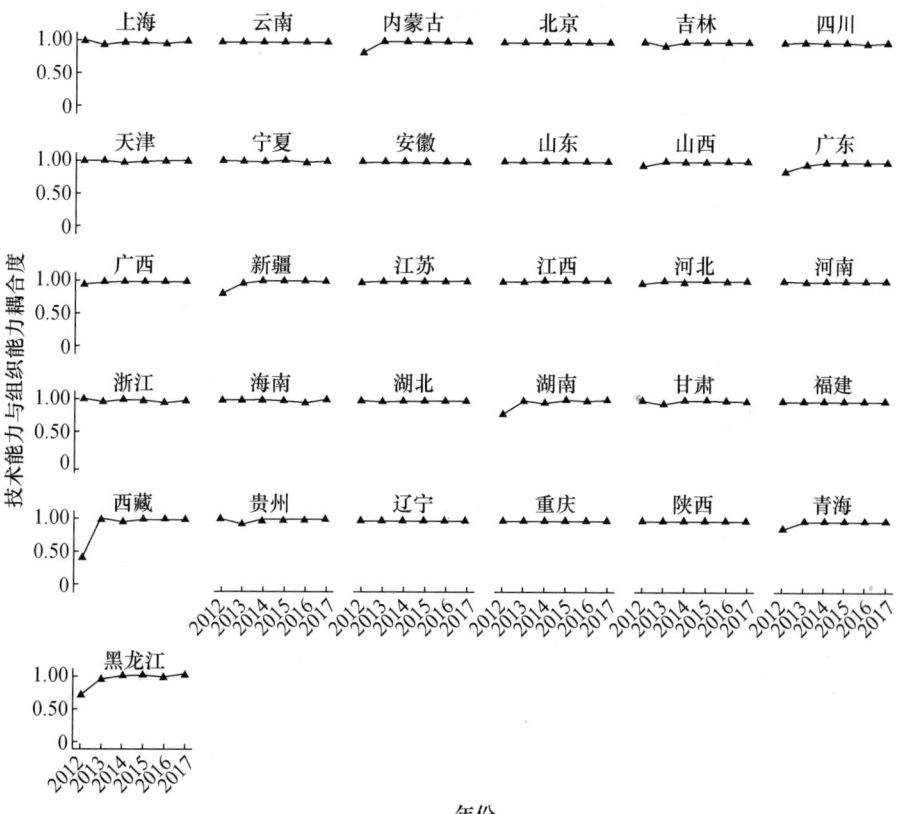

图5-7 2012—2017年中国各省区市技术能力与组织能力耦合度测度

由图 5-7 可以看出,总体而言各省区市农业经济发展方式转变的技术能力与组织能力耦合度水平较高,且历年来技术能力与组织能力耦合关系稳定。

2. 各省区市组织能力与制度能力耦合度测度

各省区市 2012—2017 年农业经济发展方式转变的组织能力与制度能力耦合度测度值如表 5-15 所示。

表 5-15　2012—2017 年中国各省区市组织能力与制度能力耦合度测度

年份	2012	2013	2014	2015	2016	2017
北京	1.00	1.00	0.92	0.98	0.99	1.00
天津	1.00	0.95	0.98	0.91	0.97	0.99
河北	0.97	0.98	0.99	0.96	1.00	0.99
山西	0.99	0.93	1.00	0.99	0.93	0.99
内蒙古	0.83	1.00	0.99	0.99	1.00	0.99
辽宁	0.86	1.00	1.00	1.00	0.98	0.97
吉林	0.96	1.00	0.90	0.99	1.00	0.97
黑龙江	0.94	0.97	1.00	1.00	0.98	1.00
上海	0.93	1.00	0.99	0.95	1.00	1.00
江苏	0.96	0.97	0.99	0.98	0.96	0.97
浙江	0.91	0.96	0.85	0.98	1.00	1.00
安徽	0.99	1.00	1.00	1.00	1.00	1.00
福建	0.98	0.99	1.00	0.99	1.00	1.00
江西	1.00	0.95	0.99	1.00	0.99	1.00
山东	0.96	1.00	1.00	0.98	1.00	1.00
河南	1.00	0.95	0.95	1.00	0.96	0.99
湖北	0.86	1.00	0.99	1.00	0.95	0.99
湖南	0.97	0.94	0.98	0.97	0.94	1.00
广东	0.96	1.00	0.99	1.00	0.99	0.99
广西	0.92	1.00	0.97	0.98	0.99	1.00

第五章 三大能力成长耦合促进农业经济发展方式转变的实证分析

(续表)

年份	2012	2013	2014	2015	2016	2017
海南	0.95	0.96	0.94	0.95	0.99	0.99
重庆	0.99	0.99	0.93	1.00	0.94	0.96
四川	0.98	1.00	0.99	0.99	0.97	0.99
贵州	0.95	0.99	1.00	0.99	0.97	1.00
云南	1.00	1.00	1.00	0.99	0.93	0.98
西藏	0.93	0.95	0.95	0.99	0.89	1.00
陕西	0.94	1.00	0.99	0.96	1.00	1.00
甘肃	0.95	0.97	0.99	1.00	0.92	0.99
青海	1.00	0.98	0.97	1.00	0.99	1.00
宁夏	1.00	1.00	0.98	0.95	1.00	1.00
新疆	0.98	0.94	1.00	1.00	0.96	0.98

由表5-15可以看出,中国各省区市2012—2017年农业经济发展方式转变的组织能力与制度能力耦合度总体水平较高且耦合关系稳定。各省2012—2017年农业经济发展方式转变的组织能力与制度能力一直处于高水平耦合阶段。

为了更加直观地反映2012—2017年各省农业经济发展方式转变的组织能力与制度能力耦合度发展状况,我们绘制变化趋势图,如图5-8所示。

由图5-8可以看出,总体上各省区市农业经济发展方式转变的组织能力与制度能力耦合度水平较高,且历年来组织能力与制度能力耦合关系稳定。

3. 各省区市技术能力与制度能力耦合度测度

各省区市2012—2017年农业经济发展方式转变的技术能力与制度能力耦合度测度值如表5-16所示。

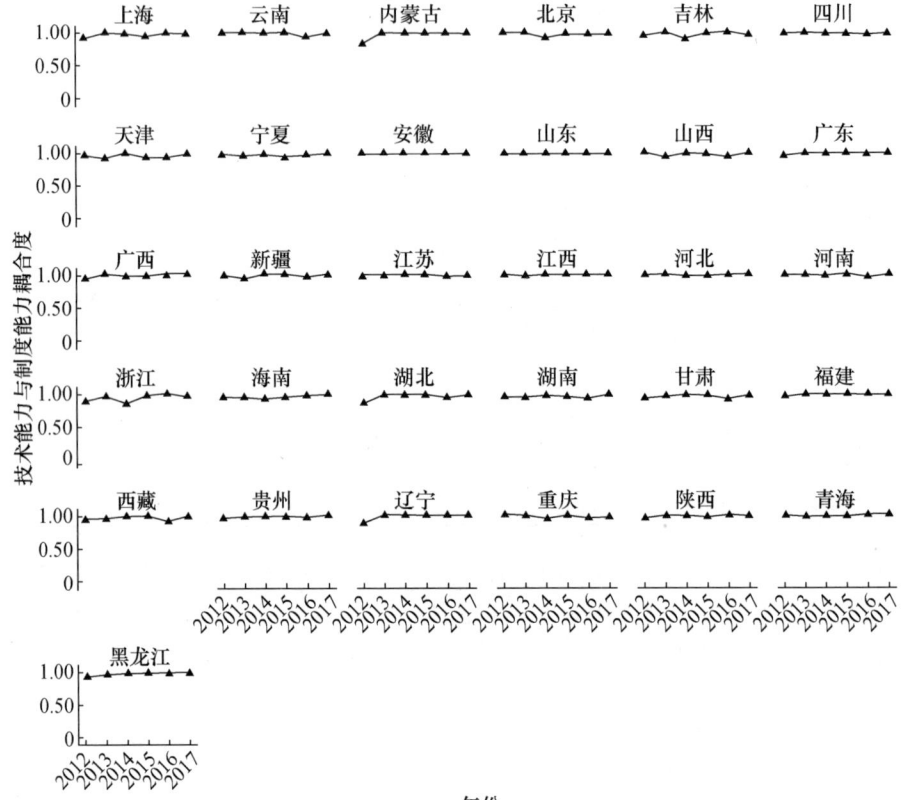

图 5-8　2012—2017 年中国各省区市技术能力与组织能力耦合度测度

表 5-16　2012—2017 年中国各省区市技术能力与制度能力耦合度测度

年份	2012	2013	2014	2015	2016	2017
北京	0.96	0.99	0.95	1.00	0.99	0.98
天津	0.99	0.93	1.00	0.95	0.95	1.00
河北	0.89	0.98	0.98	0.97	0.97	1.00
山西	0.88	0.98	1.00	0.98	0.95	1.00
内蒙古	0.54	0.98	0.98	0.98	0.98	0.98
辽宁	0.87	1.00	0.98	1.00	0.98	0.99

第五章 三大能力成长耦合促进农业经济发展方式转变的实证分析

(续表)

年份	2012	2013	2014	2015	2016	2017
吉林	0.94	0.94	0.88	0.98	1.00	0.94
黑龙江	0.52	1.00	0.99	1.00	0.92	1.00
上海	0.98	0.98	1.00	0.98	0.97	0.99
江苏	0.88	0.96	0.99	0.98	0.91	0.98
浙江	0.89	1.00	0.90	0.99	0.95	0.97
安徽	0.99	1.00	1.00	0.99	1.00	1.00
福建	0.97	1.00	0.98	1.00	1.00	1.00
江西	0.96	0.88	1.00	0.99	0.98	1.00
山东	0.97	0.98	1.00	0.99	0.98	1.00
河南	1.00	0.99	0.96	1.00	0.94	0.99
湖北	0.89	0.99	1.00	1.00	0.91	0.99
湖南	0.66	0.94	0.99	0.95	0.92	1.00
广东	0.67	0.94	1.00	1.00	0.98	0.99
广西	0.75	0.99	0.99	0.96	0.98	0.99
海南	0.91	0.95	0.93	0.99	0.92	1.00
重庆	0.97	1.00	0.98	1.00	0.93	0.97
四川	0.93	1.00	0.98	0.99	0.90	0.99
贵州	0.95	0.97	0.99	0.98	0.93	1.00
云南	0.99	1.00	0.99	1.00	0.94	0.98
西藏	0.56	0.93	1.00	0.97	0.95	1.00
陕西	0.90	0.98	1.00	0.96	1.00	1.00
甘肃	0.89	0.86	0.99	0.99	0.92	0.98
青海	0.83	0.98	0.98	0.99	1.00	1.00
宁夏	0.99	0.97	1.00	0.95	0.98	1.00
新疆	0.70	1.00	0.99	0.99	0.93	1.00

由表5-16可以看出,中国各省区市2012—2017年农业经济发展方式转变的技术能力与制度能力耦合度总体水平较高且耦合关系稳定。如内蒙古、黑龙江、湖南、广东、广西、西藏及新疆在2012年农业经济发展方式转变的技术能力与支撑制度能力耦合关系处于磨合期,2013—2017年一

直处于高水平耦合阶段。其余各省区市 2012—2017 年农业经济发展方式转变的技术能力与制度能力一直处于高水平耦合阶段,且历年来技术能力与制度能力耦合关系稳定。

为了更加直观地反映 2012—2017 年各省区市农业经济发展方式转变的技术能力与制度能力耦合度发展状况,我们绘制变化趋势图,如图 5-9 所示。

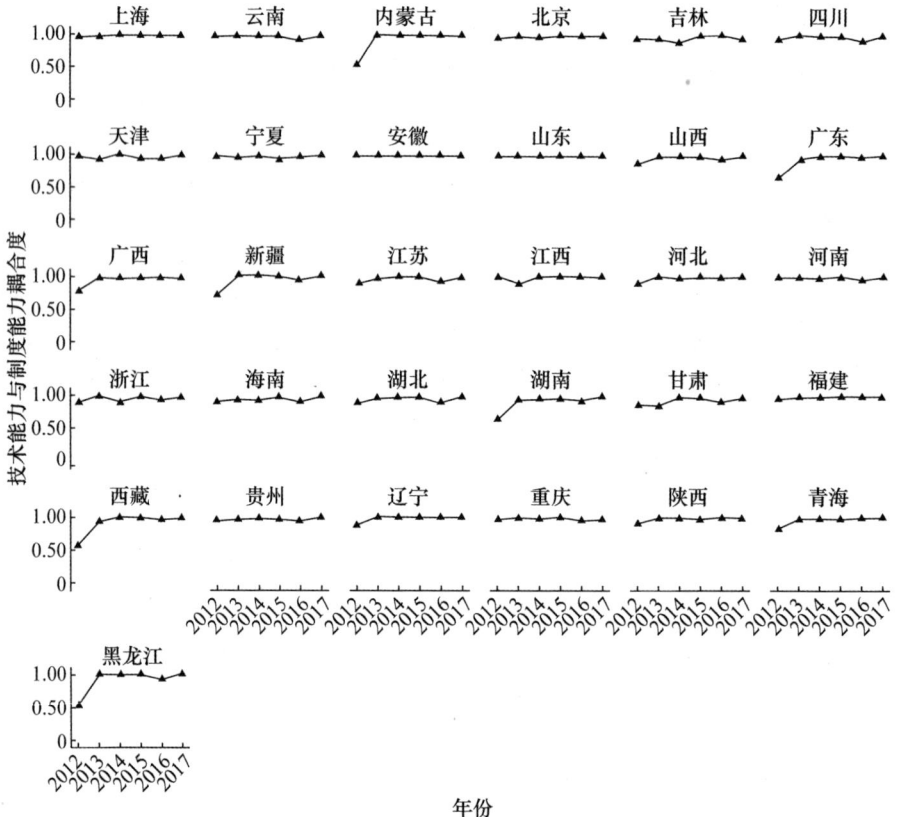

图 5-9　2012—2017 年中国各省区市技术能力与制度能力耦合度测度

第五章 三大能力成长耦合促进农业经济发展方式转变的实证分析

(三)中国各省区市2012—2017年农业经济发展方式转变能力耦合协调度测度

当对我国2012—2017年共计31个省、自治区、直辖市6年的农业经济发展方式转变能力耦合度进行比较分析时,各地区不同年份的农业经济发展方式转变能力不可能完全一致,但两者的耦合度却可能相同,单纯地依靠耦合度模型无法全面有效地反映此种差异,使得分析结果具有一定的局限性。因此,为了更好地比较不同年份两者交互耦合的协调程度,本节在利用耦合度函数计算耦合度的基础上,借鉴相关研究,构建了耦合协调度函数计算耦合协调度。

使用前文中的耦合协调度函数,分别计算各省区市2012—2017年三项农业经济发展方式转变能力耦合协调度得分。

1. 各省区市技术能力与组织能力耦合协调度测度

各省区市2012—2017年农业经济发展方式转变的技术能力与组织能力耦合协调度测度值如表5-17所示。

表5-17 2012—2017年中国各省区市技术能力与组织能力耦合协调度测度

年份	2012	2013	2014	2015	2016	2017
北京	0.55	0.68	0.73	0.78	0.77	0.81
天津	0.54	0.60	0.70	0.80	0.74	0.76
河北	0.47	0.63	0.72	0.81	0.77	0.84
山西	0.54	0.59	0.64	0.84	0.73	0.82
内蒙古	0.28	0.56	0.68	0.82	0.85	0.91
辽宁	0.43	0.62	0.69	0.79	0.80	0.86
吉林	0.46	0.64	0.72	0.82	0.85	0.87
黑龙江	0.31	0.59	0.71	0.74	0.80	0.87
上海	0.59	0.70	0.63	0.80	0.75	0.85
江苏	0.51	0.53	0.65	0.72	0.80	0.90
浙江	0.51	0.70	0.77	0.77	0.69	0.80
安徽	0.42	0.55	0.63	0.75	0.80	0.89
福建	0.49	0.67	0.69	0.77	0.82	0.88

（续表）

年份	2012	2013	2014	2015	2016	2017
江西	0.47	0.50	0.69	0.74	0.83	0.89
山东	0.49	0.59	0.71	0.78	0.80	0.87
河南	0.41	0.59	0.69	0.83	0.84	0.91
湖北	0.42	0.58	0.73	0.76	0.84	0.91
湖南	0.29	0.48	0.65	0.78	0.86	0.93
广东	0.37	0.53	0.70	0.79	0.82	0.89
广西	0.41	0.55	0.65	0.81	0.83	0.91
海南	0.45	0.61	0.59	0.81	0.74	0.86
重庆	0.54	0.64	0.68	0.73	0.88	0.86
四川	0.47	0.57	0.69	0.73	0.82	0.87
贵州	0.52	0.53	0.68	0.78	0.82	0.88
云南	0.48	0.62	0.65	0.75	0.80	0.86
西藏	0.23	0.70	0.60	0.70	0.82	0.82
陕西	0.48	0.54	0.64	0.78	0.86	0.89
甘肃	0.46	0.56	0.66	0.81	0.88	0.86
青海	0.49	0.55	0.74	0.83	0.78	0.92
宁夏	0.40	0.55	0.64	0.76	0.78	0.89
新疆	0.35	0.65	0.68	0.79	0.89	0.87

由表 5-17 可以看出，中国各省区市 2012—2017 年农业经济发展方式转变的技术能力与组织能力耦合协调度总体水平较高且总体呈现递增的趋势。如北京市在 2012—2016 年一直处于高度耦合协调阶段，到 2017 年发展到了极度耦合协调阶段；从技术能力与组织能力的耦合协调度数值来看，北京市耦合协调水平较高，但是发展缓慢。天津市 2012—2014 年处于高度耦合协调阶段，2015 年达到极度耦合协调阶段，2016—2017 年又回到高度耦合协调阶段；从技术能力与组织能力耦合协调度数值来看，天津市耦合协调水平较高，但是发展缓慢。河北省农业经济发展方式转变的技术能力与组织能力在 2012 年处于中度耦合协调阶段，2013—2014 达到高度耦合协调阶段，2015 年发展成为极度耦合协调阶段，而

第五章 三大能力成长耦合促进农业经济发展方式转变的实证分析

2016年又回到高度耦合协调阶段,2017年又发展为极度耦合协调;从技术能力与组织能力的耦合协调度数值来看,河北省耦合协调水平初期发展较快,随后逐渐稳定。

为了更加直观地反映2012—2017年各省区市农业经济发展方式转变的技术能力与组织能力耦合协调度发展状况,我们绘制变化趋势图,如图5-10所示。

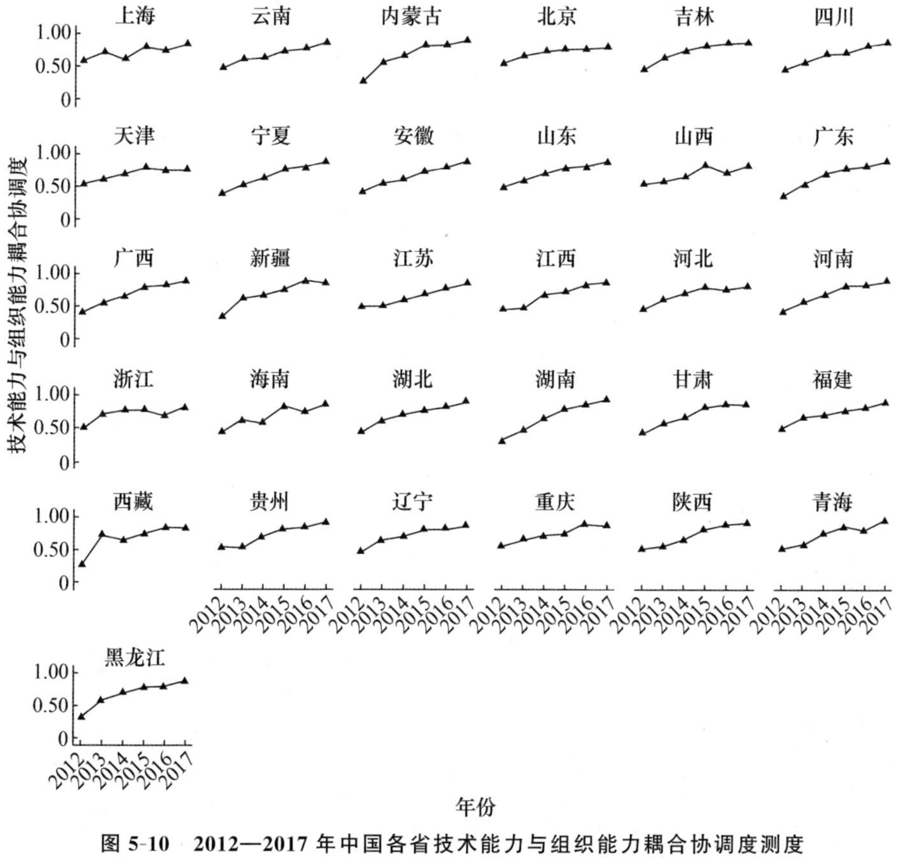

图5-10 2012—2017年中国各省技术能力与组织能力耦合协调度测度

由图5-10可以看出,总体上各省区市农业经济发展方式转变的技术能力与组织能力耦合协调度水平呈现递增趋势。如上海、海南、青海等地区 2012—2017 年农业经济发展方式转变的技术能力与组织能力耦合协调度呈现波动上升趋势；云南、北京、吉林等地区 2012—2017 年农业经济发展方式转变的技术能力与组织能力耦合协调度呈现出缓慢上升趋势；内蒙古、湖南、黑龙江等地区农业经济发展方式转变的技术能力与组织能力耦合协调度增长较快，也就是说这些地区农业经济发展方式转变的技术能力与组织能力二者协调发展趋势逐年增强。

2. 各省区市组织能力与制度能力耦合协调度测度

各省区市 2012—2017 年农业经济发展方式转变的组织能力与制度能力耦合协调度测度值如表 5-18 所示：

表 5-18 2012—2017 年中国各省区市组织能力与制度能力耦合协调度测度

年份	2012	2013	2014	2015	2016	2017
北京	0.48	0.73	0.62	0.75	0.72	0.89
天津	0.50	0.73	0.68	0.67	0.64	0.73
河北	0.37	0.70	0.65	0.72	0.68	0.83
山西	0.70	0.64	0.64	0.77	0.61	0.81
内蒙古	0.52	0.61	0.61	0.75	0.76	0.83
辽宁	0.56	0.62	0.62	0.76	0.72	0.80
吉林	0.55	0.77	0.56	0.74	0.82	0.73
黑龙江	0.58	0.60	0.75	0.76	0.65	0.84
上海	0.65	0.79	0.61	0.73	0.67	0.80
江苏	0.66	0.61	0.69	0.79	0.65	0.81
浙江	0.65	0.68	0.61	0.73	0.59	0.72
安徽	0.46	0.53	0.64	0.80	0.77	0.91
福建	0.43	0.67	0.76	0.80	0.85	0.89
江西	0.41	0.65	0.72	0.79	0.75	0.89
山东	0.55	0.65	0.71	0.74	0.73	0.91
河南	0.40	0.55	0.60	0.83	0.70	0.85
湖北	0.54	0.63	0.71	0.79	0.68	0.85
湖南	0.48	0.58	0.61	0.67	0.69	0.90
广东	0.59	0.64	0.68	0.80	0.74	0.84

第五章 三大能力成长耦合促进农业经济发展方式转变的实证分析

(续表)

年份	2012	2013	2014	2015	2016	2017
广西	0.62	0.60	0.60	0.70	0.75	0.86
海南	0.56	0.72	0.72	0.75	0.60	0.88
重庆	0.60	0.64	0.62	0.75	0.73	0.76
四川	0.56	0.55	0.62	0.78	0.65	0.81
贵州	0.61	0.59	0.64	0.70	0.68	0.88
云南	0.44	0.60	0.61	0.78	0.67	0.79
西藏	0.42	0.58	0.58	0.79	0.70	0.82
陕西	0.60	0.59	0.66	0.68	0.84	0.87
甘肃	0.59	0.75	0.62	0.87	0.72	0.77
青海	0.67	0.61	0.66	0.78	0.75	0.93
宁夏	0.43	0.62	0.66	0.65	0.86	0.90
新疆	0.55	0.62	0.72	0.85	0.74	0.88

由表 5-18 可以看出,我国各省区市 2012—2017 年农业经济发展方式转变的组织能力与制度能力耦合协调度总体水平较高且呈现递增的趋势。如北京市在 2012 年组织能力与制度能力耦合协调度处于中度耦合协调阶段,2013—2016 年一直处于高度耦合协调阶段,2017 年发展到极度耦合协调阶段;从组织能力与制度能力的耦合协调度数值来看,北京市耦合协调水平较高,发展趋势稳定。天津市在 2012 年组织能力与制度能力耦合协调度处于中度耦合协调阶段,2013—2017 年处于高度耦合协调阶段,未曾发展到极度耦合协调阶段;从组织能力与制度能力耦合协调度数值来看,天津市耦合协调水平发展程度稳定。河北省农业经济发展方式转变的组织能力与制度能力在 2012 年处于中度耦合协调阶段,2013—2016 达到高度耦合协调阶段,2017 年发展为极度耦合协调阶段;从组织能力与制度能力的耦合协调度数值来看,河北省耦合协调水平初期发展较快,随后呈现波动上升的发展趋势。

为了更加直观地反映 2012—2017 年各省农业经济发展方式转变的组织能力与制度能力耦合协调度发展状况,我们绘制变化趋势图,如图 5-11 所示。

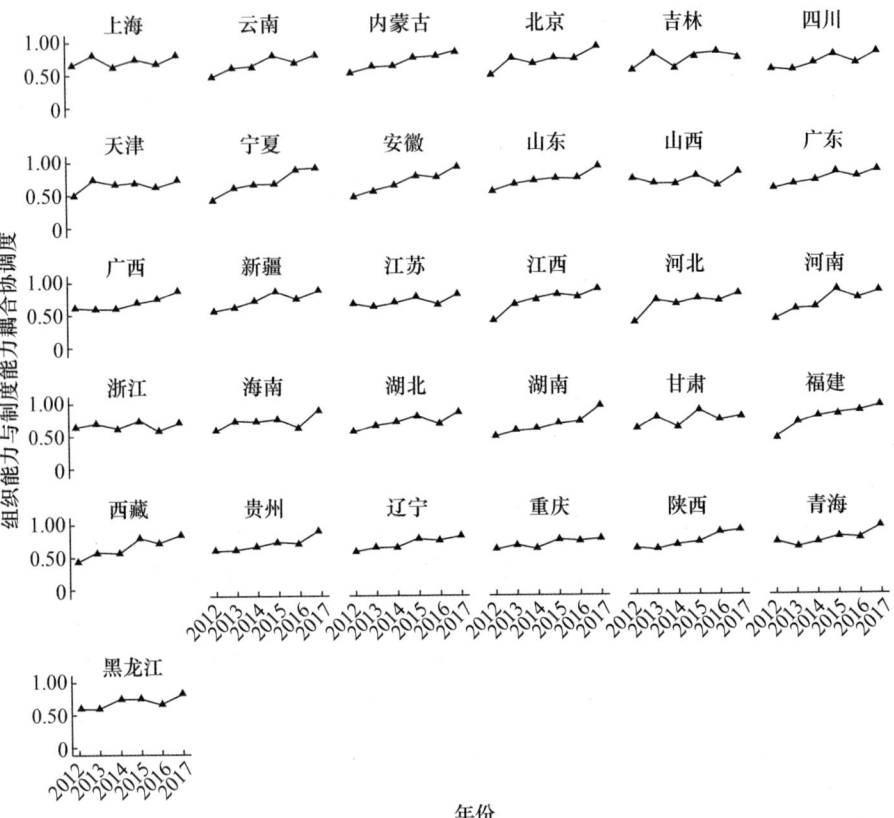

图 5-11 2012—2017 年中国各省区市组织能力与制度能力耦合协调度测度

由图 5-11 可以看出,总体上各省农业经济发展方式转变的组织能力与制度能力耦合协调度水平呈现逐年递增趋势。如上海、云南等地区 2012—2017 年农业经济发展方式转变的组织能力与制度能力耦合协调度呈现波动上升趋势;山东、广东等地区 2012—2017 年农业经济发展方式转变的组织能力与制度能力耦合协调度呈现出缓慢上升趋势;安徽、江西等地区 2012—2017 年农业经济发展方式转变的组织能力与制度能力耦合协调度增长较快,也就是说这些地区农业经济发展方式转变的组织能力与制度能力二者协调发展趋势逐年增强;而浙江、重庆等地区 2012—

第五章 三大能力成长耦合促进农业经济发展方式转变的实证分析

2017年农业经济发展方式转变的组织能力与制度能力耦合协调度六年来几乎未发生变化,始终保持稳定状态。

3. 各省区市技术能力与制度能力耦合协调度测度

各省区市2012—2017年农业经济发展方式转变的技术能力与制度能力耦合协调度测度值如表5-19所示。

表5-19 2012—2017年中国各省区市技术能力与制度能力耦合协调度测度

年份	2012	2013	2014	2015	2016	2017
北京	0.53	0.67	0.59	0.70	0.71	0.84
天津	0.53	0.71	0.77	0.64	0.65	0.72
河北	0.42	0.69	0.66	0.70	0.74	0.77
山西	0.57	0.71	0.65	0.79	0.60	0.78
内蒙古	0.39	0.55	0.63	0.76	0.81	0.84
辽宁	0.57	0.62	0.68	0.78	0.72	0.75
吉林	0.53	0.64	0.58	0.76	0.86	0.76
黑龙江	0.37	0.52	0.74	0.76	0.73	0.91
上海	0.71	0.68	0.59	0.68	0.76	0.82
江苏	0.59	0.60	0.71	0.79	0.69	0.79
浙江	0.63	0.60	0.58	0.69	0.69	0.79
安徽	0.45	0.58	0.61	0.78	0.82	0.89
福建	0.44	0.63	0.72	0.81	0.85	0.86
江西	0.46	0.59	0.74	0.77	0.76	0.90
山东	0.56	0.61	0.72	0.72	0.78	0.89
河南	0.40	0.50	0.59	0.84	0.72	0.84
湖北	0.56	0.56	0.68	0.79	0.71	0.85
湖南	0.33	0.58	0.71	0.68	0.72	0.92
广东	0.43	0.54	0.64	0.79	0.78	0.84
广西	0.51	0.53	0.58	0.72	0.78	0.89
海南	0.52	0.70	0.70	0.68	0.70	0.93
重庆	0.57	0.59	0.56	0.71	0.74	0.75
四川	0.51	0.55	0.64	0.79	0.72	0.80
贵州	0.62	0.49	0.70	0.72	0.73	0.90

(续表)

年份	2012	2013	2014	2015	2016	2017
云南	0.48	0.61	0.66	0.79	0.66	0.78
西藏	0.19	0.59	0.51	0.75	0.64	0.79
陕西	0.57	0.54	0.69	0.68	0.85	0.87
甘肃	0.54	0.64	0.62	0.84	0.71	0.80
青海	0.51	0.60	0.65	0.81	0.73	0.92
宁夏	0.39	0.56	0.70	0.65	0.77	0.92
新疆	0.38	0.54	0.68	0.82	0.77	0.97

由表5-19可以看出，中国各省区市2012—2017年农业经济发展方式转变的技术能力与制度能力耦合协调度总体上呈现递增的趋势。如北京市在2012—2016年农业经济发展方式转变的技术能力与制度能力一直处于高度耦合协调阶段，到2017年发展到了极度耦合协调阶段；从技术能力与制度能力的耦合协调度数值来看，北京市耦合协调水平较高，发展趋势稳定。天津市在2012—2017年农业经济发展方式转变的技术能力与制度能力一直处于高度耦合协调阶段，发展程度比较稳定，但是一直未曾达到极度耦合协调阶段；从技术能力与制度能力耦合协调度数值来看，天津市耦合协调水平存在小幅波动，但总体发展状况稳定。河北省农业经济发展方式转变的技术能力与制度能力在2012年处于中度耦合协调阶段，2013—2017达到高度耦合协调阶段，但是一直未曾达到极度耦合协调阶段；从技术能力与制度能力的耦合协调度数值来看，河北省耦合协调水平初期发展较快，随后发展程度趋于稳定。

为了更加直观地反映2012—2017年各省农业经济发展方式转变的技术能力与制度能力耦合协调度发展状况，我们绘制变化趋势图，如图5-12所示。

由图5-12可以看出，总体上各省区市农业经济发展方式转变的技术能力与制度能力耦合协调度水平呈现递增趋势。如上海、北京、西藏等地区2012—2017年农业经济发展方式转变的技术能力与制度能力耦合协调度呈现波动上升趋势；安徽、山东、福建等地区2012—2017年农业经济

第五章 三大能力成长耦合促进农业经济发展方式转变的实证分析

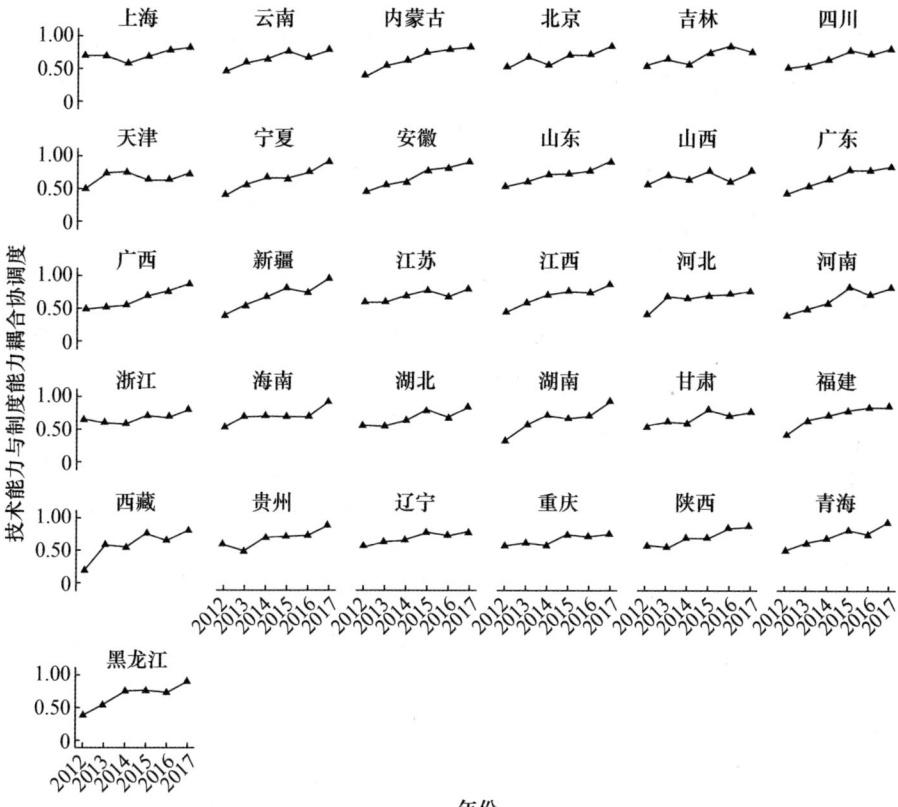

图 5-12 2012—2017 年中国各省区市技术能力与制度能力耦合协调度测度

发展方式转变的技术能力与制度能力耦合协调度呈现出缓慢上升趋势；山西、河北等地区农业经济发展方式转变的技术能力与制度能力耦合协调度六年来始终小幅波动，保持相对稳定的状态。

三、农业经济发展方式转变能力对农业经济发展的影响分析

影响农业经济发展的因素很多，由于研究方法和地理环境的不同，研究结果也有很大差异。本研究分别使用除港、澳、台地区之外的 2000—2017 年全国农业经济数据及 31 个省、自治区、直辖市 2012—2017 年农业

经济数据分析农业经济发展方式转变能力对农业发展的影响。参考已有文献分别选取全国及各省农林牧渔总产值为被解释变量,技术能力、组织能力、制度能力以及三项能力的耦合协调度为解释变量。其他控制变量包括:乡村总人口(汪紫云、李援亚,2018)、化肥施用量(王鑫鑫,2018)、农业机械年末拥有量(大中型拖拉机+小型拖拉机)(黄少安等,2005.)、耕地面积、公共财政支出中农林水事务支出(洪名勇、施国庆,2007)、农业机械总动力(迪娜·帕夏尔汗,2015)、农林牧渔业固定资产投资额(汪紫云、李援亚,2018)。

为排除通货膨胀引起的经济增长对回归结果的影响,全国数据选取2000年为基期,使用全国2001—2017年农村居民消费价格指数将农林牧渔总产值、公共财政支出中农林水事务支出、农林牧渔业固定资产投资额平减到2000年消费水平下的实际值。各省区市数据选取2012年为基期,使用各省2013—2017年农村居民消费价格指数将农林牧渔总产值、公共财政支出中农林水事务支出、农林牧渔业固定资产投资额平减到2012年消费水平下的实际值。

(一)中国农业经济发展方式转变能力对农业经济发展的影响分析

1. 2000—2017年各变量描述性分析

在研究2000—2017年中国农业经济发展方式转变能力对农业发展影响时使用的原始数据描述性分析如表5-20所示。

表5-20 2000—2017年各变量描述性分析

变量名称	观测值	均值	标准差	最小值	最大值
被解释变量					
农林牧渔总产值(亿元)	18	48087.20	16792.83	24915.80	71658.16
解释变量					
技术能力	18	0.39	0.31	0.05	0.98
组织能力	18	0.31	0.18	0.18	0.77
制度能力	18	0.41	0.33	0.00	0.88

第五章 三大能力成长耦合促进农业经济发展方式转变的实证分析

(续表)

变量名称	观测值	均值	标准差	最小值	最大值
技术能力与组织能力耦合协调度	18	0.55	0.19	0.32	0.93
组织能力与制度能力耦合协调度	18	0.52	0.24	0.13	0.89
技术能力与制度能力耦合协调度	18	0.56	0.29	0.09	0.94
控制变量					
乡村总人口(万人)	18	69363.05	7382.47	57660.52	80836.69
化肥施用量(万吨)	18	5228.44	670.59	4146.00	6023.00
农业机械年末拥有量(万台)	18	1933.33	371.00	1361.82	2316.96
耕地面积(千公顷)	18	128200.90	5211.45	121715.90	135163.00
公共财政支出中农林水事务支出(亿元)	18	5723.74	4082.10	1234.50	12511.30
农业机械总动力(万千瓦)	18	82795.56	19747.41	52574.00	111728.00
农林牧渔业固定资产投资额(亿元)	18	6189.02	5551.83	360.93	17504.95

注:农林牧渔总产值、公共财政支出中农林水事务支出、农林牧渔业固定资产投资额平减到2000年消费水平下的实际值。

资料来源:2001—2018年《中国统计年鉴》,2001—2018年《中国科技统计年鉴》,2001—2018年《中国农村统计年鉴》,2001年、2003—2004年、2006—2008年、2010—2013年、2015—2018年《中国基本单位统计年鉴》,2001—2017年《中国民政统计年鉴》,2003—2018年《中国卫生健康统计年鉴》,国家统计局网站,商务部对外贸易司网站,中华人民共和国中央人民政府门户网站,中华人民共和国农业农村部官方网站。对于个别指标在某些年份的缺失值采用插值法进行补充。

由表5-20可以看出,被解释变量农林牧渔总产值的取值在24915.80亿元到71658.16亿元之间,样本均值为48087.20亿元;技术能力的取值在0.05到0.98之间,样本均值为0.39;组织能力的取值在0.18到0.77之间,样本均值为0.31;制度能力的取值在0.00到0.88之间,样本均值为0.41;技术能力与组织能力耦合协调度的取值在0.32到0.93之间,样本均值为0.55;组织能力与制度能力耦合协调度的取值在0.13到0.89之间,样本均值为0.52;技术能力与制度能力耦合协调度的取值在0.09到0.94之间,样本均值为0.56;等等。

2. 中国农业经济发展方式转变能力对农林牧渔总产值的影响

我们使用 2000—2017 年中国农业经济相关数据,运用 OLS 估计方法估计中国农业经济发展方式转变能力对农林牧渔总产值的影响,回归结果如表 5-21 所示。

表 5-21　中国农业经济发展方式转变能力对农林牧渔总产值的影响

	农林牧渔总产值对数			
	(1)	(2)	(3)	(4)
技术能力	0.385**			0.531
	(2.29)			(1.32)
组织能力		0.267		0.059
		(0.81)		(0.12)
制度能力			0.073	−0.097
			(0.72)	(−0.62)
乡村总人口	−0.442	−0.969	−1.770**	0.112
	(−0.45)	(−0.65)	(−2.45)	(0.07)
化肥施用量	1.918**	2.495*	2.160**	1.652
	(2.98)	(2.11)	(2.80)	(0.94)
农业机械年末拥有量	0.100	−0.193	−0.131	0.260
	(0.33)	(−0.41)	(−0.33)	(0.34)
耕地面积	−0.660**	−0.664	−0.342	−0.837
	(−2.65)	(−1.29)	(−1.66)	(−1.44)
公共财政支出中农林水事务支出	−0.113	−0.110	−0.104	−0.114
	(−1.44)	(−1.38)	(−1.23)	(−1.43)
农业机械总动力	−0.011	0.032	−0.124	0.165
	(−0.05)	(0.18)	(−0.42)	(0.49)
农林牧渔业固定资产投资额	0.032	0.023	0.017	0.033
	(1.01)	(0.61)	(0.47)	(0.82)
常数项	8.925	14.186	27.233*	1.341
	(0.54)	(0.58)	(2.10)	(0.05)
样本量	18	18	18	18

第五章 三大能力成长耦合促进农业经济发展方式转变的实证分析

(续表)

	农林牧渔总产值对数			
	(1)	(2)	(3)	(4)
R 平方项	0.998	0.998	0.998	0.998
调整后 R 平方项	0.997	0.996	0.996	0.996

注:① 农林牧渔总产值、公共财政支出中农林水事务支出、农林牧渔业固定资产投资额平减到 2000 年消费水平下的实际值;② 所用控制变量均取对数后加入回归模型进行回归;③ *、**、*** 分别表示在 10%、5%、1% 水平上显著;④ 括号中为 t 值。

表 5-21 汇报了中国农业经济发展方式转变能力对农林牧渔总产值的影响,回归结果表明,技术能力、组织能力、制度能力这三项农业经济发展方式转变能力中,只有技术能力对中国农林牧渔总产值具有显著的正向影响。这说明在现阶段,影响中国农业农林牧渔总产值的主要农业发展方式转变能力是技术能力,技术能力得分每提高 0.1 分,可使农林牧渔总产值提升 3.85%。

3. 中国农业经济发展方式转变能力耦合协调度对农林牧渔总产值的影响

我们使用 2000—2017 年中国农业经济相关数据,运用 OLS 估计方法估计中国农业经济发展方式转变能力耦合协调度对农林牧渔总产值的影响,回归结果如表 5-22 所示。

表 5-22 中国农业经济发展方式转变能力耦合协调度对农林牧渔总产值的影响

	农林牧渔总产值对数			
	(1)	(2)	(3)	(4)
技术能力与组织能力耦合协调度	0.856*			1.607**
	(1.87)			(2.79)
组织能力与制度能力耦合协调度		0.252		−0.945
		(0.66)		(−1.38)
技术能力与制度能力耦合协调度			0.315	0.369
			(1.06)	(0.61)

(续表)

	农林牧渔总产值对数			
	(1)	(2)	(3)	(4)
乡村总人口	0.116	−1.532	−1.460	0.947
	(0.09)	(−1.47)	(−1.57)	(0.66)
化肥施用量	2.194***	2.224**	2.072**	1.301
	(3.60)	(2.35)	(3.01)	(1.15)
农业机械年末拥有量	−0.050	−0.253	−0.250	0.535
	(−0.18)	(−0.46)	(−0.57)	(1.13)
耕地面积	−0.966**	−0.479	−0.423	−1.060
	(−2.39)	(−1.46)	(−1.83)	(−1.82)
公共财政支出中农林水事务支出	−0.092	−0.076	−0.074	−0.143
	(−1.22)	(−0.68)	(−0.72)	(−1.66)
农业机械总动力	0.007	−0.100	−0.148	0.232
	(0.04)	(−0.34)	(−0.52)	(0.83)
农林牧渔业固定资产投资额	0.022	−0.004	−0.000	0.071**
	(0.87)	(−0.15)	(−0.01)	(2.52)
常数项	1.900	25.018	24.950	−9.482
	(0.10)	(1.57)	(1.72)	(−0.42)
样本量	18	18	18	18
R 平方项	0.998	0.998	0.998	0.999
调整后 R 平方项	0.997	0.996	0.996	0.997

注:① 农林牧渔总产值、公共财政支出中农林水事务支出、农林牧渔业固定资产投资额平减到 2000 年消费水平下的实际值;② 所用控制变量均取对数后加入回归模型进行回归;③ *、**、*** 分别表示在 10%、5%、1%水平上显著;④ 括号中为 t 值。

表 5-22 汇报了中国农业经济发展方式转变能力耦合协调度对农林牧渔总产值的影响,回归结果表明,技术能力与组织能力耦合协调度、组织能力与制度能力耦合协调度、技术能力与制度能力耦合协调度中,只有技术能力与组织能力耦合协调度对中国农林牧渔总产值具有显著的正向影响。这说明在现阶段,技术能力与组织能力耦合协调发展程度是影响中国农业农林牧渔总产值的重要因素,技术能力与组织能力耦合协调度每提高 0.1 分,可使农林牧渔总产值提升 8.56%。结合表 5-21 回归结果,

第五章 三大能力成长耦合促进农业经济发展方式转变的实证分析

表明技术能力是目前影响中国农林牧渔总产值的主要农业发展方式转变能力,并且只有技术能力与组织能力协调发展才能更好地促进农林牧渔总产值的提高。

(二)中国各省区市农业经济发展方式转变能力对农业经济发展影响分析

1. 各省区市 2012—2017 年各变量描述性分析

在研究各省区市 2012—2017 年农业经济发展方式转变能力对农业发展影响时使用的原始数据描述性分析如表 5-23 所示。

表 5-23 各省区市数据描述性统计

变量名称	观测值	均值	标准差	最小值	最大值
被解释变量					
农林牧渔总产值(亿元)	186	3155.35	2198.94	118.30	9097.12
解释变量					
技术能力	186	0.51	0.22	0.01	0.93
组织能力	186	0.52	0.19	0.15	0.86
支撑制度能力	186	0.48	0.18	0.11	0.95
技术能力与组织能力耦合协调度	186	0.70	0.15	0.23	0.93
组织能力与制度能力耦合协调度	186	0.69	0.11	0.37	0.93
技术能力与制度能力耦合协调度	186	0.68	0.13	0.19	0.97
控制变量					
乡村总人口(万人)	186	1939.13	1325.31	232.90	5415.03
化肥施用量(万吨)	186	191.47	150.41	5.00	716.10
农业机械年末拥有量(万台)	186	741457	857288.9	8300	3877900
耕地面积(千公顷)	186	4355.81	3282.97	188.00	15864.10
公共财政支出中农林水事务支出(亿元)	186	463.95	219.44	43.36	1025.72

(续表)

变量名称	观测值	均值	标准差	最小值	最大值
农业机械总动力(万千瓦)	186	3345.59	2988.76	112.70	13353.00
农林牧渔业固定资产投资额(亿元)	186	523.82	443.71	1.46	2450.19

注：农林牧渔总产值、公共财政支出中农林水事务支出、农林牧渔业固定资产投资额平减到2000年消费水平下的实际值。

资料来源：2013—2018年《中国统计年鉴》，2013—2018年《中国科技统计年鉴》，2013—2018年《中国农村统计年鉴》，2013年、2015—2018年《中国基本单位统计年鉴》，2013—2017年《中国民政统计年鉴》，2013—2018年《中国卫生健康统计年鉴》，2013—2017年《中国农业机械工业年鉴》，2013—2014年《中国区域经济统计年鉴》，2013—2017年《中国社会统计年鉴》，2013—2017年《中国第三产业统计年鉴》，2013—2018年各省统计年鉴，国家统计局网站，商务部对外贸易司网站，各省人民政府官方网站，各省农业农村厅、省农委官方网站。对于个别指标在某些年份的缺失值采用插值法进行补充。

由表5-23可以看出，被解释变量农林牧渔总产值的取值在118.30亿元到9097.12亿元之间，样本均值为3155.35亿元；技术能力的取值在0.01到0.93之间，样本均值为0.51；组织能力的取值在0.15到0.86之间，样本均值为0.52；制度能力的取值在0.11到0.95之间，样本均值为0.48；技术能力与组织能力耦合协调度的取值在0.23到0.93之间，样本均值为0.70；组织能力与制度能力耦合协调度的取值在0.37到0.93之间，样本均值为0.69；技术能力与制度能力耦合协调度的取值在0.19到0.97之间，样本均值为0.68；等等。

2. 各省区市农业经济发展方式转变能力对农林牧渔总产值的影响

使用2012—2017年中国各省区市农业经济相关面板数据，运用个体固定效应模型估计中国各省农业经济发展方式转变能力对农林牧渔总产值的影响，回归结果如表5-24所示。

表5-24汇报了我国各省农业经济发展方式转变能力对农林牧渔总产值的影响，回归结果表明，技术能力、组织能力、制度能力这三项农业经济发展方式转变能力中，只有技术能力对中国农林牧渔总产值具有显著的正向影响。这说明在现阶段，影响中国农业农林牧渔产值的主要农业发展方式转变能力是技术能力，技术能力得分每提高0.1分，可使农林牧渔

第五章 三大能力成长耦合促进农业经济发展方式转变的实证分析

总产值提升 0.85%。

表 5-24 各省区市农业经济发展方式转变能力对农林牧渔总产值的影响

	农林牧渔总产值对数			
	(1)	(2)	(3)	(4)
技术能力	0.085**			0.089*
	(2.14)			(1.93)
组织能力		0.043		−0.003
		(1.04)		(−0.08)
制度能力			−0.018	−0.025
			(−0.57)	(−0.80)
乡村总人口	0.218	0.074	−0.048	0.209
	(0.54)	(0.19)	(−0.12)	(0.53)
化肥施用量	0.330*	0.325*	0.308	0.330*
	(1.76)	(1.77)	(1.69)	(1.74)
农业机械年末拥有量	−0.009	−0.004	−0.011	−0.012
	(−0.08)	(−0.04)	(−0.10)	(−0.11)
耕地面积	−1.337	−0.874	−0.590	−1.301
	(−0.49)	(−0.33)	(−0.23)	(−0.49)
公共财政支出中农林水事务支出	−0.025	0.002	0.017	−0.022
	(−0.91)	(0.06)	(0.49)	(−0.75)
农业机械总动力	0.041	0.062	0.067	0.039
	(0.65)	(0.96)	(1.02)	(0.62)
农林牧渔业固定资产投资额	0.118**	0.119**	0.122**	0.119**
	(2.38)	(2.38)	(2.44)	(2.36)
常数项	13.355	11.033	10.287	13.225
	(0.68)	(0.56)	(0.51)	(0.67)
省级固定效应	是	是	是	是
样本量	186	186	186	186
R 平方项	0.561	0.551	0.549	0.563
调整后 R 平方项	0.541	0.531	0.529	0.538

注:① 农林牧渔总产值、公共财政支出中农林水事务支出、农林牧渔业固定资产投资额平减到 2000 年消费水平下的实际值;② 所用控制变量均取对数后加入回归模型进行回归;③ *、**、*** 分别表示在 10%、5%、1% 水平上显著;④ 括号中为 t 值。

3. 各省区市农业经济发展方式转变能力耦合协调度对农林牧渔总产值的影响

我们使用 2012—2017 年中国各省区市农业经济相关面板数据,运用固定效应模型估计中国各省区市农业经济发展方式转变能力耦合协调度对农林牧渔总产值的影响,回归结果如表 5-25 所示。

表 5-25 各省区市农业经济发展方式转变能力耦合协调度对农林牧渔总产值的影响

	农林牧渔总产值对数			
	(1)	(2)	(3)	(4)
技术能力与组织能力耦合协调度	0.104*			0.142**
	(1.78)			(2.55)
组织能力与制度能力耦合协调度		0.015		−0.109
		(0.20)		(−1.27)
技术能力与制度能力耦合协调度			0.054	0.030
			(0.70)	(0.28)
乡村总人口	0.172	−0.020	0.036	0.159
	(0.44)	(−0.05)	(0.09)	(0.41)
化肥施用量	0.321*	0.310*	0.308	0.315
	(1.71)	(1.72)	(1.67)	(1.64)
农业机械年末拥有量	−0.004	−0.007	−0.005	−0.014
	(−0.04)	(−0.06)	(−0.05)	(−0.12)
耕地面积	−1.171	−0.673	−0.860	−1.185
	(−0.43)	(−0.26)	(−0.32)	(−0.44)
公共财政支出中农林水事务支出	−0.016	0.011	−0.001	−0.015
	(−0.56)	(0.33)	(−0.03)	(−0.49)
农业机械总动力	0.049	0.067	0.061	0.043
	(0.76)	(1.02)	(0.93)	(0.67)
农林牧渔业固定资产投资额	0.117**	0.120**	0.119**	0.118**
	(2.34)	(2.40)	(2.35)	(2.32)
常数项	12.417	10.574	11.488	12.901
	(0.63)	(0.52)	(0.56)	(0.65)
省级固定效应	是	是	是	是
样本量	186	186	186	186

第五章 三大能力成长耦合促进农业经济发展方式转变的实证分析

（续表）

	农林牧渔总产值对数			
	(1)	(2)	(3)	(4)
R 平方项	0.558	0.548	0.550	0.562
调整后 R 平方项	0.538	0.528	0.530	0.537

注：① 农林牧渔总产值、公共财政支出中农林水事务支出、农林牧渔业固定资产投资额平减到 2000 年消费水平下的实际值；② 所用控制变量均取对数后加入回归模型进行回归；③ *、**、*** 分别表示在 10%、5%、1% 水平上显著；④ 括号中为 t 值。

表 5-25 汇报了中国各省区市农业经济发展方式转变能力耦合协调度对农林牧渔总产值的影响，回归结果表明，技术能力与组织能力耦合协调度、组织能力与制度能力耦合协调度、技术能力与制度能力耦合协调度中只有技术能力与组织能力耦合协调度对中国各省农林牧渔总产值具有显著的正向影响。说明在现阶段，技术能力与组织能力耦合协调发展程度是影响中国各省农业农林牧渔产值的重要因素，技术能力与组织能力耦合协调度每提高 0.1 分，可使农林牧渔总产值提升 1.04%。结合表 5-24 的回归结果，表明技术能力是目前影响中国各省农林牧渔总产值的主要农业发展方式转变能力，并且只有技术能力与组织能力协调发展才能更好地促进农林牧渔总产值的提高。

四、研究结论

能力成长是决定农业经济发展方式转变的关键因素，本部分分别建立了农业经济发展方式转变的技术能力、组织能力、制度能力评价指标体系，并运用熵值法、耦合度模型、耦合协调度模型对除港、澳、台地区之外，2000—2017 年全国及 2012—2017 年各省区市农业经济发展方式转变能力进行评价。

首先，从全国测度结果来看，技术能力、组织能力、制度能力三者之间的耦合状况如下：一是技术能力与组织能力耦合度发展状况较好，2000—2001 年处于磨合期向高水平耦合阶段过渡的时期，2002—2017 年一直处于高水平耦合阶段。二是组织能力与制度能力耦合度在2000—2005年迅速提高,2000—2001年处于低水平耦合阶段,到2002年调整为颉颃阶段,2003年进一步发展到磨合期,2004年以后一直处于高度耦合阶段。三是技术能力与制度能力在2000—2001年处于颉颃阶段,2002年发展到磨合期,2003年以后一直处于高水平耦合阶段。进一步计算全国三项农业经济发展方式转变能力之间的耦合协调度指标发现,2000—2017年三者之间的耦合协调度均呈逐年上升趋势,技术能力与组织能力耦合协调度发展基础较好,但是发展较为缓慢;组织能力与制度能力耦合协调发展基础较差,但是发展比较迅速,从2000年的低度耦合协调发展到2017年的极度耦合协调程度;技术能力与制度能力耦合协调发展基础最差,但是发展最为迅速,从2000年的低度耦合协调发展到2017年的极度耦合协调程度。

其次,从各省区市测度结果来看,2012—2017年,技术能力、组织能力、制度能力三者间的耦合度发展状况较好,基本上一直处于高水平耦合阶段,各省区市历年耦合度无明显差异。进一步计算三者之间的耦合协调度发现,2012—2017年之间各省技术能力与组织能力耦合协调度总体上呈现逐年递增趋势,截止到2017年除天津市仍停留在高度耦合协调水平外,其余各省区市均达到极度耦合协调水平。2012—2017年,各省组织能力与制度能力耦合协调度总体上呈现逐年递增趋势,但个别省份存在小幅度波动情况。截止到2017年,除天津、辽宁、吉林、上海、浙江、重庆、云南、甘肃仍停留在高度耦合协调水平外,其余各省区市均达到极度耦合协调水平。2012—2017年,各省技术能力与制度能力耦合协调度总体上呈现逐年递增趋势,但个别省份存在小幅度波动情况。截止到2017年,除天津、河北、山西、辽宁、吉林、江苏、浙江、重庆、四川、云南、西藏、甘肃仍停留在高度耦合协调水平外,其余各省区市均达到极度耦合协调水平。

最后,分别使用除港、澳、台地区之外,2000—2017年全国农业经济数据及31个省、自治区、直辖市2012—2017年农业经济数据,分析农业经济发展方式转变能力对农业发展的影响。为排除通货膨胀引起的经济增

第五章 三大能力成长耦合促进农业经济发展方式转变的实证分析

长对回归结果的影响,我们使用农村居民消费价格指数将农林牧渔总产值、公共财政支出中农林水事务支出、农林牧渔业固定资产投资额平减到基期消费水平下的实际值。无论是对全国范围内,还是对各省区市之间的农业经济数据回归结果进行分析,均发现目前影响农林牧渔总产值的主要农业经济发展方式转变能力是技术能力,并且只有技术能力与组织能力、制度能力协调发展时才能更好地促进农林牧渔总产值的提高。

第六章 创新驱动视角下中国农业经济发展方式转变能力成长路径选择

第一节 促进能力成长的三项原则

技术、组织、制度等是农业经济发展方式转变的关键变量。现阶段,我国农业经济发展方式转变的目标主要体现在两方面:既要发展生产力,又要完善生产关系;既要实现量的平衡,又要实现质的提升和可持续发展。这些目标的实现,其先决条件是技术能力、组织能力以及制度能力的共同成长。

一、促进技术能力成长,确保农业产业安全及粮食安全

提升原始创新能力需放在促进技术能力成长的若干战略举措之首。促进技术能力成长需要实施自主创新战略。自主创新包括原始创新、集成创新和引进技术再创新。其中,原始创新是提升一个产业乃至一个国家核心竞争力的关键。原始创新既指创新过程,也指原创成果,它受多种因素的影响,必须具备原创环境、原创积累、科技投入以及创新人才等多方面条件。为加强原始创新,需做好以下几方面工作:

(一)遵循农业科研规律,夯实原始创新的基础地位

决定农业科学研究的有学科体系的要求,也有产业发展的需求。产业发展的要求可以影响科研发展的快慢和优先顺序,但不能决定科研领域的取舍。实际工作中,通常依据产业发展的需求来制定科技政策、科研计划和遴选科研项目,对科研规律考虑不够,削弱了科研的系统性和整体

第六章 创新驱动视角下中国农业经济发展方式转变能力成长路径选择

性,也削弱了基础研究和原始创新的能力。因此,要正确认识原始创新与产业发展的关系,把原始创新作为农业发展的基础和动力源泉。在深化农业科研体制改革过程中,要充分尊重农业科研规律,使基础科研回归公益性定位,通过体制机制的创新切实增强原始创新能力。

(二)强化农业基础研究及核心技术研究,确保农业产业安全及粮食安全

进入 21 世纪以来,以生物技术、信息技术、先进制造和创新材料等为代表的现代农业高科技,不断取得重大突破,引领世界各国的农业经济增长方式,世界农业整体结构发生了重大变化。

未来世界农业科技前沿发展趋势主要包括五个方面:一是以转基因技术为代表的生物技术将主导新一轮农业科技发展的方向。二是物联网农业、智慧农业是现代农业发展的重要取向。三是以工厂化农业技术和现代农业装备技术为代表的设施农业将成为农业发展的新一轮"浪潮"。未来农业对耕种、灌溉、植保、收获、加工、储运的机械化水平要求将越来越高,农产品品质的快速、自动、在线无损检测技术将不断提升,农业机器人等智能化机械将成主流。四是受生态环境不断恶化及农业资源刚性约束的影响,对以环境友好型、资源节约型为主要特征的生态农业科技的需求越来越迫切。五是功能农业成为农业产业拓展的新途径。伴随着人们生活水平的不断提高,人们对品质调控、多样性营养食品、功能性健康食品、个性化食品的需求日益增多,开发多样化功能农产品,发展农产品功能成分提取与精深加工技术,成为农业科研极为重要的新领域。

未来世界范围内农业产业竞争的核心是农业科技竞争,中国只有具有较强的农业科技自主创新能力,在上述基础研究和核心技术研究领域开发出一批原创性成果,才能将农业产业安全和粮食安全掌控在自己手中。

(三)超前部署前瞻性研发项目,提高农业科技战略储备能力

国家在项目规划、经费使用等方面要积极引领并大力支持有预见性的前沿研究,争取未来在农业科技革命中掌握主动权。早在 1984 年,中

国农业科学院哈尔滨兽医研究所就开始进行当时国内尚未发生的禽流感疫病研究,经过二十年的超前储备研究,掌握了防控禽流感的可靠技术。在控制2004年暴发的大规模禽流感疫情的过程中,该所研制的疫苗发挥了决定性作用,赢得了应对全球性禽流感危机的主动权。此例说明,国家应着眼十年后甚至更长时期的战略需求,在转基因生物新品种培育、工厂化农业、节水农业、空间农业及海洋农业、中低产田及后备资源改造、绿色农业药物、新型生物反应器、智慧农业等方面设立前瞻性研发项目(薛亮等,2013),组织开展战略储备研究,提高对具有不可预见性的农业自然风险的防范和应对能力。

(四)完善科研评价体系,创新科研激励机制

国家应加快建立多元化的成果分类评价体系。一要建立以原创性为导向的成果分类评价制度。应用性成果要突出自主知识产权,以解决农业生产的重大关键问题和取得重大经济效益为评价标准,推动科技与生产有效结合。二要正确处理质量评价与数量评价二者之间的关系。积极引导高质量科研成果的产出,关注原创性的研究项目,支持创新性强的非共识项目、学科交叉项目,甚至是小项目。三要优化评价方法及程序,建立有效的激励机制。改革农业科研选题、立项、结项、成果评审等一系列管理制度,培育鼓励创新和宽容失败的科研环境,营造开放交流合作的社会氛围,引导科技人员树立高层次的目标追求,激活科研机构的创新活力。

二、促进组织能力成长,提升农业规模化经营水平

现阶段,我国新型农业经营主体主要包括专业大户、家庭农场、农民合作组织和农业企业。促进组织能力成长,要重视这四类主体并为其发展与进步创造必要条件。具体包括以下方面:

(一)加快土地流转,促进农业适度规模化经营

国家应适度引导干预,盘活土地经营权,积极解决农村剩余劳动力转移及就业问题。包括提高农民的职业技能,帮助其进入当地农民专业合

第六章 创新驱动视角下中国农业经济发展方式转变能力成长路径选择

作社、家庭农场、农业企业工作,使其在获得"地租"的同时,还能增加"工资"收入。

(二)加强政策支持,培育新型农业经营主体成为现代农业"中坚"力量

政府应该在财政支持、信贷支持、税收优惠等方面加大对新型农业经营主体的支持力度。包括创新政策手段,通过收入补贴、价格支持、农村发展项目支持等方式促进中西部地区的农业新型经营主体对接现代农业,缩小中西部地区与东部地区农业的发展差距;充分发挥政策支持在保障粮食安全、保护生物多样性、建设农村生态文明、应对气候变化等方面的引领作用,鼓励各类新型农业经营主体成为我国发展现代农业的中坚力量。培育青年一代家庭农场主,提高其农耕养殖、病虫害防治、经营管理、金融保险等专业知识水平。扩大职业院校面向农村的招生规模,为培养新一代农场主储备人才。提高青年职业农民教育水平,逐步建立职业农民资格认证制度。

(三)倡导绿色科技应用,提高农业生产经营的现代化水平

国家应倡导绿色农业、低碳农业,实施严格的生态环境保护制度。包括控制化肥、农药等农用化学品的使用,构建严密的农产品质量安全监管体系等;积极推广并应用先进的耕种技术、农机技术、农业信息技术、农业生物技术、农产品精深加工技术等。

(四)健全社会化服务体系,保障农业生产经营的高效运行

健全社会化服务体系,满足农业规模化经营的多种需求。新型农业经营主体发展离不开社会化服务体系提供的各项帮助,包括农资配备、农业示范、技术指导、农产品销售与储运、政策咨询、金融信贷、科技信息等各项服务。

三、促进制度能力成长,为农业农村现代化保驾护航

改革开放40多年来,我国农业制度与政策始终与改革实践相辅相成。农地产权制度、农业支持保护制度、农业保险制度、农村税费制度、农

村环境保护制度、农村金融制度等诸多制度紧密相连、互为支撑,尽管在改革中经历了曲折,但始终在不断完善,共同保障了不同时期农业发展目标的实现。未来,面向农业农村现代化和乡村振兴的宏伟蓝图,这些制度的改革创新需要把握以下方向:

(一)农地产权制度的创新方向

农地是从事农业生产最基本的生产要素。从产权角度看,安全而有保障的农地产权是促进农业投资增加、农地合约当事人增收、农地可持续利用及有效配置的必备条件。依据2008年12月31日公布的中共中央、国务院《关于2009年促进农业稳定发展农民持续增收的若干意见》,农地产权制度改革要坚持"三个不得",即不得改变农村地集体所有性质,不得改变土地用途,不得损害农民土地承包权益。要在坚持集体土地所有权制度不变的基础上,进行制度设计的创新,如确认农地所有权主体、使土地承包权长期化、厘清土地权能关系等。

(二)农业支持保护制度的创新方向

农业价格支持和补贴政策现已成为我国农业支持保护制度的核心。二者不断完善,各有侧重、相互转化,始终向着发挥市场在资源配置中的决定性作用、让补贴更具有针对性和灵活性、让市场价格更好地反映供求关系的方向前进。在当前和今后相当长的时期内,需要深入推进农产品价格形成机制改革,形成针对性和灵活性更强并且符合国际规则的补贴政策,更有效地发挥补贴政策及价格支持的导向作用;秉承"把饭碗牢牢端在自己手上"的理念,将保障国家粮食安全作为创新农业支持保护制度的首要目标;以保护农民利益为出发点和落脚点,坚持绿色发展理念,以农业支持保护政策引领农业经济发展方式实现深层次变革(张天佐等,2018)。

(三)农业保险制度的创新方向

农业保险是一种有效的农业支持保护和风险管理制度。在当前和今后相当长的时期内,农业保险制度创新应紧密围绕农业保险对农业发展的二元效应深度展开。一方面,农民以少量的保费支出,把难以预料的农业风险损失转移出去,从而获得未来在预防、救济、赈灾等多方面的保障,有助于农民提升抵御自然灾害的能力,最大限度地消除各种风险带来的不利影响,保障农业持续、稳定发展,保障农民正常生活的维持和改善,促进农村社会稳定。另一方面,农业保险的实施有助于增强农民引进新品种、采用新技术、接受新型生产方式的信心,有助于实现农业农村现代化。为此,应加快建立既能对农户提供多方面保护,又不对农业农村生态环境造成负面影响的绿色农业政策性保险制度,科学设置绿色农业政策性保险险种,建立农业巨灾保险风险基金,构建自愿投保和强制投保相结合的保险原则。

(四)农村环境保护制度的创新方向

农民是农村环境建设的主体,农村环境保护必须充分依靠、动员和保障农民参与。这就需要加强相关制度创新,明确农民的环境权益,有效保障农民参与农村环境保护。主要包括:明确农民享有参与农村环境污染和破坏的治理权利,完善环境信息公开制度,健全农民参与农村环境保护的司法救济,为农民环境参与权的实现提供条件;结合农业环境保护的实际情况,健全农业环境保护标准,修改现行环境法律法规,为农业环境保护法律、法规及规章的实施提供依据。

(五)农村金融制度的创新方向

解决农业经济发展方式深层次转变的问题,必须破解农村金融发展困境,实现农村金融的可持续发展以及与"三农"的同步发展。这就要求突破传统思维定势,探索农村金融制度科学创新、系统整合、协同推进的全新路径:一是以顶层设计及立法规范的方式推进农村金融制度创新。二是在制度层面矫正对农村金融机构的过度干预,消除显性的差别对待及隐性的政策排斥,引导动态竞争,破除垄断。三是农村金融制度改革要倡导建立"良治"与"善治"的法律法规体系,保障农贷市场的公平性与正义性。四是农村金融制度改革要激励并引导大型金融机构为各类农业生产经营主体提供长期、可持续的优质服务。五是农村金融制度创新要重视正规金融与非正规金融的互补性及协调性,审视农村金融生态环境、伦理习俗,提供适应乡土社会、经济和文化的金融服务;把握农村金融与城市金融的相关性,厘清商业性、政策性以及合作性金融的功能特色和作用边界。

第二节 促进能力成长的路径选择

一、促进技术能力成长,向科技型、效益型发展方式转变

(一)促进技术能力成长,向科技型发展方式转变

世界农业通常面临三方面的挑战:一是粮食安全,包括粮食生产的可持续性、人口增长对粮食生产提出的更高要求以及粮食浪费和营养失衡等问题。二是农村地区的经济增长与就业,尤其是欠发达和落后国家与地区的农业经济增长及就业。三是环境和气候变化,包括气候变暖、自然资源枯竭、农业和林业恢复力降低等(张莉等,2019)。应对上述挑战,迫切之举是促进技术能力成长。

构建新型农业科技创新体系,要以"科学布局,优化资源,创新机制,提升能力"为总体思路,以提高创新能力和创新效率为核心,以粮食安全、农民增收、生态安全为目标,从知识创新、技术创新、成果创新和产品创新四个方面进行系统设计,建立以国家级农业技术创新基地、区域性农业研发中心、地方农业试验站和农业企业研发中心为主的多层级创新体系。

在当前以及未来相当长的时期内,我国农业科技重点研发领域主要包括以下方面:农业生物技术及生物材料、农业信息技术与大数据应用、绿色低碳农业技术及资源高效利用、农业高产高效安全生产技术、现代农业装备技术、农产品加工和质量安全过程监测追溯等,以上关键技术必将引领和促进我国农业沿科技型轨道快速发展(高同彪、刘瑾,2017)。

(二)促进技术能力成长,向效益型发展方式转变

21世纪的农业技术竞争比以往更为激烈。一方面,在耕地、水等农业资源不断减少的情况下,农业生产力水平的提升有赖于农业技术能力成长。由于食物链的全球化,世界各国的农业生产者必须不断进行农业技

第六章　创新驱动视角下中国农业经济发展方式转变能力成长路径选择

术创新以回应市场变化的需求并保持竞争力。另一方面,气候变化加剧了世界粮食安全问题,尤其是撒哈拉沙漠以南地区的发展中国家的粮食安全问题,更需要技术进步来提高生产力的稳定性以及生产机制的灵活性。技术进步与创新不仅可以提高农业产量,而且能够有效保护水、土壤等农业资源、提高农产品质量、抵御自然灾害等。以转基因抗虫棉技术为例,其益处有三:一是提高了产量;二是提高了棉农的收入;三是使数百万生产者真正减少了杀虫剂的使用(任世平,2009)。再以信息技术为例,通过推动"互联网+农业产业链各环节",发展"数字农业",不仅实现了精准化的农业生产、集成化的要素配置、便捷化的信息服务、扁平化的流通管理,而且实现了高效率的政府管理(于浩淼等,2019),形成了农业现代化与科技信息化的交融交汇,经济效益及社会效益显著提升。

未来,伴随居民收入的提高,品质消费、安全消费、绿色消费、品牌消费、体验消费等日益成为农产品消费需求的重要增长点。这些优质化、个性化、多样化的需求亟待通过农业技术创新得以满足。此外,新型工业化、信息化、城镇化与农业现代化的同步发展以及乡村振兴战略的提出等,均需要不断促进农业技术能力成长以增强农业经济发展的驱动力。

二、促进组织能力成长,向规模化、市场化发展方式转变

我国需要探索小规模农户经营基础上的农业规模化、市场化发展之路。基于我国国情,以小规模农户生产为基础的农业将长期存在。因此,通过农民组织化,即促进组织能力成长,向规模化、市场化发展方式转变成为我国农业发展的必然选择。

(一)促进组织能力成长,向规模化、市场化发展方式转变之要义

一是农民组织化,即组织主体依据一定的原则,采取不同方式将具有生产经营规模狭小、经营分散、经济实力较弱、科技水平滞后等传统职业特征的农民转变为有组织地进入市场与社会,并且获得与其他阶层同等待遇的现代农民的过程。二是农业规模化,即运用工业化思维发展农业,通过农业产业化推动传统农业向现代农业过渡。三是农业市场化,即市场机制对农业生产经营所发挥的作用持续增大,农业经济活动对市场机

制的依赖程度加大和加深的演变过程。从本质上看,这三者是一个相互促进的有机整体,即农业规模化后,农村合作组织可以根据市场形势,合理计划每年的种植面积和养殖规模,形成产销对接链条,从而解决市场方面的滞销问题。

(二)农民合作组织是促进农业生产经营规模化的重要载体

农业的家庭经营是农民合作制度与合作组织形成的基本前提。没有农业的家庭经营,农民合作组织也就没有了存在的必要。从中国的人地关系看,即使随着工业化和城市化的推进,农业劳动力还会继续向非农产业转移,但中国农业建立在小规模农户经营基础上的格局在相当长的时期内不会改变。同时,中国农业不能因此而停留在传统农业的阶段,而是要向现代农业发展。因此,农民合作组织是促进小规模农业走向现代化农业的重要载体。

在合作组织框架中,小规模农户在经营规模上的劣势可以得到有效消除。这里,需要对农业规模经营有更深层次的认知,不能单纯把农户土地经营规模作为农业经营规模化的判别标准,或把土地规模经营作为实现农业规模化发展的唯一路径,而应从专业化分工、多环节联系、多要素综合的途径来判别和实现农业的规模化经营。发达国家的农业发展实践表明,小规模农户生产同样能够实现农业规模化和农业现代化,其中的关键是农民合作组织发挥了重要作用。在合作组织内部,通过分工与合作,农户(社员)可以专心于农业生产,而将其他经营活动如投入品的采购,新技术的选择,信息的获取,产品的分级、包装、加工、运输、营销以及品牌化等分离出去,由合作组织统一经营并提供服务,由此就形成了农户(社员)生产小规模、合作社经营规模化的格局。简言之,通过合作组织的制度设计与安排,可以走出一条生产小规模、经营规模化的现代农业发展道路。

(三)农民合作组织是加强农业市场化建设的重要平台

农民合作组织的发展对于创新我国农业经营体制,实现从传统双层经营体制向新型双层经营体制的转变具有重要意义。改革开放以来,我国的农业经营体制演变为农户承包经营、村集体组织统一服务的双层经

第六章 创新驱动视角下中国农业经济发展方式转变能力成长路径选择

营体制。但在这种统分结合的农业双层经营体制运行过程中,大多数村集体组织对农户经营的服务功能未能有效发挥,农民在市场化进程中处于被动、不利地位。要推动农业市场化建设,除了完善村级集体经济制度外,关键在于加快农民合作组织的发展,构建新型农业双层经营体制。在新型的农业双层经营体制中,农户依然保持相对独立的生产经营主体地位,但"统"的功能则由农民合作组织来替代。

农民合作组织通过横向合作与纵向合作促进市场化建设。纵向发展及合作是指进一步发挥农民合作组织在农业产业化经营中的作用。参照"农户+农民合作组织+龙头企业+行业协会"这种标准模式,各地可依据合作组织的治理结构和行业特性,选择农民合作组织与农业产业化的不同结合方式,加入到农业产业链的运行系统之中,直接推动农产品市场化。横向发展及合作是指多功能、复合型的农民合作组织跨地区发展,以此进一步拓宽农产品市场化的范围(黄祖辉,2008)。农民合作组织的横纵双向发展不仅要同步,而且还要相互促进。

三、促进制度能力成长,向环境友好型、公平效率型发展方式转变

农业制度建设能够引领农业经济发展方式转变方向并为之提供制度保障。将农业农村优先发展、确保"三农"利益的发展理念转化为具有较强约束力和可行性的制度安排至关重要。

(一)建立有利于农业绿色发展的政策制度体系

国家应坚持绿色发展理念,以支持保护政策引领农业经济发展方式深层次变革;把制度和政策作为"指挥棒",加大对农业生态环境和资源保护的支持力度,鼓励绿色生产方式,促进农业生产发展与农业生态环境协调统一;围绕耕地地力保护、森林草原和渔业等生态系统修复、农业资源和废弃物利用等工作重点,建立包括绿色金融激励制度在内的相关制度政策体系。

(二)建立有利于兼顾公平与效率的政策制度体系

转变农业经济发展方式、促进农业经济发展的重要任务是补"三农"

的短板、补公平的短板。在经济发展的不同阶段,公平与效率的关系组合不同。纵观我国经济发展史,公平与效率关系组合的变化大致分为三个阶段:一是"平均主义的公平观、低效率与低公平并存"的阶段(中华人民共和国成立至1985年);二是"效率优先、兼顾公平"和"初次分配注重效率,再次分配注重公平"的阶段(1985年至2004年中共十六届四中全会前);三是"注重公平"和"初次分配和再分配都要处理好效率和公平的关系,再分配更加注重公平"的阶段(2007年党的十七大首提注重公平至今)。新时代背景下,我国将重构公平与效率的关系组合,更加依靠增进公平来弥补"三农"领域的短板。

为此,制度及政策的制定要以保护农民利益为出发点和落脚点,探索建立农民合理共享农业经济发展成果的利益分配机制和联结机制,将完善农村医保和社会保障、加强农村公共产品及服务供给作为工作的重中之重。

第三节 三大能力成长耦合促进农业经济发展方式转变的政策转型与对策建议

一、三大能力成长耦合促进农业经济发展方式转变的政策转型

多年来,我国转变农业经济发展方式的成效不够显著,主要是因为促进经济发展方式转变的内生动力不足,需要从政策源头入手。政策是转变发展方式的切入点和具体抓手,充分发挥政策的促进和导向作用,对于三大能力成长耦合促进农业经济发展方式转变具有重要意义。

(一)从"技术能力成长型"政策转向"三大能力成长型"政策

"三大能力成长型"政策的范围大大超出了"技术能力成长型"政策的范围。实施"三大能力成长型"政策,需要把三大能力成长融入农业产前、产中、产后各环节,使之形成全面有效的政策体系;同时,要加强政策的耦合协调性及阶段连续性,以促进各方面政策协同发挥作用。

第六章　创新驱动视角下中国农业经济发展方式转变能力成长路径选择

第一,出台鼓励技术创新、组织创新、制度创新的相关政策。在继续强调技术创新支撑作用的同时,用政策鼓励新型农业经营主体开展组织创新和制度创新。

第二,出台加强培育新型农业经营主体的相关政策。技术创新、组织创新、制度创新源自各类新型农业经营主体的创造力,把培养创新人才、壮大创新阶层、营造适宜创新人才的生存环境作为政策的主要内容,会给"三大能力成长"带来内生动力。

第三,出台完善农村义务教育和职业教育的相关政策,注重提高农民整体的创新能力。当前,我国农村教育水平整体偏低,各类新型农业经营主体的知识水平及经营管理水平亟待提高。速水佑次郎、弗农·拉坦(2000)强调以有知识、有创新精神的农民,称职的科学家和技术人员,有远见的公共行政管理人员和企业家形式表现出来的人力资本的改善,是农业生产率能否持续增长的关键。而农民人力资本的改善主要来自教育。由于教育具有拟公共品的性质,提高农村教育水平急需政府主导以及政策支持。一方面,要大力提高农村人口的义务教育质量;另一方面,要加大对农村科技专业教育、职业教育及成人教育的公共投入。对于后者而言,一个可行的途径是由市场提供教育形式,并通过政府补贴来提高农民的受教育质量。

第四,出台吸引各类人才下乡创业的政策。培育农业农村发展新动能,需要加强农村专业人才队伍建设。发展现代农业和农村新型产业,需要一大批受过良好教育、掌握农业生产知识及经营管理本领的人才,还需要乡村教师、乡村医生、乡村农技人员等专业人才,①政府不仅要推出人才政策,还要大力营造农村创业创新的良好环境。应全面建立职业农民制度,鼓励大学生、城市退休人员、农民工带着城市经验和能力回村创业,构建知识型、开拓型、技能型农民队伍,这些人才是促进技术创新、组织创新、制度创新的中坚力量。党的十九大报告提出,支持农民就业创业,让农民成为有吸引力的职业,让农业成为有奔头的产业(蒋和平,2017)。这

---

① 大力强化乡村振兴制度性供给[J].农村经营管理,2018(2):1.

是让农业农村产生发展新动能的源泉。

（二）从"技术能力成长型"激励转向"三大能力成长型"激励

三大能力成长，有赖于政策激励机制的引导与促进。各类农业经营主体及政府相关部门是否愿意创新，其拉力在于经济效益，其推力来自市场激烈竞争的强大压力。因此，要从创新资本、人才、平台、知识产权保护、成果应用转化等多个政策层面激励三大能力共同成长，而非单一激励技术能力成长。

第一，从经济政策层面激励三大能力成长。就技术能力成长而言，近年来我国技术创新投入力度不断加大。2016年，我国R&D经费投入达15676.70亿元，居世界第二位，仅次于美国；R&D经费投入强度（即占GDP的比重）为2.11%，仍低于部分发达国家2.5%—4%的投入强度。针对技术创新资本投入不足的状况，应构建基础技术创新以财税支持为主、应用技术创新以企业投资和金融支持为主的科技创新投融资制度，加大财政投入力度，建立农业科技创新外部性的内部化规制；就组织能力成长、制度能力成长而言，创新者所在组织或团体应给予认可和经济鼓励，相关政府部门也应酌情给予经济鼓励。

第二，从法律及制度层面激励三大能力成长。要创造公平竞争的市场环境，就需要加强相关法律及制度建设。单独就技术能力成长而言，需要完善科技投融资制度、健全创新成果交易转化制度、制定引导功能突出的市场准入制度，还要构建市场性与政策性并存的技术转化平台及交易制度，加快创新成果转化为现实生产力。就三大能力成长而言，完善知识产权保护制度是规避创新主体经济损失、保护创新主体积极性的有效手段。政府应提供持续性政策支持，不断完善与农业创新成果相关的知识产权法规（王定祥等，2019），对农业创新成果进行保护，并强化政府的监督职能，为农业知识产权法规的贯彻与运用提供保障。

二、三大能力成长耦合促进农业经济发展方式转变的对策建议

三大能力成长的关键在于创新驱动。2006年，我国提出以自主创新为核心的发展战略，从政治层面上明确了创新能力成长对于经济发展的

第六章　创新驱动视角下中国农业经济发展方式转变能力成长路径选择

重要性,这是政策思维的重大转变。党的十九大进一步强调自主创新的引领作用,这对推动三大能力成长,进而推动农业经济发展方式实现深层次转变具有重要意义。

(一)全方位提高农业科技自主创新能力,促进技术能力成长

自主创新强调原始创新、集成创新以及引进消化吸收再创新三种能力所带来的技术进步,这是促进农业生产从"报酬递减"向"报酬递增"转变的关键所在。因此,促进技术能力成长需要把握如下着力点:

1. 积极培育农业科技创新主体

一是健全农业科技创新人力资源支撑体系。要充分利用国家级和省部级农业科技人才培养计划、关键农业项目及农业重点实验室建设计划,带动科研人才培养,源源不断地培养农业科技创新人才。要不断完善创新人才引进与培育协同化制度;通过政策性激励吸引创新人才,落实差异化的创新人才激励制度,运用薪酬激励和科研奖励引导创新人才进行创新。

二是强化农业企业科技创新主体地位。农业企业是农业科技创新研发及应用的重要主体。政府要鼓励并支持农业企业与科研院所组建技术研发平台和技术创新联盟,培育具有持续创新能力的科技型农业龙头企业;加快促进农业企业创新管理体制改革,通过政资分开和政企分开,增强农业企业的创新动力;农业企业应尽快完善农业科技创新的激励政策,调动科技人员的创新积极性;政府要充分发挥中小企业作为"大众创业、万众创新"的重要载体作用,尽快完善资金、技术等政策以促进中小农企在农业创新生态系统中生态位势的提高(刘丽伟,2017),全方位释放其科技创新的积极效能。

三是强化农民科技知识培训。农民是推进农业科技创新转化和应用的主体,应重点选择有潜力的农民进行持续性培训,及时消化和吸收技术新成果,并带动其他农户掌握和运用农业新技术、新知识,使得农业科技创新成果尽快落地、农民尽快受益。

2. 着力健全产学研合作创新机制

一是构建产学研各方利益合理分配的制度保障。产学研联合创新的主要目的是利益,科研单位创新是为了获得更多的科研成果奖励和经济

回报,企业创新主要是为了占领市场、实现利润最大化,高校创新是为了获得更多的科研经费并促进人才培养。因此,加强利益分配制度建设有助于保障科研人员的合理利益追求。

二是强化产学研合作创新的分类指导。对于基础性科技创新项目,政府应根据国家发展战略的需求及市场经济发展的需要,进行科技资源整合并给予资金支持。对于科技服务类项目,可以通过企业化运作鼓励农业科技人员以自主知识产权的形式创办、合伙或入股高新技术企业(张玺,2015)。对于技术开发类项目,应鼓励具有较强综合实力的农业科技企业承担。

三是构建促进产学研相结合的长效机制。政府应建立由农业行政管理部门、农业高校科研院所、农技推广机构、科技型农业企业联合组成的"产学研用"一体化的农业科技创新体系;强化政策引导,鼓励产学研长期合作,同时加强对产学研合作行为的规范和约束,建立严格的知识产权保护制度,促进农业科技创新效率的提高;加强农业云平台建设,大力提高农业网站质量及信息资源利用率,强化网站间战略合作,构建起覆盖全国的农业科技创新网络,增强农业科技创新体系的协同性。

3. 全面优化农业科技创新投入机制、结构及保障

一是建立农业科技创新多渠道投入机制。政府应鼓励企业、民间组织、社会力量投资农业科技创新领域,建立由政府主导、企业和其他社会力量广泛参与的农业科技创新投入机制;通过税收优惠、农业补贴、融资优惠等措施,探寻农业科技创新投入新方式。

二是强化农业技术创新投入的政策依据和法律保障。政府应制定并完善相关政策和法规,以保证政府所提供的农业科技创新经费的规模及经费提供的持续性,确保财政对农业科学研究投资的比重逐年上升。

三是优化农业技术创新投入结构。政府应把涉及农业产业安全及粮食安全的关键性技术研发项目放在首位;加强农业科技的原始创新,提高农业科技基础性、前沿性研究的投入比重;调整财政资金更多流向公益性强的高新技术研究,同时鼓励民间投资进入应用性强的农业科技领域。

第六章　创新驱动视角下中国农业经济发展方式转变能力成长路径选择

4. 大力加强政府对农业科技创新的调控与支持

一是加强政府的宏观调控，充分发挥政府在农业科技创新管理体系中的主导作用；围绕农业科技创新的动力、技术升级、成果转化及应用，制定和构建相关的政策支持及法律法规体系。

二是构建创新平台、强化科技服务，促进科技成果转化、推广和应用。在推动科研院所、创新企业、高校技术团队创新升级的同时，构建技术创新与交易平台，完善专业性的技术创新平台制度，以解决技术供求脱节的问题（王定祥等，2019）；完善基层农技推广体系，培育壮大专业技术协会、专业服务公司、农民经纪人等各类社会化服务主体，以提升农技服务水平。

三是加大农业科技人才激励力度。对在农业科技研发、推广及应用中做出贡献的科技人才给予政策支持和奖励，注重物质奖励和精神激励相结合，全面鼓励农业科技创新人才的成长与发展。

（二）大力加强农业组织自主创新建设，促进组织能力成长

2018年，中共中央、国务院《关于实施乡村振兴战略的意见》提出，发挥新型农业经营主体的带动作用，培育各类专业化、市场化服务组织，提升小农户组织化程度，促进小农户与现代农业发展有机衔接。为此，促进组织能力成长应把握如下着力点：

1. 大力发展农民专业合作社

农民专业合作社最"接地气"。小农户加入合作社后可获全程服务，从农资购买，到农产品加工、贮藏、运输、销售，再到农业技术培训、信息服务等，小农户自身无法解决的问题在合作社都可以得到解决。当前，发展农民专业合作社应做好以下工作：

一要强化市场监管和立法，促进合作社规范化发展。首先，政府要大力强化市场监管。即净化合作社的发展环境，防范潜在的系统性市场风险和金融风险，营造公平竞争的良好环境，搭建公共服务平台，提供公共物品，保障农民专业合作社恪守服务成员的组织宗旨（国家工商总局个体司促进农民专业合作社健康发展研究课题组等，2018）。其次，要加快相关立法。目前的《农民专业合作社法》难以覆盖实践中出现的多种合作社类型,需要制定一部统一的"合作社法"以满足农民发展合作经济的需求,将农民专业合作社的建立与发展纳入规范化、制度化和法治化的轨道,从而保障农民专业合作社的健康发展(孔祥智,2018)。最后,要加快开展农民专业合作社的社会诚信体系建设,从各级示范社的信用建设抓起,启动社会信用建设的相关培训。

二要全面改善农村金融生态环境。德国、日本等发达国家农民合作社的发展经验表明,健全的金融体系是合作社成功运行的关键。解决我国农村金融服务缺位和金融资源短缺问题的着力点有两个:第一,政府应大力倡导商业性金融机构、政策性金融机构、开发性金融机构建设农村金融市场,并给予优惠扶持政策。第二,引导专业合作社内部开展信用合作,发挥信用合作"依托于产业、服务于产业"的作用,通过社员内部融资等多种方式,解决农民合作社所需资金来源问题。

三要促进合作社的区域间合作及发展。这是农民合作社发展的大趋势。美国的跨区域合作社以共同销售农产品为主,进而扩大到供应和食品加工。我国的农民合作社如果实行跨区域乃至全国范围的合作,不仅能够促进信息交流及技术交流,更有助于提高农业生产率、降低生产成本和销售成本。

四要培养专业的合作社人才。对农民合作社领导人及社员进行培训是十分必要的工作。德国和丹麦的农业从业人员在进入农业生产领域之前必须接受相应的教育,全面了解农业的必要知识。农场主、雇员以及州农业委员等必须轮流入学,进行技术知识更新。我国应借鉴这些先进经验,大力培养专业的合作社人才,提升合作社的运营水平,增强农民参加合作社的内生动力(黄林、李康平,2017)。

2. 积极发展现代家庭农场

家庭农场主要通过市场获取所需的土地、劳动力、资金和技术,以市场为导向进行生产经营决策,通过分工协作形式进行基于比较优势的专业化生产。家庭农场的产品销售采取契约化交易等多种方式,旨在实现利润最大化。家庭农场顺应了新时代倡导适度规模经营的现实需求,具有较高的要素聚集效应,是资本、劳动力、技术、知识等条件较好的小农户

发展的重要取向。当前,发展现代家庭农场应把握以下方面:

一是推广农业先进技术,发展农产品深加工,提高家庭农场现代化水平。即积极采用现代农机具、先进耕种技术、信息技术及管理技术,提高农产品的产出率和质量;加强冷冻保鲜、分子蒸馏、生物工程技术等高新技术在农产品加工中的应用;实施品牌战略,挖掘当地传统文化,打造一批知名家庭农场产品品牌;采用农业电子商务形式,联合农产品线上线下销售平台,将产品销售到全国各地。

二是发展乡村旅游业,提高家庭农场综合收益。即结合地区资源禀赋、农耕历史文化和生产力发展水平,发展绿色、低碳的乡村旅游业,吸引更多城镇游客到农场旅游。

三是培育家庭农场主,引导青年一代回乡创业。即加大对现有农场主的培养力度,提高其农耕养殖、病虫害防治、经营管理、金融商务等方面的知识水平;扩大职业院校在农村地区的招生规模,对农学专业学生减免学费,加大对青年职业农民教育力度,为培养下一代青年农场主储备人才。

四是提高政策支持力度,扩大公共财政对家庭农场经营的补贴。建议政府在土地流转、特色作物种植、药剂等方面对家庭农场予以补贴,对规模较大的专业性家庭农场给予农机具购置补贴;在用地、税收、金融、保险等方面给家庭农场提供便利,联合商业保险公司,对家庭农场设立特色险种,降低农场经营风险。

3. 全方位促进农业企业发展

农业企业能够引导小农户参与系统内的分工协作,使传统的农民增强市场意识、竞争意识、投资意识和风险意识,不断提高生产技能和知识,逐渐转变为现代产业工人乃至农民企业家,从而在更高层次上解决土地配置细碎化、生产经营分散化等问题,整体提升农业的产业层级和质量效益。当前,促进农业企业大发展应把握以下方面:

一是拓宽筹资渠道,保障资金供给。资金是农业企业的血液。建立多元化的投融资体系对促进农业企业,尤其是龙头企业大发展至关重要。在用好财政补助、财政贴息、企业税费减免、贷款优惠等政策的基础上,政府应建立以财政资金为引导,农民投入为主体,招商引资为核心的多元化投入机制。

二是完善利益联结机制,增强辐射带动能力。龙头企业要积极探索与农户建立良好的利益联结机制,通过订单农业、保护价收购、股份合作、合同契约、二次分配等多种利益联结方式,保障农民的利益,实现农户和龙头企业的双赢。

三是加大土地流转力度,发展特色产业基地。政府应采取土地承包经营权有序流转、入股、联营、土地租赁等方式解决农业企业的用地问题,促进龙头企业发展规模化高效农业,带动农民增收致富;支持符合条件的龙头企业参与农田水利建设以及高标准农田、中低产田改造、池塘生态修复、土地整治等项目建设;引导农业龙头企业参与"一村一品"建设,以及与镇村合作发展优势特色产业。

四是加强市场营销,实施品牌战略。政府应支持重点企业申报绿色食品和地理标志认证,通过技术创新、产品创新和管理创新,增强市场竞争力,创建自主品牌;积极开展标准化生产,加强质量认证工作,运用互联网展示展销,提高产品的知名度,提升企业的市场竞争力,走向国际大市场。

4. 高水平组建农产品行业协会

农产品行业协会是在自愿互利的基础上依法组织起来的非营利性组织。协会会员既有专业大户、农民专业合作社、农业龙头企业,也有相关教学、科研和其他组织及个人。协会的目标是维护和增进全体会员的共同利益(许开录,2011)。协会能够实现跨地域、跨层次、跨组织发展,可以在更大范围、更高水平上提高组织化程度,帮助各类农业经营者特别是小农户与国内外市场对接,降低市场风险和交易成本。把握好上述着力点,有助于优化"四位一体"(政府、市场、行业与产业经营主体)的农业供给侧治理结构,切实发挥行业组织在产能控制、质量监控、供给调整、有序竞争、价格协调、贸易促进、信息服务等方面的作用(黄祖辉,2016)。同时,有助于培育具有国际竞争力的大粮商和农业企业集团,带领我国农业"走出去"。

第六章 创新驱动视角下中国农业经济发展方式转变能力成长路径选择

（三）加快创新农业农村体制机制，促进制度能力成长

新制度经济学强调，经济增长的过程也是制度变迁的过程，制度决定了人类生产过程中的资源分配和利益分配形式（高宏星，2012）。诺思（1994）指出，制度是理解政治与经济之间的关系以及这种相互关系对经济成长（或停滞、衰退）之影响的关键，制度框架勾勒出获取知识和技能的方向，这一方向是社会长期发展的决定性因素。因此，有必要通过制度创新挖掘经济增长潜力，促进农业经济实现高质量发展。具体应把握以下着力点：

1. 健全农产品价格形成机制，促进农业补贴政策转型

一是从确保国家粮食安全和有效供给的战略高度出发，建立和健全粮食价格体系和基本价格形式。政府应把价格与补贴分离，通过价格引领农业生产逐步形成合理结构。

二是改革财政支农投入机制。政府应优先支持农业农村领域，创新资金使用方式，不断提高支农效能。一方面，通过担保、贴息、以奖代补等方式，发挥财政资金的杠杆作用。最近两年，国家不断调整完善农业支持保护政策，如实行农业"三项补贴"制度、玉米"市场化收购＋生产者补贴"等。今后的财政政策支持将重点指向绿色农业（叶兴庆，2018）。另一方面，调整财政支出结构，加大对乡村教育、文化、卫生、基础设施、生态环境、社会治安等方面的投入；建立健全乡村社会保障制度，加快实现最低生活保障和养老保险、新型农村合作医疗的全覆盖。未来补贴的方向是鼓励规模化、组织化、社会化生产，同时兼顾效率与公平。

2. 深化涉农产权制度改革，激活土地等要素市场

以完善产权制度、加强要素市场化配置为重点，以增加农民财产性收入为取向，推动包括土地产权为核心的农村系列产权制度改革，努力构建一个规范的、以法律制度为基础的产权市场机制。以农地"三权分置"改革为主线，促进农地有效流转和市场配置，充分挖掘并释放农村土地资源活力。为此，要着力做好以下工作：

一是围绕处理好农民与土地的关系这个根本目标,在巩固和完善农村基本经营制度、认真落实第二轮土地承包到期后再延长30年的政策基础之上,深化农村土地制度及农村集体产权制度等改革。

二是做好农村承包地确权登记颁证工作。这是深化农村改革的基础性工作,在2018年按期完成确权登记颁证任务的基础上,2019年基本完成清产核资,2021年基本完成股份合作制改革。

三是探索发展乡村土地股份合作制。在坚持家庭联产承包责任制所有权和经营权分离且不改变土地承包经营权的基础上,将土地承包经营权进一步分离,按照股份制和合作制的原则,把土地承包经营权转化为股权,组建农民合作社,委托合作社进行规模经营。在实施股份合作制改革的过程中,必须明确合作社的经济性质、股权设置、社员权利和义务、收益分配和财务制度等(邹力行,2017);合作社必须坚持市场化运作,强化民主管理,确保农民土地入股收益。

3. 创新农业科研机制,健全农业科技创新竞争有序的市场机制

政府应深化涉农科研机构改革,增强科技创新激励与保障机制的作用。一是积极开展多层面的管理创新,建立以需求定项目、以应用定项目的科研选题立项机制。二是健全科研人员以知识产权明晰为基础、以知识价值为导向的分配政策;允许科研人员通过提供增值服务合理取酬。三是通过建立行业需求变动趋势分析预测机制、改革风险投资制度及农业保险制度等措施,规避农业科技创新风险。

政府应健全农业技术创新竞争有序的市场机制。一是强化市场配置机制。即充分发挥市场机制在农业科技资源配置中的决定性作用,合理配置创新要素资源,有效整合农业企业、农业科研机构与其他社会组织。二是建立完善的市场交易制度。农业科技创新成果为市场交易创造了有利条件,促进创新成果的顺利交易需要有良好的市场交易制度及环境。市场需求的变化影响着农业技术创新的方向,并为再次创新提供新的市场机会和诱因。三是完善市场竞争机制。即规范农业科技创新市场,打破垄断,促进竞争。介于完全垄断和完全竞争之间的市场结构更有助于

促进农业科技创新(张玺,2015)。

4. 创新农村人力资源开发利用机制,为农业农村输送更多优秀人才

发展现代农业和农村新型产业,需要一大批受过良好教育、掌握农业生产知识及经营管理本领的人才,同时还需要乡村教师、乡村医生、乡村农技人员等专业人才。为此,政府在强化产业政策扶持的同时,需要全面实施新型职业农民培育工程,加强农民能力素质培训及农村专业人才队伍建设。为此,要做好以下工作:

一是健全"以用为本"的农业技能人才培养支持机制。即针对家庭农场主、农业职业经理人、乡村工匠等新型职业需求,加大相关知识及技能培训的开发力度,政府应在一定范围内(省级或县级)制定对上述人员的定期免费培训制度以及相应机制,推动新型农业经营主体快速成长;建立县域专业人才使用制度,通过"杰出青年农业科学家"项目资助等多种路径不断完善农业科技人才培养机制,为农业农村输送更多科研杰出人才(杨勇,2017)。

二是政府推出相关政策吸引人才下乡创业,同时营造农村创业创新的良好环境。一方面,落实融资贷款优先、税费减免、配套设施建设补助等扶持政策,鼓励大学生、城市退休人员、农民工带着城市经验和能力回村创业;另一方面,全面建立职业农民制度,构建知识型、开拓型、技能型农民队伍,推广农业新品种、新技术、新装备、新标准的应用,大力发展"数字农业""智慧农业"。这是让农业农村产生发展新动能的源泉所在。

5. 创新农村金融体制机制,提升农村金融服务水平

面对农村金融市场面广、线长、成本高、效益低、风险大的现状,创新和完善农村金融制度迫在眉睫。

一是构建政府、社会资金管理机构、行业协会三方合作机制,从而严格管控风险,引导社会资本、保险基金等更多金融资源投向农村经济社会发展重要领域及薄弱环节。

二是创新农村金融产品及金融服务方式,大力发展普惠金融。即推动农村金融机构回归本源,为各类新型农业经营主体包括小农户提供差

异化服务;适当下放县域分支机构业务审批权限,实施涉农贷款增量奖励政策,提高"三农"贷款积极性;支持大型金融机构增加县域网点,鼓励农民合作社内部开展信用合作,促进"三农"贷款市场主体多元化;探索建立乡村产业发展基金、乡村建设基金等(戚建国,2018),完善政策性融资担保体系,提高乡村融资能力。

结束语:农业经济发展方式转变是一项系统性工程。在强调技术能力、组织能力及制度能力三大能力成长的同时,绝不可忽视农业经济发展方式深层次转变是技术、组织、制度供给以及政府管理、乡村治理等多方面能力共同成长的结果。此外,还需要在诸多方面共同促进农业经济发展方式实现深层次转变。

参 考 文 献

1. 卜晓军.我国城乡公共服务均等化的制度分析[D].西北大学,2010.
2. 曹俊杰.实现由工业反哺农业向工农业协调发展战略转变[J].中州学刊,2016(11).
3. 查尔斯·P.金德尔伯格,布鲁斯·赫里克.经济发展[M].上海:上海译文出版社,1986.
4. 陈波,王雅鹏.湖北省粮食补贴方式改革的调查分析[J].经济问题,2006(3).
5. 陈化兰.H5N1禽流感疫苗研究及应用[J].动物保健,2006(8).
6. 陈锡文等.中国农村制度变迁60年[M].北京:人民出版社,2009.
7. 陈之荣,杨锐等.集群创新的演化与地方能力的动态调适——基于陈村花卉业集群的考察[J].农业经济问题,2012(4).
8. 程国强.重塑边界——中国粮食安全新战略[M].北京:经济科学出版社,2013.
9. 程士国等.农业高质量发展内生动力研究——基于技术进步、制度变迁与经济绩效互动关系视角[J].软科学,2020(1).
10. 道格拉斯·C.诺思,罗伯特·托马斯.西方世界的兴起:新经济史[M].厉以平,蔡磊译.北京:华夏出版社,1989.
11. 道格拉斯·C.诺思.经济史中的结构与变迁[M].陈郁,罗华平等译.上海:上海人民出版社,1994.
12. 道格拉斯·C.诺思.制度、制度变迁与经济绩效[M].刘守英译.上海:上海三联书店,1994.
13. 邓家琼.世界农业集中:态势、动因与机理[J].农业经济问题,2010(9).
14. 迪娜·帕夏尔汗.影响新疆农林牧渔产值增长因素的逐步回归分析法——基于1979—2013年时间序列数据[J].新疆农业科技,2015(3).

15. 杜传忠,郭美晨.第四次工业革命与要素生产率提升[J].广东社会科学,2017(5).

16. 杜玉珍,李亚林.基于《资本论》扩大再生产理论的新常态下经济增长方式转变[J].《资本论》研究,2015(11).

17. 傅晋华.科技创新在农业供给侧改革中的作用[J].中国国情国力,2016(8).

18. 高布权.论农业科技创新的内涵及其在农业现代化中的功效[J].农业现代化研究,2008(9).

19. 高宏星.论低碳经济发展的制度创新[J].华北电力大学学报(社会科学版),2012(6).

20. 高山.创新驱动发展背景下我国区域知识有效供给能力评价研究[J].图书馆学研究,2018(21).

21. 高同彪,刘瑾.世界农业格局的演变与农业经济效益理论研究[J].长春金融高等专科学校学报,2107(6).

22. 高媛.组织学习对技术创新的作用机制研究[D].上海交通大学,2012.

23. 葛佳琨,刘淑霞.数字农业的发展现状及展望[J].东北农业科学,2017(3).

24. 公茂刚,王学真.农地产权制度对农业内生发展的作用机理及路径[J].新疆社会科学,2018(3).

25. 谷雨,苏炜.基于发展能力指标评价的广东专业镇建设战略研究[J].科技管理研究,2015,35(10).

26. 郭素芳,刘琳琳.要素整合与农业经济增长动力转换——基于农业全要素生产率视角[J].天津师范大学学报(社会科学版),2017(1).

27. 郭珍,曾福生.农业发展方式转变评价指标体系构建及实证分析——以湖南省为例[J].农村经济与科技,2011(7).

28. 国家工商总局个体司促进农民专业合作社健康发展研究课题组.创新与规范:促进农民专业合作社健康发展研究[J].中国市场监管研究,2018(4).

29. 国务院发展研究中心课题组等."十二五"时期我国农村改革发展的政策框架与基本思路[J].改革,2010(5).

30. 韩凤晶.基于组织创新的企业动态核心能力形成机理研究[D].哈尔滨工业大学,2014.

31. 韩俊.中国经济改革30年(农村经济卷)[M].重庆:重庆大学出版社,2008.

32. 河连燮.制度分析:理论与争议[M].北京:中国人民大学出版社,2014.

33. 贺立龙.转变经济发展方式的含义与动力探析[J].社会科学辑刊,2011(3).

34. 贺立源.农业信息化进展[M].北京:中国农业科学技术出版社,2013.

35. 洪名勇,施国庆.农地产权制度与农业经济增长——基于1949～2004年贵州省的实证分析[J].制度经济学研究,2007(1).

36. 洪银兴.论创新驱动经济发展战略[J].经济学家,2013(1).

37. 洪银兴.中国特色农业现代化和农业发展方式转变[J].经济学动态,2008(6).

38. 胡小武.创意农业与农业发展新思维[J].农业现代化研究,2009(6).

39. 黄波,李欣.日本型直接补贴政策的构建及启示[J].世界农业,2014(1).

40. 黄飞等.世界粮食不安全现状、影响因素及趋势分析[J].农学学报,2018(10).

41. 黄惠英,张连春,虞洪.科技创新、农业现代化与城镇化的动态关联分析[J].农村经济,2018(6).

42. 黄季焜.六十年中国农业的发展和三十年改革奇迹——制度创新、技术进步和市场改革[J].农业技术经济,2010(1).

43. 黄季焜.中国农业的过去和未来[J].管理世界,2004(3).

44. 黄林,李康平.扶贫经验的国际比较:农民组织化建设的视角[J].当代世界,2017(4).

45. 黄少安,孙圣民,宫明波.中国土地产权制度对农业经济增长的影响——对1949—1978年中国大陆农业生产效率的实证分析[J].中国社会科学,2005(3).

46. 黄祖辉,梁巧.农业合作社的模式与启示:美国、荷兰和中国台湾的经验研究[M].杭州:浙江大学出版社,2014.

47. 黄祖辉.中国农民合作组织发展的若干理论与实践问题[J].中国农村经济,2008(11).

48. 黄祖辉.重视农业供给侧的制度性改革[J].农村经营管理,2016(10).

49. 姜长云等.农业生产托管服务的组织形式、实践探索与制度创新——以黑龙江省LX县为例[J].改革,2021(8).

50. 姜长云,杜志雄.关于推进农业供给侧结构性改革的思考[J].南京农业大学学报(社会科学版),2017(1).

51. 姜长云.着力发展面向农业的生产性服务业[J].宏观经济管理,2010(9).

52. 姜明伦等.我国农业农村发展的阶段性特征、发展趋势及对策研究[J].经济学家,2012(9).

53. 蒋和平.实施乡村振兴战略及可借鉴发展模式[J].农业经济与管理,2017

(6).

54. 焦翔,修文彦.丹麦有机农业发展概况及其对中国的启示[J].世界农业,2019(8).

55. 瞿长福.粮丰林茂的"三农"画卷[N].经济日报,2012-05-30.

56. 瞿长福.农业与农村改革观察[N].光明日报,2012-05-16.

57. 卡尔·马克思.资本论(第二卷)[M].北京:人民出版社,2004.

58. 孔祥智.中国农民合作经济组织的发展与创新:1978—2018[J].南京农业大学学报(社会科学版),2018(6).

59. 李超.包容性增长下"按劳分配"理论的再认识——兼评劳动收入 GDP 占比持续下降[J].探究,2012(1).

60. 李健等.美国农业合作社的研究[J].世界农业,2013(12).

61. 李茂奇.2018 年 10 月 16 日是第 38 个世界粮食日 全球饥饿人数持续上升,世界粮食安全令人关切[J].粮食科技与经济,2018(10).

62. 李鹏飞等.制度化领导力对组织创新的影响[J].软科学,2017(12).

63. 李先德,宗义湘.农业补贴政策的国际比较[M].北京:中国农业科学技术出版社,2012.

64. 李孝忠.乡村振兴:历史逻辑与现实抉择[J].中国发展观察,2018(2).

65. 李玉榕,谢向英,郑小清,杨珊.基于钻石模型的北京创意农业竞争力分析[J].台湾农业探索,2016(4).

66. 李允尧.基于动态能力理论的企业持续成长机理[J].北京工商大学学报(社会科学版),2009(5).

67. 厉无畏,王慧敏.创意农业的发展理念与模式研究[J].农业经济问题,2009(2).

68. 林毅夫.制度、技术与中国农业发展[M].上海:上海人民出版社,1994.

69. 刘秉华,杨丽.小麦育种革命——矮败小麦育种技术发展前景[J].北京农业,2007(5).

70. 刘凤朝,马荣康.国家创新能力成长模式——基于技术发展路径的国际比较[J].科学学与科学技术管理,2013(4).

71. 刘厚俊.20 世纪美国经济发展模式:体制、政策与实践[J].南京大学学报(哲学·人文科学·社会科学),2000(3).

72. 刘慧.产后节粮减损大有可为[N].经济日报,2021-09-23.

73. 刘江华.十七大后的中国经济发展:目标、方式与体制[J].珠江经济,2007

(11).

74. 刘军,盛姣.湖南创意休闲农业发展战略研究[J].中国农业资源与区划,2013(4).

75. 刘丽伟."免于饥饿"之路还很长[N].人民日报,2013-12-31.

76. 刘丽伟.发展低碳农业需要南北协调[N].人民日报,2012-10-16.

77. 刘丽伟.荷兰创意农业发展迅速 产业链条完整发达[N].经济日报,2011-08-14.

78. 刘丽伟.坚定农业发展的绿色化方向[N].学习时报,2017-02-06.

79. 刘丽伟.农业产业链竞争时代来临[N].人民日报,2011-06-27.

80. 刘丽伟.农业供给侧结构性改革的三大逻辑[J].中国党政干部论坛,2018(5).

81. 刘丽伟.深入推进农业供给侧结构性改革的路径选择[J].中国党政干部论坛,2017(9).

82. 刘丽伟.四方面发力完善农业创新生态系统[N].经济日报,2017-05-31.

83. 刘丽伟.提升"中国粮"竞争力 重在降成本补短板[J].中国党政干部论坛,2017(1).

84. 刘启强.以"花"为媒 主打绿色千年花都——走进转型升级中的陈村专业镇[M].广东科技,2013(11).

85. 刘瑞平,全芳悦.土地评价与立地分析体系(LESA)对我国农村土地管理的启示[J].农村经济,2004(6).

86. 刘星辰,杨振山.从传统农业到低碳农业——国外相关政策分析及启示[J].中国生态农业学报,2012(6).

87. 刘志彪.从后发到先发:关于实施创新驱动战略的理论思考[J].产业经济研究,2011(4).

88. 刘志彪.基于内需的经济全球化:中国分享第二波全球化红利的战略选择[J].南京大学学报(哲学·人文科学·社会科学版),2012(2).

89. 刘祚祥.转变农业发展方式:国外理论与方法[J].贵州社会科学,2012(8).

90. 路风,余永定."双顺差"、能力缺口与自主创新——转变经济发展方式的宏观和微观视野[J].中国社会科学,2012(6).

91. 路玉彬,孔祥智.农机具购置补贴政策的多维考量和趋势[J].改革,2018(2).

92. 路玉彬等.改革开放40年农业机械化发展与制度变迁[J].西北农林科技大学学报(社会科学版),2018(6).

93. 罗小锋,袁青.新型城镇化与农业技术进步的时空耦合关系[J].华南农业大学学报(社会科学版),2017(2):19-27.

94. 马爱平.我国农业科技创新呈现新特征[N].科技日报,2016-02-02.

95. 马超侠."互联网＋"促进农业经济发展方式转变的路径——基于农业产业链视角分析[J].中国商论,2019(8).

96. 马红坤,乔翠霞,夏雯雯.推动小农高质量发展:日本农业新政的指向与启示[J].世界农业,2022(1).

97. 马晓河.结构转换与农业发展[M].北京:商务印书馆,2020.

98. 马晓河.转型与发展——如何迈向高收入国家[M].北京,人民出版社,2017.

99. 马晓河等.农村改革40年:影响中国经济社会发展的五大事件[J].中国人民大学学报,2018(3).

100. 迈克尔·波特.国家竞争优势(下)[M].李明轩,邱如美译.北京:中信出版社,2012.

101. 苗妙.技术创新的法律制度基础:理论与框架[J].广东财经大学学报,2014(4).

102. 闵继胜,孔祥智.新型农业经营主体的模式创新与农业清洁生产——基于黑龙江仁发农机专业合作社的案例分析[J].江海学刊,2017(4).

103. 木村真悟,黄昕炎,徐智琳.2011年日本农业国内支持水平及政策变化[J].世界农业,2013(3).

104. 倪洪兴.世界粮食安全形势及对我国的启示[J].中国党政干部论坛,2014(9).

105. 牛志伟,邹昭晞.农业生态补偿的理论与方法——基于生态系统与生态价值一致性补偿标准模型[J].管理世界,2019(11).

106. 农业部农业机械化管理司,中国农业大学中国农业机械化发展研究中心.全国农业机械化统计资料汇编(2005—2013)[M].北京:中国农业科学技术出版社,2016.

107. 潘盛洲.转变农业发展方式要三管齐下[J].农村工作通讯,2010(15).

108. 彭超.我国农业补贴基本框架、政策绩效与动能转换方向[J].理论探索,2017(3).

109. 朴英爱,付兰珺.日本型农业直接补贴政策分析[J].世界农业,2021(3).

110. 戚建国.深入实施乡村振兴战略夯实 率先高水平全面建成小康社会基础[J].新农村,2018(1).

111. 钱福良.中国现代农业科技创新体系问题与重构[J].农业经济,2017(1).

112. 钱弘道.法律经济学的理论基础[J].法学研究,2002(4).

113. 钱克明.2004年中央"一号文件"执行效果分析[J].农业经济问题,2005(2).

114. 钱克明.中国"绿箱政策"的支持结构与效率[J].农业经济问题,2003(1).

115. 钱丽,肖仁桥.考虑生态环境效应的农业创新系统效率研究——以安徽省为例[J].财贸研究,2012(1).

116. 邱楠,曾福生.日本农业支持保护制度改革及其对中国的启示[J].世界农业,2018(9).

117. 阙澄宇,潘希迁.安倍内阁农业改革的背景、内容及评价[J].现代日本经济,2016(4).

118. 任保平,郭晗.经济发展方式转变的创新驱动机制[J].学术研究,2013(2).

119. 任世平.世界农业技术创新现状与发展趋势[J].全球科技经济瞭望,2009(10).

120. 任永泰,王婧,孙阿梦.区域农业经济发展水平与转变方式研究与评价[J].江苏农业科学.2018(14).

121. 任振涛.经济发展方式转变的内涵、制约因素及对策[J].产业与科技论坛,2011(1).

122. R. H. 科斯,阿尔钦,诺斯.财产权利与制度变迁[M].刘守英等译.上海:上海三联书店,1994.

123. 塞缪尔·P.亨廷顿.变化社会中的政治秩序[M].王冠华等译.北京:三联书店,2008.

124. 沈坤荣.中国经济增速趋缓的成因与对策[J].学术月刊,2012(6).

125. 施中英.只为献"花"惠棉农——记"中国抗虫棉之父"——中国农科院研究员郭三堆[J].种子世界,2014(8).

126. 史琳琰.基于马克思理论包容性增长视角下的经济发展方式转变研究[J].河南科技学院学报,2014(5).

127. 苏杭,李智星.日本"进攻型农业"政策的实施及启示[J].现代日本经济,2017(2).

128. 速水佑次郎,弗农·拉坦.农业发展:国际前景[M].吴伟东等译.北京:商务印书馆,2014.

129. 速水佑次郎,弗农·拉坦.农业发展的国际分析[M].郭熙保,张进铭等译.

北京:中国社会科学出版社,2000.

130. 孙中华等.关于德国、荷兰、丹麦农业合作社的考察报告[J].中国农民合作社,2012(11).

131. 谭智心,周振.农业补贴制度的历史轨迹与农民种粮积极性的关联度[J].改革,2014(1).

132. 唐思航,韩晓琴.转变农业发展方式是发展现代农业的关键[J].北京社会科学,2010(2).

133. 托马斯·思德纳.环境与自然资源管理的政策工具[M].张蔚文、黄祖辉译.上海:上海人民出版社,2005.

134. V.奥斯特罗姆,D.菲尼,H.皮希特.制度分析与发展的反思[M].王诚等译.北京:商务印书馆,1998.

135. 汪紫云,李援亚.基于逐步回归分析法的湖北省农林牧渔产值增长因素分析[J].粮食科技与经济,2018(5).

136. 王爱玲,刘军萍,秦向阳.创意农业的概念与创意途径分析[J].中国农学通报,2010(14).

137. 王斌来等.巩固和完善农村基本经营制度,走共同富裕之路[N].人民日报,2022-09-26.

138. 王波,李伟.我国农业机械化演进轨迹与或然走向[J].改革,2012(5).

139. 王定祥等.我国创新驱动经济发展的机制构建与制度优化[J].改革,2019(5).

140. 王耕今.乡村三十年(下)[M].北京:农村读物出版社,1989.

141. 王迥澜.经济增长方式与经济发展方式的关系[EB/OL].[2008-04-15].http://finance.sina.com.cn/china/hgjj/20080415/23574753553.shtml.

142. 王娟娟.农业科技财政专项资金绩效评价研究——以湖北省为例[J].农业经济问题,2014(12).

143. 王莉萍.应对全球气候变化 成本虽然高昂但可以控制[N].科学时报,2009-12-01.

144. 王晓林.论市场经济的复杂性[J].经济学家,2007(3).

145. 王鑫,夏英.日本农业收入保险:政策背景、制度设计与镜鉴[J].现代经济探讨,2021(3).

146. 王鑫鑫.财政支农支出对贵州农业经济增长的实证分析[J].中国集体经济,2018(30).

147. 王雅鹏等.我国现代农业科技创新体系构建:特征、现实困境与优化路径[J].农业现代化研究,2015(2).

148. 王玉海.诺斯适应性效率理论述评——兼评诺斯第二悖论[J].政治经济学评论,2005(6).

149. 维托克·迈尔-舍恩伯格,肯尼思·库克耶.大数据时代[M].盛杨燕,周涛译.杭州:浙江人民出版社,2012.

150. 温涛,王煜宇.改革开放40周年中国农村金融制度的演进逻辑与未来展望[J].农业技术经济,2018(1).

151. 温铁军.制约"三农问题"的两个基本矛盾[J].经济研究参考,1996(D5).

152. 我国研制出世界首个禽流感—新城疫重组二联活疫苗[J].中国动物保健,2006(1).

153. 西奥多·W.舒尔茨.改造传统农业[M].梁小民译.北京:商务印书馆,2006.

154. 西奥多·W.舒尔茨.经济增长与农业[M].郭熙保译.北京:中国人民大学出版社,2015.

155. 项继权,周长友."新三农"问题的演变与政策选择[J].中国农村经济,2017(10).

156. 肖旭:制度变迁与中国制度改革的文献综述[J].首都经济贸易大学学报,2017(4).

157. 信乃诠.加快农业发展方式转变的重要支撑——科技进步和创新[J].农业科技管理.2011(2).

158. 许多奇.新税制改革与创新驱动发展战略[J].中国社会科学,2018(3).

159. 许经勇.用新的发展理念破解"三农"新难题[J].湖湘论坛,2016(5).

160. 许开录.农业组织创新的路径选择与对策研究——基于现代农业视角[J].中国城市经济,2011(17).

161. 薛亮等.后金融危机时期中国农业科技发展若干问题的思考——高度重视原始创新,抢占农业科技前沿领域的制高点[J].中国农业科学,2013(13).

162. 薛任君,熊楚才,丁新正.新农业经济发展构想[J].湖南农业大学学报(社会科学版),2009(2).

163. 闫茂旭.从五次宏观调控看转变经济发展方式的复杂性[J].中共南昌市委党校学报,2012(2).

164. 杨承训.转变经济发展方式中若干关系论析[J].中共天津市委党校学报,

2010(3).

  165. 杨传喜,张俊飚,赵可.农业科技资源与农业经济发展关系实证[J].中国人口·资源与环境,2011,21(3).

  166. 杨芳,雷琼.制度的功能及其对产业发展的影响分析[J].综合竞争力,2011(7).

  167. 杨海滨,杨先明.国家能力、比较优势与经济转型[J].思想战线,2012(4).

  168. 杨海滨.发展中国家的技术进步与国家能力成长:基于中国和印度的经验[J].理论与现代化,2017(3).

  169. 杨慧.论中国农业可持续发展的障碍与法律制度创新[J].经济法论坛,2010(1).

  170. 杨丽君.博弈论视角下农业技术创新的政府制度创新设计[J].贵州农业科学,2014(12).

  171. 杨鑫,穆月英.我国农业区域发展差异分析及政策选择[J].经济问题探索,2017(2).

  172. 杨勇.深化体制机制改革加强人才队伍建设——访农业部党组成员、人事劳动司司长毕美家[J].农村工作通讯,2017(4).

  173. 叶兴庆.以"制度性供给"振兴乡村[J].农村经营管理,2018(2).

  174. 叶兴庆.新时代中国乡村振兴战略论纲[J].改革,2018(1).

  175. 叶有灿.农业物联网:为上海都市农业插上翅膀[J].上海信息化,2015(7).

  176. 尹昌斌,周颖.发展循环农业,拓展农业空间和功能[J].中国农业资源与区划,2008(1).

  177. 于浩淼等.论中国在全球农业治理中的角色[J].中国农业大学学报(社会科学版),2019(1).

  178. 俞海等.地权稳定性、土地流转与农地资源持续利用[J].经济研究,2003(9).

  179. 袁忠文等.美国农业合作社发展的成功经验及对中国的启示[J].湖北农业科学,2018(6).

  180. 苑鹏,刘凤芹.美国政府在发展农民合作社中的作用及其启示[J].农业经济问题,2007(9).

  181. 约翰·康芒斯.制度经济学(上册)[M].于树生译.北京:商务印书馆,1998.

  182. 约翰·肯尼斯·加尔布雷斯.美国资本主义:抗衡力量的概念[M].王肖竹译.北京:华夏出版社,2008.

183. 约瑟夫·熊彼特.经济发展理论[M].叶华译.北京:中国社会科学出版社,2009.

184. 曾福生.农业现代化与农村经济组织模式创新研究[M].北京:中国农业出版社,2013.

185. 张弛,张曙光.新经济对经济学理论的挑战[J].学术月刊,2018(1).

186. 张姮,凌霓.互联网+创意农业的品牌化设计路径研究[J].上海农村经济,2021(3).

187. 张记彪.文化地理[M].北京:企业管理出版社,2014.

188. 张杰,詹培民.明晰的产权与自由竞争——美国市场经济的启示[J].重庆三峡学院学报,2005(3).

189. 张莉等.欧盟农业研究与创新的战略路径分析[J].世界农业,2019(2).

190. 张立华.抑制农产品价格非理性波动的路径选择——基于农民专业合作社视角的分析[J].价格理论与实践,2010(10).

191. 张天佐等.基于价格支持和补贴导向的农业支持保护制度改革回顾与展望[J].农业经济问题,2018(11).

192. 张玺.推进农业科技创新驱动发展存在的问题及对策[J].安徽农业科学,2015(27).

193. 张勇.制度的定义和作用及其对发展的意义——兼论马克思的制度观与发展观[J].经济学家,2015(4).

194. 张宇等.高级政治经济学(第3版)[M].北京:中国人民大学出版社,2013.

195. 张照新.以乡村振兴战略引领新时代农业农村优先发展[J].学术前沿,2018(3).

196. 章继刚.中国创意农产品发展战略思考[J].江西农业大学学报(社会科学版),2009(1).

197. 赵红梅.制度创新与企业技术创新的互动及作用机理[J].企业经济,2013(7).

198. 赵静.我国农业科技创新的政策供给、问题成因及对策[J].哈尔滨师范大学社会科学报,2019(3).

199. 赵永平.从制度变迁看中国农业现代化组织创新[D].吉林大学,2013.

200. 中共中央文献研究室.习近平关于社会主义生态文明建设论述摘编[M].北京:中央文献出版社,2017.

201. 钟春洋,庄惠明.论经济发展方式转变的历史演进与性质[J].科学·经济·社会,2009(1).

202. 钟甫宁.世界粮食危机引发的思考[J].农业经济问题,2009(4).

203. 周慧秋等.发达国家合作社发展条件对中国的启示——以美国、法国和荷兰为例[J].世界农业,2018(2).

204. 周淑景.生态文明建设与农业发展方式转变[J].东北财经大学学报,2009(5).

205. 朱春江等.农业产业集群探析[J].农业经济,2012(1).

206. 朱镕基.政府工作报告[EB/OL].[2003-03-05].http://www.chinanews.com/n/2003-03-05/26/279018.html.

207. 祝保平.农村税费改革试点的进展、难点及思考[J].中国农村经济,2001(2).

208. 邹力行.乡村振兴战略研究[J].科学决策,2017(12).

209. 邹锡兰.南粤陈村:创意农业打造"中国花卉之都"[J].中国经济周刊,2007(20).

210. 邹彦林.我国转变经济增长方式的历史依据[J].中国经济史研究,1998(1).

211. AGHION P,PETER HOWITT,Endogenous growth theory [M]. Cambrige : The MIT Press,1998.

212. AGHION P,HOWITT P,A Model of Growth Through Creative Destruction [R].National Bureau of Economic Research,1990.

213. ALCHIAN A,DEMSETZ H. Production,information costs and economic organization[J]. American Economic Review,1972,62.

214. BARLEY S R,TOLBERT P S. Institutionalization and structuration:studying the link between action and institution[J]. Organization Studies,1997,18(1).

215. BENGT-ÅKE LUNDVALL,BJÖRN JOHNSON,ESBEN SLOTH ANDERSON,BENT DALUM. National systems of production,innovation and competence building[J]. Research Policy,2002,31(2).

216. BERNARD A B,JONES C I. Productivity and convergence across U.S. states and industries [J]. Empirical Economics,1996(21).

217. BROMLEY D W. Economic interests and institutions:the conceptual foundations of public policy[M]. New York and Oxford:Basil Blackwell,1989.

218. BRYNJOLFSSON E,HITT L M,YANG S. Intangible assets:how the interaction of computers and organizational structure affects stock market valuations[J].

International Conference on Information Systems,1998,65(1).

219. BUCKLEY P J, CASSON M C. A theory of cooperation in international business[M]//FAROK J. CONTRACTOR, PETER LORANGE(eds). Co-operative Strategies in International Business. Lexington MA: Lexington Books, 1988.

220. BUCKLEY P J, CASSON M C. The future of the multinational enterprise, London: Palgrave Macmillan LTD. , 2002.

221. CANIËLS C J, VERSPAGEN B. Barriers to knowledge spillovers and regional convergence in an evolutionary model [J]. Journal of Evolutionary Economics, 2001(11).

222. COASE R H. The nature of the firm [J]. Economica,1937(4).

223. COASE R H. The firm, the market and the law[M]. Chicago: University of Chicago Press, 1988.

224. COE D T, Helpman E. International R&D spillovers [J]. European Economic Review,1995,(39)5.

225. COMMONS J R. Institutional economics: its place in political economy [M]. New York: Macmillan,1934.

226. CRISCUOLO P, NARULA R. A novel approach to national technological accumulation and absorptive capacity: aggregating Cohen and Levinthal [J]. The European Journal of Development Research,2008(20).

227. DORIAN P, MARCUS M H, ANDREAS P. Increasing the national innovative capacity: identifying the pathways to success using a comparative method [J]. Technological Forecasting and Social Change,2017(116).

228. DU ZHIXIONG, XIAO WEIDONG. Seven decades of China'S agricultural development: achievements, experience and outlook[J]. China Economist, 2019, 14(1).

229. EDITH PENROSE, The theory of the growth of the firm, New York: Oxford University Press,1995.

230. ERIK REINERT, How rich countries got rich…and why poor countries stay poor, New York: Carroll & Graf Publishers, 2007.

231. FULVIO C, JOSE MIGUEL N. The dynamics of national innovation systems: A panel cointegration analysis of the coevolution between innovative capability and absorptive capacity [J]. Research Policy,2013,42(3).

232. HODGSON G M. Economics and institutions [J]. Journal of Economic Issues,1988,1(1).

233. JOSEPH A. SCHUMPETER. The theory of economic development: an inquiry into profits,capital,credit,interest,and the business cycle [M]. Cambridge:Harvard University Press,1961.

234. KALDOR N. The equilibrium of the firm [J]. Economic Journal,1934(44).

235. KENNETH J. ARROW. Economic welfare and the allocation of resources for invention [M],Princeton:Princeton University Press,1962.

236. MOSES A. Catching up, forging ahead, and falling back [J], Journal of Economic History,1986,46(2).

237. MOSES ABRAMOVITZ. Catch-Up and Convergence in the Postwar Growth Boom and After[M]// WILLIAM J. BAUMOL, RICHARD R. NELSON,EDWARD N. WOLFF (eds),Convergence of productivity:cross-national studies and historical evidence,New York:Oxford University Press,1994.

238. NEALE W C. Institutions [J]. Journal of Economic Issues,1987,21(3).

239. NELSON R, HOWARD PACK. The asian miracle and modern growth theory [J]. The Economic Journal,1999, 109(457).

240. NELSON R. How new is new growth theory [J]. Challenge,1997,40.

241. NELSON R. The economics of innovation:a survey of the literature [J]. The Journal of Business,1959, 32(2).

242. NELSON R. Economic development from the perspective of evolutionary economic theory. working paper in Technology Governance and Economic Dynamics, no. 2, Tallinn: Tallinn University of Technology, 2006. http://hum.ttu.ee/tg/.

243. NELSON R, SIDNEY W. An Evolutionary Theory of Economic Change [M]. Cambridge, Mass: The Belknap Press of Harvard University Press, 1982.

244. NORTH D. C. Institutions[J]. Journal of Economic Perspectives,1991,5(1).

245. PAUL M. ROMER. Endogenous technological change[J]. Journal of Political Economy,1990,(98).

246. PRICE WATERHOUSE COOPERS(PWC),Innovation:government's many roles in fostering innovation [R]. 2010.

247. SCHOTTER A. The economic theory of social institutions[M]. Cambridge: Cambridge University Press,1981.

248. TAKASHI HIKINO, ALICE H AMSDEN. Staying behind, stumbling back, sneaking up, soaring ahead: late industrialization in historical perspective. in Convergence of productivity: cross-national studies and historical evidence, pp. 287, 285-315.

249. WESLEY COHEN, DANIEL LEVINTHAL. Absorptive capacity: a new perspective on learning and innovation [J]. Administrative Science Quarterly,1990, 35 (1): 128-152.

250. WOLFRAM ELSNER. Adam Smith's model of the origins and emergence of institutions: the modern findings of the classical approach[J]. Journal of Economic Issues,1989,23(1):189-213.

后　　记

　　本书是作者在主持的 2014 年度国家社科基金项目"创新驱动视角下农业经济发展方式转变能力成长的关键问题研究"的结项报告基础上，加以补充完成的。该项目已于 2019 年 6 月结项。鉴于百年未有之大变局的时代背景及新冠疫情等多重影响，我国进一步促进农业经济发展方式转变能力成长的现实需求更为紧迫。因此，作者在对 2020 年及 2021 年的相关数据做一些必要补充后，推出此书，以期为政府相关部门、农业企业制定产业及企业发展政策提供数理分析及理论参考。

　　值本书出版之际，诚挚感谢课题组的所有成员，特别感谢组员高中理、周密的大力支持。

刘丽伟

2023.10.18